国情教育研究书系

中国教育发展报告 *2012*

方晓东 等 著

教育科学出版社
·北京·

丛书编委会

（按姓氏笔画为序）

丛书总序

为打造具有国家水准、国际视野的教育科研成果，更好地服务于办好人民满意的教育，服务于全面建成小康社会，在中央级公益性科研院所基本科研业务费专项基金的支持下，我院系统开展了对国内国际重大教育理论与实践问题的研究，形成了"国情、国视、国菁、国际"四大书系。

"国情"书系以年度发展报告的形式，全面反映我国各级各类教育的成就、经验和挑战，对全国各省、自治区、直辖市教育发展和政策进行区域比较，对我国各级各类教育的发展水平进行国际比较，力求对我国教育的数量、规模、结构、效益和质量做出科学判断。

"国视"书系着眼于社会关注的教育热点问题，着眼于基础性、前瞻性问题，以了解事实、回应关切、提供政策建议为主要目的，探索教育发展规律。

"国菁"书系专门研究大中小学生的生活状态，涉及学校生活、家庭生活、社会生活、网络生活等，通过调查研究，了解当代学生的行为特点和思想情感，为研究如何促进学生的全面发展提供科学依据。

"国际"书系分为著作和译作两类，主要反映国际教育改革发展动态，回顾国际教育的历史进程，跟踪国际教育的改革动态，把握国际教育的发展趋势。

四大书系既各自独立又相互联系，在保持各书系特点的同时，力求做到：

一、"用数据说话"。数据是研究和决策的基础。四大书系力图建立在数据和事实的基础之上，通过对数据的搜集、提炼、整合、分析，发现问题，探索规律。

二、"通过比较说话"。没有比较就没有鉴别。书系力求通过国别比较、区域比较、类型比较、结构比较，发现真知，提供卓见。

三、"协同创新"。协同创新是提高创新效率和创新水平的战略要求。书系研究调动院内外、系统内外、国内外资源，注重人员交叉、学科交叉、方法交叉，力求有所创新、有所突破。

四大书系的编辑出版是我院全面提高教育科研水平的一项整体努力，也是建设国家一流教育智库的客观要求。在研究和写作过程中，书系得到了相关机构和同仁的大力支持，特别是得到了教育部相关司局及有关部委的大力支持，在此一并致谢！我们将以此为起点，不懈努力，为推动中国教育事业在新的历史起点上向前发展发挥不可替代的作用。

中国教育科学研究院
2012 年 12 月

目 录
CONTENTS

前 言

2012 年是我国"十二五"规划实施的关键一年，也是全面落实《国家中长期教育改革和发展规划纲要（2010—2020 年)》（以下简称《教育规划纲要》），推进教育改革发展的第 3 年。2012 年中国教育发展的主线是以改革创新为重点，以促进公平、提高质量为核心，以破解教育热点难点问题为亮点，稳步推进教育科学发展。随着《教育规划纲要》和《国家教育事业发展第十二个五年规划》（以下简称《国家十二五教育规划》）的贯彻落实，我国①教育在提高普及水平、优化教育体系结构、加大教育投入、改善办学条件、提高办学效益、加强教师队伍建设、提升人力资源水平、提高教育国际化水平、破解教育热点难点问题等方面取得了一系列新的进展和成效，为建设教育强国和人力资源强国奠定了坚实基础。

展望 2013 年，中共十八大明确提出"教育现代化基本实现"的战略目标和"努力办好人民满意的教育"的总体要求。教育系统深入学习贯彻十八大精神，坚持以科学发展观为指导，坚定中国特色社会主义教育的道路自信、理论自信、制度自信，不断开创中国特色社会主义教育新局面，为全面建成小康社会、夺取中国特色社会主义新胜利提供人才保障和智力支撑。

本报告力图采用可靠、准确、及时的数据和文献资料，描述和分析我

---

① 本报告的研究范围主要涉及中国大陆地区，不含港澳台地区。

国教育发展的总体状况和趋势，比较和评价各地区教育综合发展水平和基本情况，考察和判断我国教育发展水平在国际社会所处的实际位置，同时，梳理我国破解教育热点难点问题的新理念、新举措和新经验，及时跟进和充分展现我国基本实现教育现代化和进入人力资源强国的伟大进程。

一、中国教育发展稳中求进

2002—2012 年，我国教育在科学发展观指导下走过了 10 个年头。对 10 年来相关数据进行梳理和分析，有助于从全国范围把握我国教育发展变化的总体状况和发展趋势。

第一，全国教育综合发展水平呈现逐渐提高的趋势，与经济发展、人口状况密切相关。

本报告尝试构建中国教育综合发展水平指标体系。在参考国内外相关研究的基础上，通过深入分析我国的教育政策文件，并综合考虑我国教育现有可得的统计数据，确定了 4 个教育综合发展水平的一级指标：教育机会、教育条件、教育质量和教育公平。在每个一级指标下有 2—3 个二级指标，共计 12 个二级指标。每个二级指标下有 3—5 个三级指标，共计 46 个三级指标。

教育综合发展水平逐渐提高。通过对 2007—2010 年教育综合发展水平指数的计算可以看出，全国教育综合发展水平呈现逐年递增的趋势。对 4 个一级指标的进一步分析可见，教育机会、教育质量和教育公平指数均呈现逐年小幅度增加的趋势，而教育条件基本保持稳定。说明近年来随着我国社会经济的持续健康发展，全国教育也在稳步发展，教育质量逐年提高，教育机会不断增加，教育公平程度不断提升。

经济发展水平对教育发展具有重要的推动作用。通过对 2007—2010 年教育综合发展水平指数与 GDP 变化趋势的比较可以看出，教育综合发展水平指数和 GDP 都呈逐年递增的趋势，但是 GDP 的增长率快于教育综合发展水平指数的增长率。说明经济发展水平对教育发展具有重要的推动作用。

教育发展水平的增长速度快于人口增长速度。通过对 2007—2010 年教育综合发展水平指数与人口总数变化趋势的比较可以看出，教育综合发展水平指数和人口总数都呈逐年递增的趋势，但是教育综合发展水平指数的增长率快于人口总数的增长率，研究还发现，2007—2010 年人口抚养比①在逐年下降，但教育综合发展指数在不断提高。这说明人口结构与教育发展有一定相关性。

第二，教育层次结构不断优化，各级教育普及水平持续提升。

各级学校层次结构逐步优化，动态调整初见成效。我国受教育者学历层次结构呈现金字塔形。2005—2012 年 8 年间，位于金字塔上半部的高等教育和高中教育规模明显扩大，位于金字塔下半部的普通小学、初中教育规模明显缩小；普通小学、初中阶段在校生人数逐年减少，分别减少 10.8%、23.4%；高等教育、高中阶段和学前教育在校生人数明显增加，分别增长 30.8%、14.7%、69.1%。普职结构向着逐步协调方向发展。2003—2012 年 10 年间，初等职业教育在校生数大幅度锐减，初中阶段普职比高达 2534，初等职业教育将逐渐消失；中等职业教育在校生数增长幅度大于普通高中，高中教育阶段普职比达 1.17，总体呈下降趋势，近两年略有回升；高职（高专）在校生数大幅增加，高等教育阶段普职比达 1.48，呈波浪式下降。

各级教育的入学率总体呈现上升趋势。2002—2012 年，学前三年毛入园率呈不断提高的趋势。2012 年全国学前三年毛入园率达到了 64.5%，比 2002 年提高了 27.7 个百分点。义务教育入学率高位提升，城乡免费义务教育全面实现。2012 年小学净入学率达到 99.85%，比 2002 年提高了 1.25 个百分点；初中毛入学率达到了 102.1%，比 2002 年提高了 12.1 个百分点。小学辍学率虽然略有波动，但未超出国家义务教育普及验收标准 1% 的要求。高中阶段教育入学率逐年提高。在加快普及高中阶段教育政策的推动下，2012 年高中阶段教育毛入学率达到 85%，比 2002 年提高了 42.2

---

① 人口扶养比是指总体人口中非劳动年龄人口数与劳动年龄人口数之比。

个百分点，几乎翻了一番。高等教育普及水平快速提升，到2012年我国高等教育毛入学率达到了30%，比2002年提高了15个百分点，高等教育大众化程度不断提高。继续教育规模快速增长，培训结构不断优化。其中，高等教育培训规模快速增长，结业学生数量大幅提升；中等教育在职培训规模略有增长，并逐渐向高等教育培训过渡；资格证书和岗位证书培训规模大幅提升，结业学生人次稳步增长。2011年成人教育培训人次占就业人口的比重比2010年增加了1.07个百分点。

各级教育的入学率仍处在不均衡状态。高中教育阶段和学前教育阶段入学率提高的速度最快，但高中阶段入学率增长速度有逐渐放缓的趋势，学前教育阶段入学率的增长速度却有加快的趋势。高等教育毛入学率随着高校扩招也在逐年增加，但是增加速度也在逐渐放缓。义务教育阶段的小学和初中毛入学率已基本趋于饱和，因此义务教育阶段入学率略有提升，但提升幅度不大。小学辍学率基本稳定，且低于10年前水平。但由于我国小学教育适龄人口基数大，所以小学辍学人数每年仍有几十万之多，预防和制止辍学必须始终作为小学教育的重要任务来抓。因此，在取得显著成效的同时，仍需根据社会经济和教育发展需求，不断调整教育层次结构，促进各级各类教育普及水平继续提高和普及程度逐步深入。

第三，国家财政性教育经费投入逐年增多，投入结构进一步优化，办学条件不断改善。

国家财政性教育经费呈现逐年上升的趋势，占 GDP 比例实现 4% 目标。国家财政性教育经费从2003年的3.85千亿元增加到2012年的23千亿元，10年总量增加近5倍。国家财政性教育经费占国内生产总值（CDP）的比例呈波浪式上升趋势，2012年首次达到4%。从1993年提出4%目标，到2012年实现4%目标，经过了20年。4%目标的实现，是教育事业发展史上的重要里程碑，为近年来教育事业快速发展提供了有力保障，为全面实现《教育规划纲要》提出的教育改革发展目标和任务打下了坚实的物质基础。

国家财政性教育经费投入主渠道作用明显，投入结构进一步优化。2012年国家财政性教育经费达到了2.3万亿元，比2008年增加了1.3万亿元，年均增幅为 23%；公共财政预算教育经费达到了 2.1 万亿元，比 2008 年增加了 1.1 万亿元，年均增幅为 22%。国家财政性教育经费占教育经费总投入的比例从 2008 年的 72% 提高到 2012 年的 81%。教育经费投入结构进一步优化，促进了各级各类教育持续协调发展。2011 年，各级各类教育经费支出中，义务教育经费支出最高，约占总额的 44%，高等教育经费支出次之，普通高中再次之。中等职业教育、特殊教育和幼儿园占比相对较低，三者合计仅占总额的 11.47%。说明在各级各类教育经费支出中，中小学和高等学校的教育经费占据很大比重，而中等职业教育、特殊教育和幼儿园的教育经费支出则相对较少。2012 年，义务教育经费支出占财政性教育经费比例进一步提高，占 51%。其中学前教育增长最快，绝对额从 133 亿元增加到了 748 亿元，增长了 5 倍，年均增幅为 49%；其次是职业教育，从 1017 亿元增加到了 2392 亿元，增长了 1 倍多，年均增幅为 26%。

义务教育全面纳入公共财政保障范围，各级学校办学条件明显好转。义务教育公共财政预算教育经费快速增长，2010 年达 7388.5 亿元，比 2002 年增长了 3.4 倍，占义务教育经费总投入的 88.3%，比 2002 年提高了 20.4 个百分点。中央和地方政府还通过设立"全国中小学校舍安全工程""中西部农村初中校舍改造工程""农村中小学教师校长培训""农村义务教育学生营养改善计划"等一系列重点项目和工程，进一步提高了义务教育的质量。同时，各级各类教育生均教育经费逐年增加，生均校舍建筑面积除高校外均逐年上升，生均仪器设备值、图书、计算机以及建网学校比例等均呈现较好发展态势。

第四，教师队伍规模不断扩大，素质水平不断提高。

专任教师数基本呈逐年增长趋势。2003—2012 年，各级各类学校专任教师数按增幅由大到小排列，依次为学前教育、普通高等学校、普通中学、职业高中、特殊教育。其中学前教育专任教师数增加 86.6 万人，增长了 1.4 倍；普通高等学校专任教师数增加近 72 万人，增长了近 1 倍。只有小学专任教师数有小幅回落，从 2003 年的 570.3 万人回落到 2012 年的 558.5 万人，共减少 11.8 万人。10 年间各级学校生师比整体呈逐年下降趋势。平均值下降近 1 个百分点。小学、初中和普通高中生师比越来越低，而普通高校和中等职业学校生师比越来越高，其中普通高校生师比上升较为缓慢，中等职业学校生师比上升幅度很大。

各级学校教师学历层次不断提高，学历达标率逐年上升。2006—2011年，小学、初中、普通高中和中等职业技术学校专任教师学历达标率呈逐年上升趋势。其中，从各级教师学历达标率绝对值来看，小学教师学历达标率最高，学前教育教师达标率最低，中等职业教育达标率仅高于学前教育。从各级教师学历达标率增幅大小的排序来看，中等职业教育达标率增幅最大，学前教育增幅位列第二，小学增幅最小。普通高校教师学历层次继续提高。2011年，普通高校研究生学历教师比例为60.0%，比上年提高了2.9个百分点。

高层次人才队伍建设取得新进展。面向海内外遴选、支持长江学者特聘教授、讲座教授，资助培育高水平创新团队，培养支持新世纪优秀人才，大量引进海外高层次人才等人才队伍建设工作取得实效，教师群体的整体素质得到明显提升。

第五，教育质量不断提高，国民受教育水平明显提升，我国正从人口大国转向人力资源强国。

2002—2011年，各级政府和教育部门逐步增强教育服务社会的能力，主动适应经济社会发展方式转变和产业转型升级，着力把创新教育贯穿人才培养全过程，我国在提升教育质量、提高人才培养质量方面成绩显著。与此同时，全面提高教育质量的体制机制仍有待继续完善，制约人才培养质量提升的深层次障碍仍有待逐步破除。

义务教育巩固率稳步提高，高中阶段和大学升学率逐步提高。2011年义务教育巩固率达到88.93%，比2002年的80.89%提高了8.04个百分点。2012年初中生升入高中的升学率为88.4%，比2002年的58.3%提高了30.1个百分点。2012年我国高中生升入大学的升学率为87%，比2002年的83.5%提高了3.5个百分点。

学科专业结构逐步优化，毕业生就业率有所提高。为了适应社会经济建设和国家产业发展的需求，职业教育和高等教育对学科专业结构进行动态调整，学科专业结构得到逐步优化和拓展。中职专业结构调整显著，其中教育类招生大幅上升；高职（高专）基础建设和资源开发相关专业招生数增长最大；本科教育中，管理学增长最快，法学、理学增长缓慢；研究生教育中，工学大幅上升，历史学大幅下降，专业学位类型逐步增加。全国职业教育和高等教育基础能力提升，就业率也维持较高水平。中等职业教育就业率一直保持在95%以上，且呈现逐渐升高的趋势；高等教育就业率呈波浪式小幅提高，全国普通高等教育本专科毕业生人数由2002年的187.75万人增加到2012年的608.16万人，高校毕业生就业压力持续增大，但在经济快速发展的推动下和各级政府、高等院校的共同努力下，2004—2010年，高等教育初次就业率呈现波浪式提高的趋势，2010年高等教育初次就业率为85.4%，比2004年时的77.5%提高了7.9个百分点。2011年高等教育半年后就业率为90.2%，与2010年的89.6%相比略有上升。

人才资源总量不断增加，人力资源结构逐步优化，培养大批创新型和技能型人才。2003—2012年，中等职业学校和高校毕业生数持续增长，为社会累计输送了10053万名毕业生，年均增长10.6%。其中中等职业教育累计培养5339.1万名毕业生，年均增长7.6%；普通本专科累计毕业4410.3万人，年均增长14.3%；研究生累计毕业303.5万人，年均增长17.8%。2003—2011年，全国高校共授予70余万人硕士学位，授予1万余人博士学位。随着职业教育的发展，我国技术工人由2005年的8700万人增加到2010年的1.1亿人，年均增长5%；高技能人才由2005年的1860万人增加到2010年的2880万人，年均增长9%。

国民受教育水平明显提高。2010年我国主要劳动年龄人口平均受教育年限达到9.6年，15岁以上人口平均受教育年限达到9.05年，新增劳动力平均受教育年限达到12.7年，表明我国人口平均受教育水平已经完成了从初中程度迈入高中程度和大学程度的转变。25岁以上人口平均受教育年限达到8.6年，大大超过当前世界7.4年的平均水平。2010年我国具有大学文化程度的人口为1.19亿人，受过高等教育的人口比例达到10.5%，其中受过高中阶段及以上教育的人口比例为67%。我国从业人员有高等教育学历的人数也已位居世界前列。扫盲工作取得重要进展，我国文盲率从

2000 年的 6.72% 降到 2010 年的 4.08%，仅为 1964 年的八分之一。

　　第六，教育公平迈出重大步伐，城乡和性别差距逐步缩小，但差异仍将长期存在，促进教育公平任重而道远。

　　教育公平是社会公平的重要基础，是现代教育发展的必然选择。促进教育公平是国家基本教育政策。《教育规划纲要》明确提出，教育公平是国家基本教育政策，促进公平是教育改革发展的一项重要方针。党的十八大进一步提出，"大力促进教育公平，合理配置教育资源"，"让每个孩子都能成为有用之才"。经过不懈的努力，我国教育在机会公平、过程公平和结果公平 3 个层面，特别是促进教育机会公平，保障公民依法享有受教育的权利方面取得了重要的进展。

　　建立健全国家学生资助政策体系，实现从学前教育到研究生教育全覆盖。自 2006 年起，我国全部免除农村义务教育阶段学生学杂费，对贫困家庭学生免费提供教科书并补助寄宿生生活费。2007 年 5 月，《国务院关于建立健全普通本科高校高等职业学校和中等职业学校家庭经济困难学生资助政策体系的意见》公布，标志着我国政府决定进一步建立健全家庭经济困难学生资助政策体系。2008 年城乡免费义务教育全面实现。2009 年中央出台中等职业教育免学费政策。2010 年我国建立普通高中家庭经济困难学生国家资助制度。2011 年我国建立学前教育资助制度，在集中连片特殊困难地区实施农村义务教育学生营养改善计划。2012 年 9 月 29 日财政部、教育部印发《研究生国家奖学金管理暂行办法》，决定从 2012 年秋季学期起，中央财政每年安排 10 亿元设立研究生国家奖学金，用于奖励普通高等学校中表现优异的国家招生计划内的全日制研究生。目前，我国已基本建立健全从学前教育至高等教育的学生资助政策体系，制度设计不断完善，资助范围不断扩大，资助标准不断提高，资助领域不断延伸，从制度上基本保障了家庭经济困难学生接受教育的权利和义务，为教育公平的实现提供了现实条件和财政支持。

　　学前教育城乡差距逐步缩小，小学入学性别差距总体消除。2006—2011 年，全国小学新生中接受过学前教育的人数持续提升，且农村增长幅度大于城市，城乡差距逐步缩小。小学净入学率女童高于男童，性别差距总体消除且保持高位平衡，实现了男女儿童入学机会公平。

教育资源配置的城乡差距有升有降，仍需向农村倾斜。2006—2011年，我国生均仪器设备值的城乡差距呈逐年扩大趋势，其中农村初中生均仪器设备值 2010 年和 2011 年连续 2 年下降。城乡小学和初中建网学校比例差距均逐年下降，但 2011 年城乡差值仍分别高达 41.61、26.8 个百分点。义务教育阶段教师学历的城乡差距逐年下降，但城乡绝对差距仍有14.22 个百分点。

人力资源水平性别差异明显，但呈现逐渐缩小的趋势。2003—2010年，我国女性文盲多于男性文盲，且缩小这种差距的速度相当缓慢。大专以上学历者中依然存在着男性高于女性的差距，但这种差距在逐步缩小。这表明，随着我国社会经济的发展和教育事业尤其是高等教育的跨越式发展，我国大专以上学历性别差距正逐步缩小。

第七，国际教育交流与合作不断扩大，国际影响力不断提升。

来华留学生教育规模持续增长，层次不断提升，来源地范围逐步扩大。2005—2011 年 7 年间，来华留学生人数从 78323 人增加到 147582 人，增长了 0.88 倍。其中学历教育人数增长了 1.45 倍，培训人数增长了 0.4倍，学历教育人数增长幅度提高，培训人数增长幅度下降。来华留学生主要来源地仍是亚洲和欧洲，但来自非洲和美洲的人数有所增长，逐步趋向多样化发展。

中外合作办学以引进优秀教育资源为核心，进一步提升办学层次，探索多种办学模式和途径。2011 年全国共有中外合作办学机构和项目 549个，其分布范围覆盖了全国 27 个省份，但仍有 4 个省份空白。有办学机构的 13 个省份、有办学项目的 27 个省份都相对集中在经济、文化较发达的东部地区及大城市，地域分布不平衡。中外合作办学中，本科教育占多数，本科与硕士以上教育机构与项目数相差悬殊，办学层次有待提升。2012 年宁波诺丁汉大学、西交利物浦大学、上海纽约大学等一批新建学校，成为高起点的中外合作办学学校。

孔子学院遍布世界，洲际分布美洲最多、大洋洲最少。2010 年全球已建立起 322 所孔子学院和 369 个孔子课堂，共 691 所，分布在 96 个国家

（地区），其中美洲最多，有343所，欧洲有187所，亚洲居中，有112所，非洲26所，大洋洲23所，为最少。2011年与上年相比较，孔子学院增加36所，孔子课堂增加131个，分布国家增加9个，注册学员约达50万人。孔子学院规模的快速增长，促进了汉语的国际推广和多元文化的发展。

二、各地区教育发展优势与差异并存

《教育规划纲要》和《国家十二五教育规划》颁布以来，31个省份适应经济社会发展，协调教育内外部关系，坚持优先发展教育，不断调整优化教育规模、布局和结构，提高教育普及水平、办学条件和效益，提高教育质量，促进教育公平，教育整体水平明显提高。但是，由于经济社会发展不平衡，地区之间教育发展水平仍存在差距。

本报告通过测算评价对我国31个省份和东中西3大区域①教育综合发展水平进行全面客观的描述和比较，并比较分析各省份教育综合发展水平与经济发展水平的相关性。在各地区教育综合发展水平分析的基础上，进而对31个省份和东中西部地区的教育机会、教育条件、教育质量、教育公平等方面进行具体描述与分析，以期为各省份明确自身教育发展水平提供参考。

研究表明，我国各省份教育发展优势与差距并存。东部在教育机会、教育条件、教育质量、教育公平等方面综合发展水平要高于中西部地区，中西部地区在4个方面的发展水平各有特点。

第一，各省份教育综合发展水平差异明显，北京、上海、江苏位列教育发达省份前3名；北京、山西、辽宁位列良好均衡型省份前3名。

本研究依据2010年数据，对我国30个省份教育综合发展水平进行了

---

① 根据国家统计局（2011）的划分标准，东部地区包括北京、天津、河北、辽宁、上海、江苏、浙江、福建、山东、广东和海南11个省（直辖市）；中部地区包括山西、吉林、黑龙江、安徽、江西、河南、湖北和湖南8个省，西部地区包括内蒙古、广西、重庆、四川、贵州、云南、西藏、陕西、甘肃、青海、宁夏和新疆12个省（自治区、直辖市）。

比较分析（由于西藏缺少教师学历合格率的城乡差异统计数据，难以计算其教育公平指数，因此不对其进行综合发展水平比较）。按发展指数大小可以将各省份教育发展水平分为 3 组。教育发达省份（0.700 以上）有 8 个：北京、上海、江苏、浙江、天津、辽宁、山东、河北。教育比较发达省份（0.650—0.699）有 13 个：福建、重庆、陕西、吉林、湖北、内蒙古、湖南、四川、山西、广东、黑龙江、新疆、宁夏。教育发展一般省份（0.650 以下）有 9 个：江西、青海、海南、河南、云南、广西、安徽、甘肃、贵州。其中教育综合发展水平指数最高的北京（0.868）比最低的贵州（0.592）高 0.276。

根据级差值的大小，可以将各省份教育发展水平分为 3 种不同的均衡类型。良好均衡型的省份有 7 个，其级差值在 2.0 以下，分别为：北京（0.5）、山西（1.5）、辽宁（1.75）、江苏（2）、四川（2）、江西（2）、海南（2），这些省份的 4 项指标排名相差不大。一般均衡型的省份有 16 个，其级差值为 2.01—6.0，分别为：广西（3.25）、贵州（3.25）、陕西（3.5）、河北（3.75）、安徽（3.75）、重庆（4）、湖南（4）、浙江（4.25）、山东（4.5）、吉林（4.5）、湖北（4.5）、河南（5）、宁夏（5.25）、上海（5.75）、天津（5.75）、青海（6），这些省份的各项指标排名有明显的差别。不均衡型的省份有 7 个，其级差值在 6.00 以上，分别为：福建（6.25）、甘肃（6.25）、云南（7）、黑龙江（7.25）、内蒙古（8.5）、广东（9.25）、新疆（10.75），这些省份各项指标差异都比较大。

第二，教育综合发展水平东部最高西部最低，中部和西部各有优势。

东中西部的教育发展水平具有明显的差别和不同的特点。从东部到西部，教育发展水平呈现出从高到低的变化趋势，东部地区的发展水平明显高于全国平均水平，中部地区的发展水平基本接近全国平均水平，而西部地区的发展水平则在全国平均线以下。从 4 项具体指数来看，东部 4 项指数均明显高于中西部和全国平均线；中部的教育质量和教育条件指数高于西部；而西部的教育机会和教育公平指数高于中部地区。

从东部 11 个省份的总体状况来看，各省份之间存在明显的差异，北京、上海、浙江、江苏、天津的发展水平高于全国平均水平和东部平均水平，而海南的发展水平在东部地区最低。

中部 8 个省份的教育发展综合水平接近但略低于全国平均水平，省际差别不大。相对而言，吉林、湖北和山西发展较好，高于全国平均水平和中部平均水平，江西和安徽相对较弱。

西部 11 个省份的教育综合发展水平明显低于全国平均水平，省际的差异也比较大。陕西、重庆和内蒙古高于全国平均水平，其他省份在全国平均线以下。

第三，经济越发达，教育综合发展水平越高，但经济发展并不一定带来教育公平。

从各省份教育综合发展水平与其人均 GDP 的关系来看，教育综合发展水平最高的北京、上海、江苏、浙江、天津，其人均 GDP 也均位列全国前 5 位；教育综合发展水平最低的贵州、甘肃、安徽、广西、云南，其人均 GDP 也最低。进一步回归分析发现，人均 GDP 对教育综合发展水平指数的回归系数为 0.898，显著性检验发现 T 值为 10.775，达到了显著性水平，说明人均 GDP 对教育综合发展水平的影响作用明显，表明教育综合发展水平与经济发展状况相适应。

但经济发展并不必然促进教育公平。从各省份教育公平与其人均 GDP 的关系来看，教育公平水平最高的新疆、北京、青海、内蒙古、宁夏，其人均 GDP 并不一定是最高的；教育公平水平最低的广东、河南、贵州，其人均 GDP 也并不是最低的。特别需要指出的是，经济发展状况并不是很发达的新疆，其教育公平程度全国最高；而广东作为经济发达地区，其教育公平程度全国最低。进一步回归分析发现，人均 GDP 对教育公平的回归系数为 0.069，显著性检验发现 T 值为 0.365，没有达到显著性水平，说明人均 GDP 对教育公平的影响作用不明显，表明教育公平与经济发展状况并不一致。显然，提高教育公平的关键不在于经济发展水平，而取决于政府的重视程度以及合理的教育政策和政策的执行力度等。

第四，31 个省份教育体系结构不断优化，义务教育普及水平的差距逐步缩小，但学前、高中和高等教育省际差异明显。

到 2010 年，31 个省份的学校层次结构均向两端发展，其中义务教育规模最大，但比例逐步减小，非义务教育比例有扩大的趋势。东中西部地区呈现出不同的特点，且区域内部存在差异。东部地区的北京、上海、天津 3 个直辖市教育层次结构比例呈现出不规则的倒梯形；中西部地区基础教育阶段明显占最大比例，教育层次结构比例呈现橄榄形。

2010 年，共有 20 个省份学前三年毛入园率实现"十一五"教育规划目标。东部地区学前三年毛入园率普遍较高，西部达标省份的毛入园率要高于中部达标省份，上海、江苏、浙江和天津已超过 90%，云南、西藏低于 40%。

与 2007 年相比，2011 年 31 个省份小学净入学率有升有降。其中 25 个省份小学净入学率高位提升，从 2007 年的 98.90% 增加到 2011 年的 99.53%，提高了 0.63 个百分点，西部地区提升幅度最大。北京、山东、海南、安徽、江西、西藏小学净入学率略有下降。

2011 年，在数据可得的 17 个省份中，有 8 个省份的高中教育毛入学率已经提前实现"十二五"教育规划目标（87%），依次为北京、辽宁、天津、黑龙江、内蒙古、广东、河北、湖南。但仍有 6 个省份的高中教育毛入学率仍未达到 80% 的"十一五"教育规划目标，相差 2.6—21.1 个百分点，其中甘肃、云南、贵州 3 个省份相差 9 个百分点以上。

2002—2010 年，31 个省份中等职业教育得到了大力发展，但高中阶段普职结构仍然存在着区域间和省际的差异。2010 年与 2002 年相比，东部地区普职比的变化幅度最小，中部稍大，西部最大。其中，普职比升幅最小的前 5 名均在东部地区，即北京、天津、浙江、辽宁、上海。

2011 年，各省份高等教育规模在稳步提升的基础上仍有差距，同时高等教育普及水平均已全面实现大众化。在数据可得的 22 个省份中，有 4 个省份的高等教育毛入学率提前实现"十二五"教育规划目标（36%），其中北京、天津和上海高等教育毛入学率分别超过了 50%，实现普及化。但仍有 6 个省份的高等教育毛入学率低于"十一五"教育规划目标（25%），其中甘肃、广西、云南与目标相差 3 个百分点以上。

成人中等教育与培训规模在各地区之间存在较大差异。东部地区的非学历继续教育与培训在全国处于领先地位，但 11 个省份发展并不均衡，存在着较大的差距。中部地区继续教育人数与劳动人口比的平均数是 0.034，远远低于全国均值 0.065。中部地区的非学历继续教育与培训在全国处于落后地位，不仅低于东部均值，而且低于西部均值。中部 8 个省份内部差异相对较小。西部地区的非学历继续教育与培训处于全国平均的位置，但西部 12 个省份并不一致，存在着较大的差距，且这种差距呈现出逐年扩大的趋势。

第五，多数省份教育条件水平有所改善，但省际和区域间差距仍然明显。

2011 年相比于 2007 年，31 个省份财政性教育经费不断增长。财政性教育经费总量最大的始终是广东、江苏、山东、北京 4 个省份，增长幅度最大的是青海、天津、陕西，增幅分别为 262.55%、194.20%、178.10%。大多数省份各级教育生均教育经费不断增加，但省际差距仍然很大，东部发达地区高于中西部地区，中部人口大省普遍偏低。

2010 年相比于 2006 年，中小学专任教师队伍规模有升有降。普通高等学校专任教师队伍不断扩大，增幅最大的是海南、河南、广西，在 40% 以上。2011 年相比于 2007 年，各级学校生师比有升有降，省际差距较大。2011 年，各级各类教育中，生师比最低与最高值分别为：小学吉林 11.81，河南 22.04；初中北京 9.90，贵州 19.23；高中北京 9.60，贵州 19.02；中等职业学校吉林 14.35，宁夏 45.47；普通高校青海 13.98，安徽 18.84。其中中等职业学校省际差距最大，为 31.12；普通高校省际差距相对较小，为 4.86。

2011 年相比于 2007 年，31 个省份小学生均校舍面积有增有减，生均仪器设备值、建网校比例普遍增加，但省际差距明显。31 个省份初中和高中生均校舍面积、生均仪器设备值、建网校比例普遍增加，但省际差距明显。31 个省份中等职业学校和普通高等学校生均校舍面积有增有减，生均仪器设备值普遍提高，但省际差距在加大。

第六，31 个省份教育质量有所提高，但省际差距较为明显。

2010 年，共有 17 个省份义务教育巩固率已超越全国平均水平（89.7%），依次为北京、湖北、吉林、江苏、浙江、山东、黑龙江、湖南、天津、福建、陕西、广东、河北、上海、辽宁、新疆和重庆，高于全国平均水平0.6—27.3个百分点不等。但仍有14个省份义务教育巩固率低于全国平均水平1.4—31.4个百分点。

2011年，16个省份小学升学率超全国水平，吉林、江西、重庆等7个省份达到100%。2011年与2007年相比，25个省份初中毕业生升学率明显提升，其中北京、天津、上海、福建、山东、陕西6个省份达到100%。

2010年，东部地区高校毕业生初次就业率较高，其中有7个省份高于全国水平，分别是上海、河北、浙江、北京、广东、辽宁、天津。但仍有13个省份高校毕业生初次就业率低于全国水平，依次为福建、吉林、青海、内蒙古、云南、湖南、贵州、山东、宁夏、山西、新疆、西藏、甘肃。

2010年与2000年相比，28个省份主要劳动年龄人口6岁以上人口平均受教育年限均呈增加趋势，增幅为0.54—4.46年。其中安徽、北京增幅最大，为4.46、3.90年。但仍有3个省份呈现下降趋势，分别是青海（-0.16年）、江苏（-0.36年）、西藏（-1.55年）。2011年与2007年相比，30个省份6岁以上人口中接受高等教育人口比例逐步提升，仅上海6岁以上人口中接受高等教育人口比例略有下降。

2011年与2007年相比，31个省份文盲人口占15岁及以上人口的比重呈现普遍下降的趋势，其中甘肃、安徽、青海、云南和西藏等一些西部省份和人口大省下降幅度居全国前5位。

第七，多数省份教育公平取得重要进展，西部地区与东中部地区差距明显，但差距的缩小幅度最大。

2010年与2006年相比，大多数省份小学新生中接受过学前教育人数比例的城乡差距不断缩小，其中西部地区的新疆、云南、宁夏3个省份城乡差距大幅缩小，缩小幅度为10.26—27.21个百分点。2011年，整体上西部地区城市小学新生中接受过学前教育的人数比例为97.08%，农村小学新生中接受过学前教育的人数比例为83.24%，仍相差13.84个百分点。说明西部地区一些省份仍需努力加大学前教育的发展力度。2011年与2007

年相比，23 个省份小学净入学率性别差距逐渐缩小，其中西部地区缩小幅度最大，由 2007 年的 0.18% 降至 2011 年的 0.09%，下降了 0.09 个百分点。

2011 年与 2007 年相比，各省份义务教育阶段学校基础设施和教育信息化城乡差距缩小与扩大并存。其中多数省份小学阶段学校基础设施建设城乡差距明显缩小，西部地区缩小最快；多数省份初中阶段教学仪器配置城乡差距却不断扩大，西部地区差距最大。教育信息化建设方面，多数省份小学和初中建网学校比例城乡差距逐步缩小，但东中西部比较而言，西部地区小学阶段建网校比例城乡差距却略有增加，西部地区初中阶段建网校比例城乡差距却明显扩大，因此初中阶段教育信息化建设成为西部地区教育公平改革的焦点。大多数省份小学大专及以上学历教师比例和初中本科及以上学历教师比例的城乡差距迅速缩小，西部地区缩小幅度最大。

2011 年与 2007 年相比，多数省份呈现人力资源水平性别差异逐步缩小的发展趋势。其中，多数省份接受高等教育的人口比例的性别差距逐渐缩小，福建和浙江缩小幅度最大。文盲人口性别差距逐渐缩小，广东、上海和山西 3 个省份缩小幅度最大。

三、中国教育的国际地位逐步提升

本报告中，教育发展国际比较对象的选择主要考虑经济发展水平和人口两个因素。考虑经济发展水平时，以 2010 年世界银行按人均国民总收入（GNI）对各经济体进行的划分为依据；考虑人口因素时，选择 9 个发展中人口大国进行比较。据此，形成教育发展水平国际比较对象的 7 大类型：世界平均水平、同等收入国家、中等收入国家、下中等收入国家、上中等收入国家、高收入国家、发展中人口大国。通过对教育机会、教育质量和教育条件相关的 7 大指标的国际比较，本报告认为当前我国教育的发展呈现出以下特点和趋势。

第一，中国各级教育普及程度均达到或高于同等收入国家水平，其中义务教育普及程度与发展中人口大国、同等收入国家、中等收入国家、高收入国家同处高位；高中教育普及程度与上中等收入国家基本持平，与高收入国家尚有差距；学前教育和高等教育普及程度略低于同等收入国家和中等收入国家，与上中等收入国家和高收入国家差距较大。

2010 年，中国小学阶段毛入学率为 104.60%，与发展中人口大国（105.30%）、同等收入国家（106.52%）、高收入国家（102.22%）同处高位。中国初中阶段毛入学率为 100.10%，与上中等收入国家（100.86%）和高收入国家（104.13%）同处高位，说明我国义务教育发展在规模和数量上取得了很大成绩。

中国高中教育的毛入学率（82.5%）高于同等收入国家（67.85%）、中等收入国家（67.75%）、下中等收入国家（56.38%）和发展中人口大国（51.77%），基本持平于上中等收入国家（81.53%），但与高收入国家（101.29%）还有一定差距。

中国学前教育和高等教育普及程度相对滞后。中国学前教育和高等教育毛入学率分别为 56.6%、26.5%，与同等收入国家差距分别约为 12 个百分点、4 个百分点，与高收入国家差距分别约为 29 个百分点、35 个百分点。《教育规划纲要》提出，到 2020 年，我国基本普及学前教育，高等教育大众化水平进一步提高，毛入学率达到 40%。为了实现上述目标，我国继续加大对学前教育和高等教育的支持力度。这将为积累人力资本、提高国民素质、建设人力资源强国奠定坚实的基础。

第二，中国义务教育年限超过发展中人口大国，与同等收入国家和中等收入国家基本持平，但与高收入国家存在一定差距。

2010 年，在数据可得的 134 个中等收入及以上国家和地区中，义务教育年限平均为 9.48 年，中位数为 9.5 年。其中 2 个国家的义务教育年限最短，为 5 年；2 个国家年限最长，为 14 年。年限为 9 年的国家最多，共 46 个国家和地区；其次是 10 年，共有 26 个国家和地区，两者合计为 72 个国家和地区，占 134 个国家的 53.73%。

中国义务教育年限为 9 年，高于发展中人口大国 0.67 年，高于同等收入国家 0.17 年，高于下中等收入国家 0.39 年，与中等收入和高收入国家的义务教育基准年限一致，但低于其义务教育平均年限 0.48 年及高收入国家 1.07 年，高于年限最短的国家 4 年，低于年限最长的国家 5 年。

经济发展水平与义务教育年限的长短呈正相关。2010 年，下中等收入国家、上中等收入国家、高收入国家的平均人均国民总收入依次为：2270 美元、6920 美元、34440 美元，其平均义务教育年限依次为：8.61 年、9.75 年、10.07 年。说明人均国民总收入越高，平均义务教育年限也越高。但是，经济因素并不是唯一影响义务教育年限长短的因素。从同等收入国家的数据可以看出，在人均国民总收入相当的情况下，各国实施义务教育年限的长短却各有殊异，级差较大，最短年限为 6 年，最长年限为 10 年。表明除了经济因素，各国政府对义务教育的重视程度及其文化教育程度对于决定其义务教育年限的长短也具有举足轻重的影响。

随着社会发展对劳动者受教育水平要求的提高，各国义务教育年限呈逐步延长的趋势。我国目前已全面实行免费义务教育，但我国广大农村地区义务教育的普及是在较低的起点上和较短的时间内实现的，存在着基础薄弱、发展不平衡、质量有待提高等突出问题。《教育规划纲要》确定，我国未来 10 年将仍然实行 9 年义务教育，主要任务在于巩固提高 9 年义务教育水平。有条件的地方可以在全面实现城乡免费义务教育的基础上，探索实行学前和高中阶段的免费教育。

第三，中国国民受教育程度呈现出学历越高、差距越大的态势。其中，15 岁及以上成人识字率略低于高收入国家，15—24 岁青年识字率略高于高收入国家；25 岁以上受过中等教育的人口略低于同等收入国家；受过高等教育的人口与高收入国家差距明显。

2010 年，中国 15 岁及以上成人识字率达到 94.27%，高出世界平均水平（82.15%）12.12 个百分点，高于同等收入国家（89.12%）、中等收入国家（86.23%）和发展中大国（75.34%），但低于高收入国家（95.41%）1.14 个百分点。15—24 岁青年识字率达到 99.40%，比世界平均水平（89.49%）高出 9.91 个百分点，高于同等收入国家（95.54%）、中等收入国家（92.95%）、下中等收入国家（88.57%）、上中等收入国家

（97.98%）及发展中人口大国（87.09%），甚至比高收入国家（98.30%）高出 1.10 个百分点，说明中国在提高成人识字率方面成果显著。

近年来，随着高中教育和高等教育普及水平不断提高，中国成年人的学历水平有了显著提高。2010 年，25 岁以上接受过中等教育的人口占全国总人口的 38.4%，这一比例略低于同等收入国家（39.63%），但与上中等收入国家（46.33%）特别是高收入国家（66.64%）还存在明显差距。中国主要劳动年龄人口受过高等教育的比例已达到 10.5%，但仍低于经济合作与发展组织（OECD）国家（30%）19.5 个百分点、欧盟 21 国（28%）17.5 个百分点、20 国集团（G20）国家（26%）15.5 个百分点。中国高校十几年的快速发展，使 25—34 岁高等教育学历人口急速扩张。目前从业人员中持有高等教育学历的人数已位居世界前列，中国正在从人口大国转向人力资源强国。

第四，中国教育保障条件有待进一步完善。公共教育经费占 GDP 比例低于世界平均水平；公共教育经费占政府财政支出比例与高收入国家基本持平，但低于其他类型国家；公共教育经费支出结构和各级生均教育经费投入结构与各类型国家相比轻基教、重高教；基础教育生师比与上中等收入国家和高收入国家存在差距；学前教育生师比仅小于发展中人口大国，与其他类型国家尚有一定差距；中小学班额与高收入国家差异显著，初中阶段的大班额现象比小学阶段更为严重。

2010 年，中国公共教育经费支出占 GDP 比例有所增长，达到 3.66%，接近 4% 的目标，但在世界 204 个国家中位于第 109 位，居于中等偏下位置，低于世界平均水平（4.83%）、中等收入国家（4.97%）、同等收入国家（5.10%）、高收入国家（5.42%）。此外，中国政府对公共教育经费投入占国家财政总支出的 13.96%，处于世界中等偏下水平，低于上中等收入国家（14.98%）和发展中人口大国水平（14.50%），接近高收入国家水平（13.78%）。中国教育公共经费支出在初等和中等教育阶段均小于其他收入水平国家，唯有在高等教育阶段大于其他收入水平国家。2010 年，中国各级生均教育经费支出呈现大幅增长趋势，但在投入结构上呈现出倒三角形的不平衡状况，初等教育和中等教育生均教育经费占人均 GDP 的比重大大低于高等教育，与部分高收入国家显示出明显差异。说明教育公共经费支出比例与一国经济发展水平相关，但也与政府投入的努力程度关系密切。2010 年以来，中国人均国民总收入已经跃于上中等收入国家行列，意味着中国将会有更大的能力加强对教育的投入，优化教育投入的结构，提高教育投入的效益。近年来中国政府在逐步加大对教育公共经费的投入，但还需要加大对学前教育和义务教育的师资配置力度。

2010 年，中国小学、初中、高中阶段生师比分别为 19.91、16.84、16.2，总体而言好于世界平均水平（28.61、21.04、17.53）、同等收入国家水平（24.95、18、18.63）、中等收入国家水平（23.81、19.15、16.7）、发展中人口大国水平（28.94、22.14、18.67），但与上中等收入国家（18.73、16.13、14.78）和高收入国家（14.3、11.64、11.1）尚有一定差距；学前教育阶段生师比（24.04）仅略好于发展中人口大国（25.28），但与其他类型国家均有差距，说明学前阶段的师资配置是中国教育投入的薄弱领域，存在提升空间。

2010 年，中国小学阶段的班额（37.1 人）比 OECD 国家平均班额（21.4 人）多出 15.7 人。初中阶段班额（54.6 人）超过国家规定的班额标准，比 OECD 主要国家平均班额（23.7 人）多出 30.9 人。这表明中国义务教育阶段的大班额现象比较突出，初中阶段的大班额现象比小学阶段更为严重，需要政府加大对初中阶段师资配置的改善力度。

四、多措并举破解教育热点难点问题

2012 年，伴随着《教育规划纲要》的全面实施，教育改革与发展取得积极进展，正在逐渐深入涉及敏感、牵系复杂的攻坚地带，但仍存在不少热点难点问题。为了办好人民满意的教育，党和政府着力破解关系群众切身利益的热点难点问题，强化制度建设，完善政策措施，狠抓工作落实，取得了重要进展。本年度报告主要聚焦我国破解以下 6 大热点难点问题所取得的重要进展。

第一，通过系统规划强力推进学前教育发展，学前三年毛入园率提前达到 2015 年规划目标，儿童"入园难"问题得到显著缓解，但推动学前教育普及、提高保教质量仍然任重道远。

学前教育是我国各级各类教育发展中一个薄弱环节，"入园难"尤其是入公办园难成为社会反映的热点问题。2010 年以来，国家出台一系列重大政策与措施，加大学前教育投入，实施农村学前教育推进工程、中央财政支持学前教育发展重大项目、幼儿教师国培计划等，并大力推动地方实施学前教育三年行动计划，学前教育获得迅速发展。2012 年，全国学前三年毛入园率为 64.5%，提前实现 2015 年规划目标。"入园难"问题虽得到有效缓解，但学前教育发展仍然任重道远。应继续扩大学前教育资源，专项扶植重大项目，加强管理，注重科学保教，并加快学前教育立法进程，从而保障学前教育事业快速、健康、可持续发展。

第二，多管齐下大力推进义务教育均衡发展，"择校热"现象得到有效遏制，但 9 年义务教育均衡发展仍需强力推进。

我国义务教育阶段学校发展不均衡，优质教育资源不足，造成在一些地方特别是大中城市"择校热"问题突出，群众反映强烈。2012 年，《国务院关于深入推进义务教育均衡发展的意见》等一系列文件政策出台，标志着我国政府明确发展思路，构建推进新机制，大力推动教育均衡发展，同时继续重拳治理择校乱收费，强化教育督导，多管齐下有效破解义务教育阶段"择校热"，涌现出"晋中模式""嘉善模式"等一批新典型。应继续大力推进义务教育学校标准化建设，加快薄弱学校改造，推动实现教师、校长合理流动，完善招生政策，促进优质教育资源共享，发展民办教育，提供多样选择，实现义务教育均衡发展，从而解决择校难题，促进教育公平。

第三，进城务工人员随迁子女在城市接受义务教育问题基本解决，升学考试政策取得突破，平等受教育权得到进一步保障，同时国家大力发展农村教育，农村留守儿童关爱服务体系正逐步建立。

随着我国工业化的迅速发展和城镇化进程的加快，大量农民工在城乡之间流动就业，造成进城务工人员随迁子女与农村留守儿童两个特殊群体，他们的教育问题为社会所十分关注。政府高度重视进城流动人口接受教育问题，坚持"两为主"政策，确保进城务工人员随迁子女接受义务教育。2012年，我国开始将常住人口全部纳入区域教育发展规划，将随迁子女全部纳入财政保障范围，保障随迁子女平等接受义务教育。截至2012年年末，31个省份除西藏外都按照国务院要求出台了进城务工人员随迁子女升学考试具体实施方案，进城务工人员随迁子女义务教育后教育问题正在得到有序解决。

农村留守儿童与父母长期分离，面临亲情缺失、生活抚育、教育监护、安全保护等多方面的问题。国家大力发展农村教育，实施农村寄宿制学校建设工程、农村中小学现代远程教育工程、农村义务教育阶段学校教师特设岗位计划、农村义务教育学生营养改善计划等，使广大留守儿童从中受益。各地加大对农村留守儿童关爱工作的力度，一些地方已初步建立起关爱留守儿童的服务体系，不断探索工作新模式，改善留守儿童生活、学习环境，促进留守儿童健康成长。

党的十八大报告提出，要积极推动农民工子女平等接受教育，让每个孩子都能成为有用之才，这为切实解决农民工子女教育问题提出了新的要求，进一步指明了努力的方向。

第四，各级政府强力推进中小学生减负工作，在一定程度上减轻了中小学生的课业负担，但还未形成教育部门、学校、社会和家长之间的工作合力。

中小学生课业负担过重是我国基础教育领域长期存在的一个问题，严重影响了中小学生的身心健康成长。《教育规划纲要》明确规定了义务教育阶段减轻中小学生课业负担的任务，《国家十二五教育规划》进一步提出到2015年基本实现中小学生全面减负的目标。各级政府和教育行政部门采取改革考试评价制度和学校考核办法、科学设计课程和教材难度、规范办学行为、建立监测公告制度、规范各种社会补习和教辅市场等措施，大力实施素质教育，强力推进减负。经过努力，推进素质教育、减轻学生学业负担的观念深入人心，各地减负工作取得初步成效，但教育部门、学校、社会和家长之间还没有真正形成工作合力。减轻学生课业负担是全社会的共同责任，政府、学校、家庭、社会必须共同努力，标本兼治，综合治理。减轻中小学生课业负担过重问题、实现素质教育的目标，依然任重道远。

第五，大中小学普遍开展社会主义核心价值体系教育，不断创新教育模式、拓展教育途径，成效显著，同时德育的实效性还需进一步提高。

2012 年 3 月，教育部出台《社会主义核心价值体系融入中小学教育指导纲要》，目前我国大中小学正在普遍开展社会主义核心价值体系进课堂、进教材、进头脑的教育，开展社会主义核心价值体系教育成为各级各类教育的核心任务。各地也出现了一些典型案例，取得了显著的成效。开展社会主义核心价值体系教育需要教育工作者充分挖掘学科教育中的核心价值观教育内容，与各门课程有机融合，贴近学生的生活实际、学习实际、身心发展实际，尊重德育规律，从"知情意行"各个环节入手，提高德育实效性。教育主管部门要建立长期有效的监督监管机制，使社会主义核心价值观深深融入青少年学生的思想意识、精神世界和学习生活之中。

第六，综合治理大学生就业难成绩可喜，但结构性人才过剩和摩擦性失业仍待解决。

随着我国高等教育改革不断深化以及高等教育大众化、国际化进程的加快，高校毕业生规模逐年扩大，大学生就业难日益成为一个严重的问题。党中央、国务院把就业看作民生之本，高度重视解决高校毕业生的就业问题，把促进充分就业作为经济社会发展的优先目标，发布一系列重要文件，实施更加积极的就业政策，连续出台促进高校毕业生就业的政策措施。2011 年我国高校毕业生初次就业率达到 77.8%，就业满意度为 47%，高校毕业生就业难问题得到了有效缓解。同时应当看到，我国大学毕业生就业难并不是人才过剩的问题，而是结构性问题。大学毕业生大多选择在发达地区、高薪部门就业，愿到欠发达地区工作的较少，这是地域分布结构上的矛盾。另一方面，高校毕业生就业矛盾主要是摩擦性失业，表现为大学生的知识储备、技能、期望度与劳动力市场需求不匹配。因此，应探索建立高校毕业生就业和重点产业人才供需年度报告制度，健全专业动态调整和预警、退出机制；引导高校毕业生降低求职期望，客观理性面对现实；创新就业模式，拓宽就业渠道；将学生就业情况纳入大学评价体系，高校就业的评估和监督应由第三方机构进行；加强就业困难大学生心理援助；加强和完善对大学生的职业生涯规划教育。

五、挑战与对策

《教育规划纲要》和《国家十二五教育规划》颁布以来，在科学发展观指引下，我国适应经济社会发展，协调教育内外部关系，坚持优先发展教育，促进教育公平，不断调整优化教育规模、布局和结构，巩固提高全国教育普及水平，改善办学条件与环境，提高办学效益。研究解决了当前教育改革与发展的重点难点问题，回应人民群众的教育需求。教育改革发展成就显著，教育质量整体水平大大提高，我国实现了从人口大国向人力资源大国的转变。但是，我国教育与国家经济社会发展的要求和人民群众的多样化需求仍存在一定差距，同时作为一个发展中人口大国，我国面临着与世界其他国家殊异的国情和困难，结合国内外教育改革与发展的规律及经验，我们提出如下对策和建议。

第一，根据我国教育人口的变化进行动态的教育政策调整，及时合理地配置教育资源。

研究表明，我国人口受教育程度整体提高，教育人口比重有所下降。我们建议，合理配置教育资源，不断提高教育人口占总人口的比重，要巩固和提高学龄人口普及义务教育的水平，加强劳动人口职业技能培训，扩大老龄人口继续教育，促进各级各类教育均衡、协调发展，更快提升国家的人力资源水平和人口素质，为国家持续稳定健康发展储备人口竞争力和人才竞争力。

第二，进一步加大教育经费投入，优化教育经费投入结构，提高教育经费管理使用效益。

鉴于我国国家财政性教育经费投入总量逐年大幅度增加，但教育投入总体水平仍不能满足教育发展的需要。我们认为，除继续加大政府财政性教育经费投入的力度以外，还需拓宽教育经费筹措途径，适当增加民办教育、社会集资等在教育经费中的比例，以体现政府公共财政职责并调动社会积极性，确保教育事业科学发展。在教育经费支出总量一定的情况下，应确保义务教育支出，将义务教育全面纳入财政保障范围，加大对学前教育和职业教育的投入力度。同时，进一步加大农村、边远贫困地区、民族地区教育投入，完善农村义务教育经费保障机制，尤其是针对薄弱地区和弱势群体的基础教育阶段的经费投入力度。建立和完善教育拨款体系与透明的学校财务管理体系的监督、约束机制。

第三，不断调整和统筹教育规模结构，促进各级各类教育及区域间教育的协调发展。

研究表明，我国教育规模持续发展，教育结构和学科专业结构进一步优化，但各地区仍存在差异，且省份间的差距较大。我们建议，要根据我国经济社会发展和人民群众对教育的需求，合理布局教育规模，优化教育结构，大力发展学前教育，巩固提高 9 年义务教育，基本普及高中阶段教育，加快发展现代职业教育，推动高等教育内涵式发展，积极发展继续教育。近期，中西部各省份要着力发展学前教育，从根本上提高职业教育的吸引力。中部地区需要大力发展继续教育，提高继续教育人员占劳动人口的比重，给予每个有学习需要的人以更多更新技能、满足人民群众对精神文化的多样化需求。中等职业教育和高等职业教育要进一步优化科类结构，大力扶植社会发展需要的新兴、边缘和交叉学科。

第四，大力促进教育公平，进一步缩小教育的区域、城乡和校际差距。

鉴于我国的教育发展还存在着区域、城乡、校际差距，缩小差距的难点在农村、边远、贫困、民族地区。因此，需要继续落实国家资助政策体系，扶持困难群体，促进教育资源向重点领域、关键环节、困难地区和薄弱学校倾斜，加大对中西部贫困地区高中阶段教育的扶持力度，支持民族地区教育基础薄弱校改扩建。要进一步完善家庭经济困难学生资助政策体系等政策措施，重点向农村家庭经济困难学生、农民工子女等群体倾斜，促进教育公平。

第五，要着力提高教育质量，走内涵式教育发展道路。

随着我国经济社会的发展，我国已经从下中等收入国家步入上中等收入国家的行列，各级各类教育已具有一定规模。今后要在拓展教育规模的同时，进一步促进教育的内涵式发展，坚持以素质教育为导向，以提高质量为核心，坚持科学的教育质量观，更好地为国家的现代化建设提供人才和智力支撑。各地区要在国家人才培养体制、考试招生制度、现代学校制度、管理体制、办学体制改革的宏观指导下，深化基础教育课程改革，加快职业教育和高等教育教学改革，努力搭建终身学习"立交桥"。要围绕强化教学、提高教育质量配置教育资源，安排学校工作重点，制定科学的质量评价体系，努力实现省域内教育质量整体提升。

第六，要进一步完善教师结构，着力提高师资水平。

我国各级教育师资配置有所改善，但仍存在明显不平衡现象。因此要逐步完善学前教育、小学、初中、高中专任教师和教师职工的比例，发挥教师的主观能动性，提高教师的教学质量。要逐步实行城乡统一的中小学教师编制标准，对农村边远地区实行倾斜政策，促使教师队伍的地区差异进一步减小。切实提高农村教师的待遇，在职称评定、评优评先、培训、经济待遇等方面向农村教师倾斜，保障农村教育师资来源，不断提高师资水平。

第七，继续改善办学条件，提高办学效益。

研究表明，各级学校办学条件明显好转，教育信息化水平不断提高。但地区、城乡、学校之间仍不平衡。我们建议，要推进义务教育学校标准化建设，加快薄弱学校改造，均衡配置教师、设备、图书、校舍等资源，切实缩小各省份、东中西部地区、城乡、学校之间的差距。加强教育信息化建设。提高中小学每百名学生拥有计算机台数，为农村中小学班级配备多媒体远程教学设备。建设有效共享、覆盖各级各类教育的国家数字化教学资源库和公共服务平台。基本建成较完备的国家级和省级教育基础信息库以及教育质量、学生流动、资源配置和毕业生就业状况等监测分析系统。结合中国未来学龄儿童的人口发展趋势，科学研制与之相适应的班额标准。各地结合本地教育发展实际情况，因地制宜地解决大班额问题。

　　第八，继续促进国际教育交流与合作，进一步支持中外合作办学，建立全方位的来华留学教育优势。

　　研究表明，我国国际教育交流与合作不断拓展，教育开放程度进一步提高，但来华留学数量和层次仍有待提高。我们建议，要进一步优化来华留学环境，提供足够的来华留学生教育服务优质资源，注重规范管理；继续扩大规模和调整层次结构，扩展来源地，促进多样化发展；在巩固和加强既有优势的同时，重点培育特色学科，建立起全方位的来华留学教育优势。同时，要以优质教育资源为核心，探索多种方式开展中外合作办学的模式和途径。做好发展规划，健全质量监管与保障机制，规范和引导中外合作办学的发展。

[第一章]
中国教育的总体进展

    2002—2012 年，在党中央、国务院正确领导下，在科学发展观的指引下，在全党全社会的共同努力下，教育事业取得重大进展——学前教育逐步发展，城乡免费义务教育全面实现，高中阶段入学率持续提升，现代职业教育体系不断完善，高等教育大众化水平进一步提高，教育公平迈出重大步伐，教育改革有序推进，教育结构进一步优化，教师队伍建设成效显著，教育投入大幅增加，办学条件不断改善，教育国际化水平不断提升。教育的发展极大地提高了全民族素质，加快了我国实现从教育大国向教育强国转变、从人口大国向人力资源强国转变的步伐，推进了科技创新、文化繁荣，为经济发展、社会进步和民生改善做出了不可替代的重大贡献。但是，我国教育与国家经济社会发展的要求和人民群众的多样化需求仍存在一定差距，同时作为一个发展中人口大国，我国面临着与世界其他国家殊异的国情和挑战。

    本章对我国教育综合发展水平进行全面客观的描述和比较，在此基础上，进一步聚焦教育的体系结构、普及水平、教育投入、办学条件、教师队伍、教育质量、教育公平、教育国际化水平等方面，通过对 2002—2012 年相关数据的梳理和分析，从全国范围把握 10 年来我国教育发展变化的总体状况和基本趋势。

一、全国教育综合发展水平逐渐提高，
与经济发展和人口增长密切相关

　　教育发展包括机会、质量、结构、规模和公平等方面。我国教育自新中国成立以来特别是改革开放以来取得了巨大成就。但我国以及各地区的教育综合发展水平如何，以往仅凭经验判断，或依据入学率、财政投入等单一指标进行描述，缺乏能够全面客观准确地反映全国和各地区教育发展水平的教育发展指标体系。因此，构建一个能够全面客观描述我国以及各地区教育发展水平的指标体系，是对教育的综合发展水平进行评价和比较的基础。为了能够全面客观地描述和分析我国近年来教育发展水平的总体状况，深入分析各地区的教育综合发展水平及其差异，我们在参考国内外相关研究的基础上，通过深入分析我国教育政策文件，并综合考虑我国教育现有可得的统计数据，构建了我国教育综合发展水平指标体系（见附录一）。这个教育综合发展水平指标体系包括教育机会、教育条件、教育质量和教育公平 4 个一级指标。在每个一级指标下有 2—3 个二级指标，一共包含 12 个二级指标。每个二级指标下有 3—5 个三级指标，共有 46 个三级指标。我们使用这个教育综合发展水平指标体系进行了教育发展水平指数的计算，全面地分析了我国教育综合发展水平的趋势，并对各地区教育综合发展水平进行了客观评价。

（一）全国教育综合发展水平呈现逐渐提高的趋势

　　近年来我国教育改革发展成就显著，教育事业发展主要目标全面实现。教育普及水平显著提高，免费 9 年义务教育全面普及，职业教育发展实现重大突破，高中阶段教育毛入学率达到 85%，高等教育毛入学率达到 30%，高等教育大众化水平和人才培养质量进一步提升，继续教育进一步发展。教育投入明显增加，教育条件明显改善，义务教育经费保障机制不断完善，一大批学校面貌焕然一新。义务教育学校教师绩效工资制度开始实施，教师队伍建设取得新进展。教育公平迈出重大步伐，民族地区教育快速发展，城乡和区域教育差距缩小，国家助学制度进一步完善，进城务工人员随迁子女、农村留守儿童、残疾学生受教育权益得到更好保障。教育事业发展推动我国人力资源开发水平迈上新台阶，职业教育和高等教育输送了近 6000 万名毕业生，15 岁以上人口平均受教育年限达到 9 年，有知识、有文化的年青一代成为新增劳动力的主体。我国教育实现了从人口大国向人力资源大国的转变，迈上由大到强的历史新征程（教育部，2012g）。

通过对 2007—2010 年教育综合发展水平指数的计算，可以看出全国教育综合发展水平呈现逐年递增的趋势（见图 1.1）。对 4 项一级指标的进一步分析可见，教育机会、教育条件、教育质量和教育公平指数均呈现逐年小幅度增加的趋势（见图 1.2）。说明近年来随着我国社会经济的持续健康发展，全国教育也在稳步发展，教育质量逐年提高，教育机会不断增加，教育公平程度不断提升。

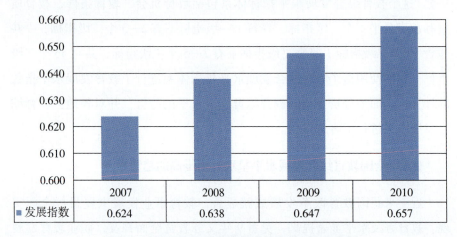

	2007	2008	2009	2010
■ 发展指数	0.624	0.638	0.647	0.657

图 1.1　2007—2010 年我国教育综合发展水平指数

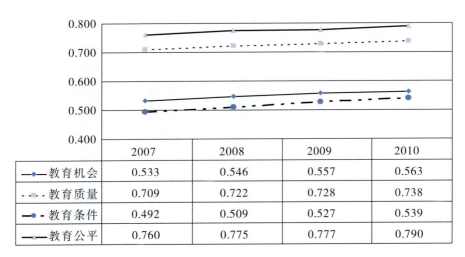

	2007	2008	2009	2010
——教育机会	0.533	0.546	0.557	0.563
- ■ - 教育质量	0.709	0.722	0.728	0.738
— ● - 教育条件	0.492	0.509	0.527	0.539
——教育公平	0.760	0.775	0.777	0.790

图 1.2　2007—2010 年我国教育综合发展水平分项指数

（二）经济发展水平对教育发展具有重要推动作用

经济是社会发展的物质基础，教育的发展也必然以经济发展为前提，经济发展水平的高低直接影响政府的财政能力，并进一步决定了教育资源投入的多少，继而影响到生均教育经费的多少以及教师的数量和质量，因此经济发展可以扩大教育规模，改善教育条件，提高教育质量。而教育是经济社会发展的重要动力源泉，其对经济发展的影响是巨大的、长期的、潜在的、导向性的。二者互为依存，相互促进，具有很强的互动性。

通过对比 2007—2010 年教育综合发展水平指数与 GDP 的变化趋势可以看出，教育综合发展水平指数和 GDP 都呈逐年递增的趋势（见图 1.3），但是 GDP 的增长率大于教育发展指数的增长率。

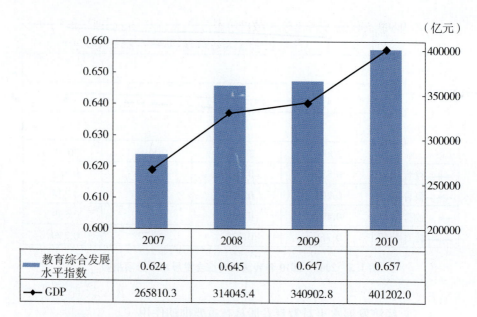

（亿元）

	2007	2008	2009	2010
教育综合发展水平指数	0.624	0.645	0.647	0.657
GDP	265810.3	314045.4	340902.8	401202.0

图1.3 2007—2010年教育综合发展水平指数与GDP的变化趋势

【数据来源】中国统计年鉴［M］. 2008－2011. 北京：中国统计出版社，2008－2011.

（三）教育发展水平的增长速度快于人口增长速度

人口与教育发展之间存在着多方面的关系。例如，人口的地理分布会影响学校的布局和教育资源的配置效率。因此，人口密度大的地区学校更容易合理布局，形成规模经济，减少单位教育成本，增加教育机会。而人口密度小的地区，教育资源往往难以得到充分利用，单位教育成本较高，也容易造成教育机会的不足。人口的年龄结构对教育机会的影响最大，它决定了某一地区不同时期的学龄人口数。一般而言，政府的教育供给在短期内调整得比较缓慢，因此，当某一地区某一时期的学龄人口数较多时，往往会造成教育机会不足；而当某一地区某一时期的学龄人口数较少时，教育机会就会比较充足。另外，人口抚养比也是影响教育投入的重要因素，如在人口抚养比较低的地区，劳动力人口的比重大，会有更多的人口来创造财富，从而为教育提供更加充裕的经济支持，也便于学校聘用更多合格的教师。

通过对比2007—2010年教育综合发展水平指数与人口总数的变化趋势可以看出，教育综合发展水平指数和人口总数都呈逐年递增的趋势（见图

1.4）。但是教育综合发展水平指数的增长率快于人口总数的增长率，研究还发现，2007—2010年人口抚养比在逐年下降，但教育综合发展水平指数在不断提高（见图1.5）。

	2007	2008	2009	2010
教育综合发展水平指数	0.624	0.638	0.647	0.657
人口总数	132129	132802	133450	134091

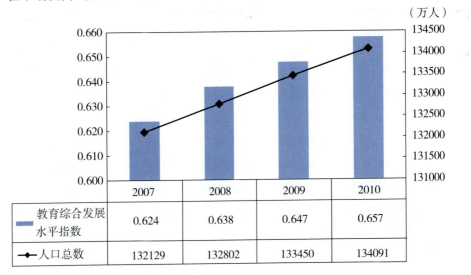

图1.4　2007—2010年教育综合发展水平指数与人口总数的变化趋势

【数据来源】中国统计年鉴2011［M］. 北京：中国统计出版社，2011.

	2007	2008	2009	2010
教育综合发展水平指数	0.624	0.638	0.647	0.657
抚养比	37.9	37.4	36.9	34.2

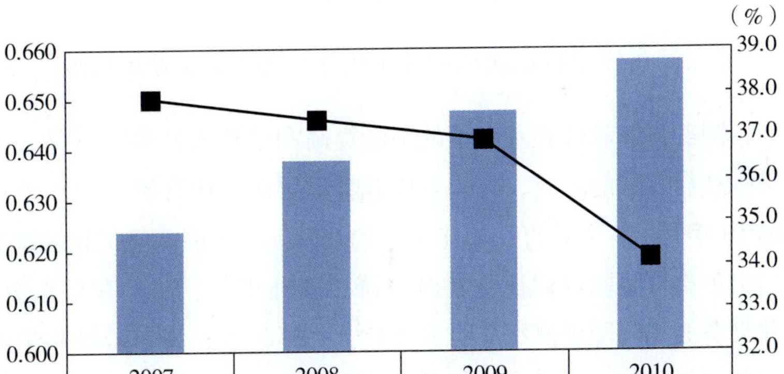

图1.5　2007—2010年教育综合发展水平指数和人口抚养比变化趋势

【数据来源】中国统计年鉴2011［M］. 北京：中国统计出版社，2011.

二、教育层次结构逐步优化，各级教育普及
水平不断提升

教育层次结构、教育普及程度的发展变化受到社会政治、经济、科技、文化和教育等综合因素的影响，是社会发展变化的缩影，也是衡量一个国家或地区教育发展水平的主要指标，直接体现了教育的供给水平以及供求关系的协调性。近年来优化教育结构、提高教育普及水平已经从教育内部需求上升到国家战略的高度，成为教育发展改革的重要任务。10 年来，各级政府和教育部门不断优化教育层次结构，不断提高教育普及水平，使全国各级学校层次结构得到逐步优化，初步建立起动态调整机制。学前教育普及水平逐年提高，城乡免费义务教育全面实现，高中阶段教育进一步普及，高等教育普及水平快速提升，学习型社会建设持续推进。在取得显著成效的同时，仍需根据社会经济和教育发展需求，不断调整教育层次结构，促进人口受教育水平继续提高和各级各类教育普及程度逐步深入。

（一）各级学校层次结构逐步优化，动态调整初见成效

随着各级教育普及水平的不断提高和学龄人口数的下降，适应国家经济和社会发展的需要，全国各级教育的层次结构有所变化。2003—2012 年的 10 年间，各级教育在稳步增长的基础上，适度调整优化层次结构，呈现出义务教育阶段规模比重持续下降，普通小学、初中在校生数逐年减少，非义务教育阶段规模比重明显增长，高等教育、高中阶段和学前教育在校生数逐年增加，初步建立起教育结构动态调整机制。

1. 普通小学、初中阶段在校生数逐年下降，高等教育、高中阶段和学前教育在校生数逐年增加

由于全国人口出生率逐年总体下降，各级学龄人口数随之变化。从每10 万人口中在校生人数看，2012 年与上年相比，高等教育增加 82 人，高中阶段减少 79 人，初中阶段减少 244 人，普通小学减少 207 人，学前教育

增加 182 人，全学段呈现两端增长、中间下降的态势，其中初中阶段降幅最大。2012 年与 2003 年相比较，高等教育由 1298 人上升为 2335 人，增加了 1037 人；高中阶段由 2523 人上升为 3416 人，增加了 893 人；初中阶段由 5209 人减少到 3535 人，减少了 1674 人；普通小学由 9100 人减少到 7196 人，减少了 1904 人；学前教育由 1560 人上升为 2736 人，增加了 1176 人。10 年来高等教育、高中阶段和学前教育在校生人数明显增加，初中阶段和普通小学在校生人数逐年减少。总体上，我国学龄人口数呈现出普通小学、初中阶段在校生数逐年下降，高等教育、高中阶段和学前教育在校生数明显增长的态势。

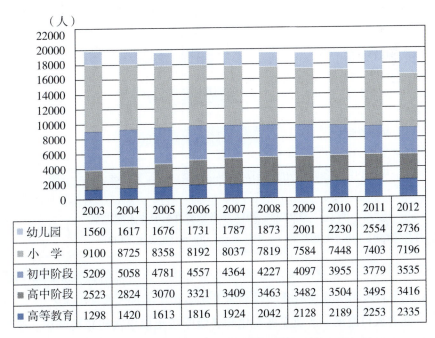

图 1.6　2003—2012 年每 10 万人口各级教育在校生人数变化

【数据来源】中国统计摘要 2013［M］. 北京：中国统计出版社，2013.

2. 义务教育阶段在校生数持续下降，非义务教育阶段在校生数明显增长

随着全国各级教育规模快速发展和普及水平的逐步提高，教育的层次

结构有较大变化。2012 年与 2005 年相比较，全国在校生总人数中，高等教育由 2300 万人上升到 3325 万人，增长 44.6%；高中阶段由 4013 万人上升到 4602 万人，增长 14.7%；初中阶段由 6215 万人下降到 4763 万人，减少 23.4%；普通小学由 10864 万人下降到 9696 万人，减少 10.8%。8 年来，位于金字塔上半部的高等教育和高中阶段在校生数明显增加，而位于金字塔下半部的普通小学、初中阶段在校生数明显减少，其中初中阶段降幅最大。教育的层次结构总体呈现义务教育阶段在校生数持续下降，非义务教育阶段在校生数明显增长样态。

（万人）

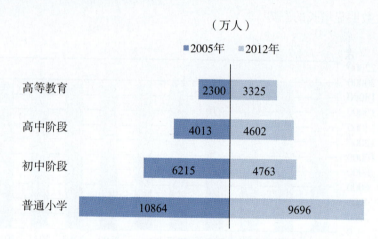

图 1.7 2005 年、2012 年各级教育在校生人数比较

【数据来源】中国统计摘要 2013 ［M］. 北京：中国统计出版社，2013.

3. *小学和初高中阶段学校所占比重下降，其中义务教育阶段降幅最大，高等学校所占比重持平，学前教育所占比重有较大幅度增长*

随着人口流动、产业发展变化和各级学校规模层次与布局调整，全国各级各类学校构成有所变化，并初步建立起各级学校层次结构动态调整机制。2003 年与 2012 年各级学校占全国学校总数比重相比较，义务教育阶段学校从 67.67% 下降到 54.23%，降低了 13.44 个百分点；高中阶段学校从 4.38% 提升到 5.14%，增长了 0.76 个百分点；高等学校从 0.29% 提升到 0.53%，增长了 0.24 个百分点；学前教育从 16% 提升到 34.65%，增长了 18.65 个百分点；其他教育从 11.65% 下降到 5.44%，降低了 6.21 个百分点。从总体上看，义务教育阶段学校构成比重明显下降，高中阶段构成比重有所提升，高等学校构成比重增幅较大，学前教育构成比重快速增长，全国各级学校层次结构动态调整初见成效。

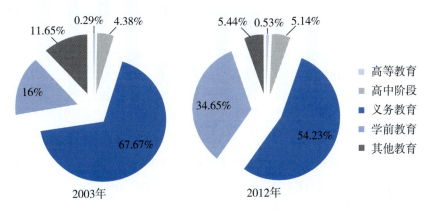

图 1.8　2003 年和 2012 年全国各级各类学校构成

注：义务教育包括特殊教育；其他教育指成人小学、成人中学和工读学校。

【数据来源】中国统计摘要 2003 ［M］. 北京：中国统计出版社，2013.

（二）学前教育普及水平呈现不断提高的趋势

入园率表明了适龄儿童进入学前教育机构接受正式学前教育的情况。2002—2012 年的 11 年间，我国学前三年毛入园率呈不断提高的趋势。2012 年全国学前三年毛入园率达到了 64.5％，比 2002 年提高了 27.7 个百分点。其中，尤以 2010 年和 2011 年的提高速度最快，2011 年学前三年毛入园率比 2009 年提高了 11.4 个百分点。

（三）城乡免费义务教育全面实现，小学辍学率维持低水平

进入新世纪以来，党和国家坚持义务教育重中之重的战略地位不动摇，免费义务教育全面实现。入学率和辍学率是衡量义务教育普及程度的重要指标。统计分析发现过去 10 年我国义务教育入学率高位提升，小学辍学率基本稳定，且低于 10 年前水平。

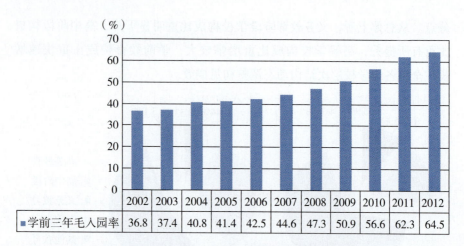

（%）	2002	2003	2004	2005	2006	2007	2008	2009	2010	2011	2012
■学前三年毛入园率	36.8	37.4	40.8	41.4	42.5	44.6	47.3	50.9	56.6	62.3	64.5

图 1.9　2002—2012 年全国学前三年毛入园率变化

【数据来源】中国统计摘要 2013 ［M］. 北京：中国统计出版社，2013.

1. 全面实现免费义务教育

《义务教育法》提出，实施义务教育，不收学费、杂费。国家建立义务教育经费保障机制，保证义务教育制度实施。

从 2003 年开始，国家对中西部农村地区义务教育阶段家庭经济困难学生，实施免杂费、免费提供教科书、补助住宿生活费的"两免一补"政策，并逐步推向全国。2005 年年底，国务院印发《关于深化农村义务教育经费保障机制改革的通知》，决定从 2006 年开始实施农村义务教育经费保障机制改革，建立中央和地方分项目、按比例分担的农村义务教育经费保障机制，逐步将农村（含县城）义务教育全面纳入公共财政保障范围。2007 年 11 月，经国务院批准，教育部、财政部调整完善了新机制的有关政策，进一步提高了经费保障水平，加快了改革步伐，农村义务教育经费保障机制更加完善，保障水平进一步提高。2010—2013 年，中央财政累计下达农村义务教育经费保障机制资金近 2830 亿元（据教育部内部资料）。

到 2008 年，城市也开始实行免费义务教育。2008 年，国务院印发了《关于做好免除城市义务教育阶段学生杂费工作的通知》，决定从 2008 年秋季学期开始，全国范围内全部免除了城市义务教育阶段学生学杂费。对享受城市居民最低生活保障政策家庭的义务教育阶段学生，继续免费提供教科书，对家庭经济困难的寄宿学生补助生活费。2010—2013 年，中央财政累计下达免除城市义务教育阶段学生学杂费奖励资金 132 亿元（据教育部内部资料）。

对农民工随迁子女，实施以流入地为主、以公办学校为主的"两为主"政策，免除学杂费，不收借读费，初步解决了这些孩子接受义务教育的问题。2010—2013 年，中央财政累计下达进城务工人员随迁子女接受义务教育奖励资金 180 亿元。

实现免费义务教育，在我国教育史上具有里程碑意义。目前，全国约有 1.2 亿农村义务教育阶段学生免缴学杂费和教科书费，约 3000 万名农村寄宿制学生免缴住宿费，中西部约 1330 万名农村家庭经济困难寄宿生享受生活费补助，占中西部农村义务教育阶段寄宿生的 55%。约 2800 万城市义务教育阶段学生免缴学杂费，一些省份同时免除了教科书费，惠及约 2200 万名学生，占城市义务教育学生总数的 79%。约 1398 万名进城务工农民工随迁子女在城市接受义务教育，在公办学校就读比例达到 80.2%（据教育部内部资料）。

2. 义务教育入学率高位提升

实现基本普及 9 年义务教育，是基础教育发展的首要目标，也是实现科教兴国伟大战略目标的奠基工程。2012 年我国小学毛入学率和净入学率分别达到了 104.3% 和 99.85%。2002—2012 年小学毛入学率有逐年下降的趋势，而净入学率有逐年升高的趋势。2012 年小学毛入学率比 2002 年减少 3.2 个百分点，而净入学率提高 1.25 个百分点。2002—2012 年初中毛入学率有逐年升高的趋势，2012 年毛入学率达到了 102.1%，比 2002 年提高了 12.1 个百分点。由此可见 11 年来全国义务教育普及程度有所提升。

3. 小学辍学率基本稳定，且低于 10 年前水平

2010 年我国小学辍学率为 0.49%，比 2000 年的 0.58% 降低了 0.09 个百分点。其中 2001—2005 年，小学辍学率处于 0.24%—0.46%；2006—2010 年，小学辍学率处于 0.39%—0.49%。可以看出过去 10 年来小学辍学率虽然略有波动，但未超出国家义务教育普及验收标准 1% 的要求，也低于 20 世纪 90 年代末的水平，这在世界上也是非常低的水平。但由于我

国小学教育适龄人口基数大，所以小学辍学人数每年仍有几十万之多，预防和制止辍学必须始终作为小学教育的重要任务来抓。

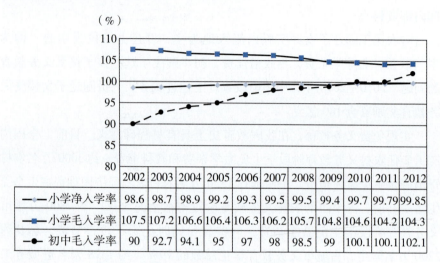

	2002	2003	2004	2005	2006	2007	2008	2009	2010	2011	2012
小学净入学率	98.6	98.7	98.9	99.2	99.3	99.5	99.5	99.4	99.7	99.79	99.85
小学毛入学率	107.5	107.2	106.6	106.4	106.3	106.2	105.7	104.8	104.6	104.2	104.3
初中毛入学率	90	92.7	94.1	95	97	98	98.5	99	100.1	100.1	102.1

图 1.10   2002—2012 年全国义务教育入学率变化

【数据来源】中国统计摘要 2013［M］. 北京：中国统计出版社，2013.

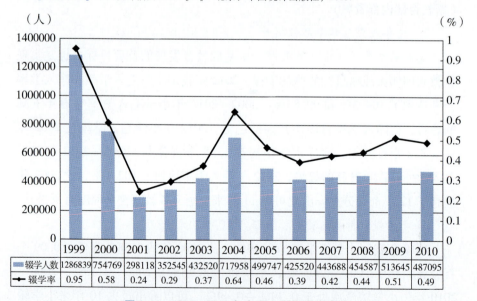

	1999	2000	2001	2002	2003	2004	2005	2006	2007	2008	2009	2010
辍学人数	1286839	754769	298118	352545	432520	717958	499747	425520	443688	454587	513645	487095
辍学率	0.95	0.58	0.24	0.29	0.37	0.64	0.46	0.39	0.42	0.44	0.51	0.49

图 1.11   1999—2010 年全国小学辍学率变化

注：相关数据参见《中国教育报》2013 年 3 月 1 日第 3 版。辍学人数根据相关统计数据计算得出。

【数据来源】中国教育统计年鉴 2010［M］. 北京：人民教育出版社，2011.

（四）高中阶段教育普及水平大幅提高，普及程度尚需深入

高中教育普及状况是反映一个国家或地区高中教育发展水平的主要指标，一定程度上体现了国家或地区对高中教育的重视程度。研究发现我国高中教育入学率快速提升，中考和高考升学率稳步提高。

近年来全国高中阶段教育进入快速发展时期，高中阶段教育入学率逐年提高。2012 年高中阶段教育毛入学率达到 85%，比 2011 年提高 1 个百分点，比 2002 年提高 42.2 个百分点。2002—2012 年，在加快普及高中阶段教育政策的推动下，高中阶段教育毛入学率快速增长，几乎翻了一番。高中阶段教育的普及化程度得以快速提升。

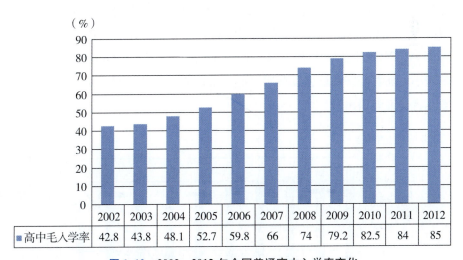

（％）

	2002	2003	2004	2005	2006	2007	2008	2009	2010	2011	2012
■高中毛入学率	42.8	43.8	48.1	52.7	59.8	66	74	79.2	82.5	84	85

图 1.12　2002—2012 年全国普通高中入学率变化

【数据来源】中国统计摘要 2013［M］. 北京：中国统计出版社，2013.

（五）中高等职业教育快速发展，普职结构趋于平衡

进入新世纪，党和政府提出把发展职业教育作为经济社会发展的重要基础和教育工作的战略重点，统筹安排，加大扶持力度，推进了我国职业教育的改革发展。但是继续加大政府政策引领，提高职业教育吸引力，仍然任重道远。10 年来，随着义务教育普及水平的提高和国家产业和技术发

展，初等职业教育将逐渐退出，中等职业教育成为提高高中阶段教育普及率的重要增长点，高等职业教育作为高等教育的重要组成部分，随着战略性新兴产业的发展不断拓展。各级学校的普职结构向着国家规划目标迈进。

1. 初等职业教育规模下降幅度远大于普通初中，普职比急剧上升

普通初中和初等职业教育在校生数均呈逐年下降态势。2012 年普通初中在校生为 4763 万人，比 2011 年减少 301 万人，比 2003 年减少 1855 万人。10 年来，普通初中在校生数逐年下降，共减少了 28.03%。2012 年的初等职业教育在校生为 1.88 万人，比 2011 年减少 0.72 万人，比 2003 年减少 70.52 万人，初等职业教育在校生数大幅度锐减，共减少了 97.4%。初等职业教育在校生数下降幅度远远大于普通初中在校生数下降幅度。把 2012 年与 2003 年普通初中与初等职业教育普职比相比较，2012 年普职比为 2534，2003 年普职比为 91.4。普职比急剧上升，初等职业教育规模大幅缩小。随着经济和社会发展水平和义务教育普及水平的提高，初等职业教育将会逐渐退出。

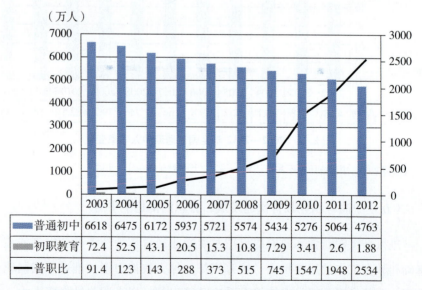

（万人）

	2003	2004	2005	2006	2007	2008	2009	2010	2011	2012
普通初中	6618	6475	6172	5937	5721	5574	5434	5276	5064	4763
初职教育	72.4	52.5	43.1	20.5	15.3	10.8	7.29	3.41	2.6	1.88
普职比	91.4	123	143	288	373	515	745	1547	1948	2534

图 1.13　2003—2012 年普通初中与初职教育在校生数及普职比变化

【数据来源】中国统计摘要 2013［M］. 北京：中国统计出版社，2013.

2. 中职教育规模增长幅度大于普通高中，普职比在总体下降同时略有回升

中等职业教育和普通高中在校生数总体呈上升态势。普通高中2012年在校生为2481.6万人，2003年为1964.8万人，在2007年达最高峰值的2522.4万人后，连续3年逐年下降，到2011年后又转为增长，10年共增加516.8万人，增长了26.3%。2012年中等职业教育在校生为2120.3万人，比2011年减少85万人，2003年为1254.6万人，10年共增加865.7万人，增长了69%。2012年与2003年普通高中与中等职业教育普职比相比较，2012年普职比为1.17，2003年普职比为1.57，普职比在2005年下降幅度最大，但到2011年以后又有所回升。10年来，中等职业教育在校生数增长幅度大于普通高中在校生数增长幅度，普职比总体呈下降趋势，但近年略有回升。

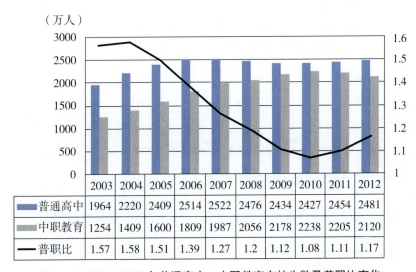

（万人）

	2003	2004	2005	2006	2007	2008	2009	2010	2011	2012
普通高中	1964	2220	2409	2514	2522	2476	2434	2427	2454	2481
中职教育	1254	1409	1600	1809	1987	2056	2178	2238	2205	2120
普职比	1.57	1.58	1.51	1.39	1.27	1.2	1.12	1.08	1.11	1.17

图 1.14 2003—2012 年普通高中、中职教育在校生数及普职比变化

【数据来源】中国统计摘要 2013 ［M］. 北京：中国统计出版社，2013.

3. 高职教育规模增长幅度大于普通本科，普职比呈波浪式下降

高职（高专）普通本科和在校生数均呈逐年增长态势。2012年普通本科在校生为1427.1万人，比2011年减少104.3万人，比2003年增加

676.1万人，10年增长了90.02%；2012年高职（高专）在校生为964.2万人，比2011年增加220.1万人，比2003年增加701.41万人，10年增长了266.9%。2012年与2003年普通本科与高职（高专）普职比相比较，2012年普职比为1.48，2003年普职比为2.86，普职比在2004年达到峰值后开始下降，而2008年、2009年和2011年又有所上升，但到2012年有了较大幅度的下降。10年来，高职（高专）在校生数增长幅度远大于普通本科在校生数增长幅度，普职比呈波浪式下降。

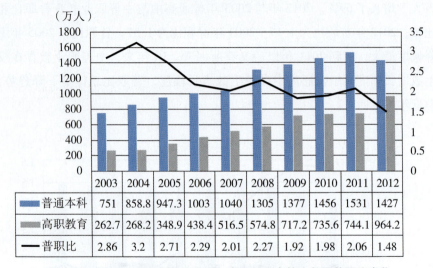

（万人）	2003	2004	2005	2006	2007	2008	2009	2010	2011	2012
普通本科	751	858.8	947.3	1003	1040	1305	1377	1456	1531	1427
高职教育	262.7	268.2	348.9	438.4	516.5	574.8	717.2	735.6	744.1	964.2
普职比	2.86	3.2	2.71	2.29	2.01	2.27	1.92	1.98	2.06	1.48

图 1.15　2003—2012 年普通本科、高职教育在校生数及普职比变化

【数据来源】中国统计摘要 2013 ［M］. 北京：中国统计出版社，2013.

（六）高等教育普及水平快速提升，大众化程度提升空间较大

自从1999年开始高校扩招以来，高校招生人数和入学率得到快速提升，到2002年全国高等教育毛入学率达到了15%，按照马丁·特罗（Martin Trow）的"高等教育大众化"发展三阶段学说①，我国已经进入高等教育大众化阶段。2012年我国高等教育毛入学率达到了30%，比2002

---

①　马丁·特罗认为，在整个人口中，18—22岁年龄段中高等教育的毛入学率低于15%属于精英教育阶段，毛入学率大于15%、小于50%为大众化阶段，毛入学率大于50%为普及化阶段。

年提高了 15 个百分点，整整翻了一番，高等教育大众化程度不断提高。

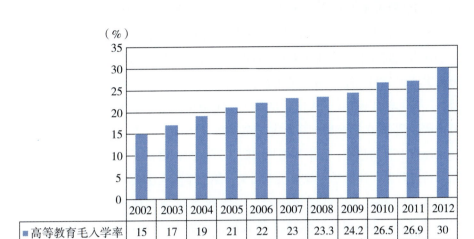

图 1.16　2002—2012 年全国高等教育毛入学率变化

【数据来源】中国统计摘要 2013 ［M］. 北京：中国统计出版社，2013.

从 10 年来发展的情况看，各级教育的入学率总体呈现上升趋势，同时又呈现不均衡状态。高中阶段和学前阶段提高的速度最快，同时高中阶段入学率一直高于学前教育入学率，但高中阶段入学率增长速度有逐渐放缓的趋势，而学前阶段入学率的增长速度却有加速发展的趋势。高等教育毛入学率随着高校扩招也在逐年增加，但是增加速度也在逐渐放缓。义务教育阶段的小学和初中毛入学率已基本趋于饱和，因此义务教育阶段入学率略有提升，但提升幅度不大。

（七）继续教育规模快速增长，培训结构不断优化

随着我国经济发展和改革开放步伐的加快，人力资源成为推动国家经济和社会发展的重要力量，中国经济社会转型，对从业人员的整体素质提出了更高的要求。非学历教育培训规模扩大、层次逐步提高。其中，非学历高等教育培训规模快速增长，结业学生数量大幅提升；非学历中等教育在职培训规模略有增长，并逐渐向高等教育培训过渡；资格证书和岗位证书培训规模大幅提升，结业学生人次稳步增长。各类非学历教育培训人次

逐年增加，占全国就业人口比例呈波浪式增长趋势。

1. 非学历高等教育培训快速增长，结业学生数量大幅增加；中等教育培训逐渐向高等教育培训过渡，结业学生数量逐年减少

从全国高等学校培训规模看，高等教育培训的注册学生从 2005 年的 155 万人次，到 2011 年达 348.2 万人次，除 2007 年有所减少外，呈逐年上升趋势，7 年共增加 193.2 万人次，增长了 124.65%；结业学生从 2005 年的 346 万人次，到 2010 年 688.2 万人次，除 2011 年 648.1 万人次有所减少外，也呈现逐年上升的趋势，7 年共增加 302.1 万人次，增长了 87.1%。高等教育培训持续升温，注册学生规模快速增长，结业学生人次大幅增加。

从全国中等学校培训规模看，中等教育培训的注册学生从 2005 年 5284 万人次，到 2011 年 5433.1 万人次，在 2006 年达到峰值的 5567 万人次后逐年下降，到 2011 年又稍有增加，7 年共增加 149.1 万人次，增长了 2.82%；结业学生 2005 年 6744 万人次，2011 年 5842.5 万人次，在 2007 年达到峰值的 6811 万人次后逐年下降，7 年共减少 901.5 万人次，下降了 13.37%。中等教育培训注册学生规模呈波浪式略有上升，结业学生数量逐年下降，培训总量不足，中等教育培训逐渐向高等教育培训过渡。

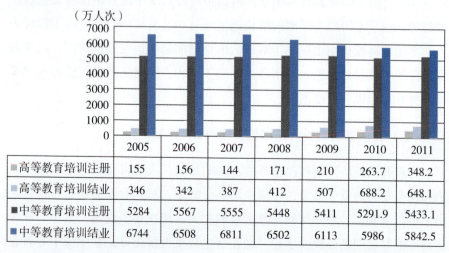

（万人次）	2005	2006	2007	2008	2009	2010	2011
高等教育培训注册	155	156	144	171	210	263.7	348.2
高等教育培训结业	346	342	387	412	507	688.2	648.1
中等教育培训注册	5284	5567	5555	5448	5411	5291.9	5433.1
中等教育培训结业	6744	6508	6811	6502	6113	5986	5842.5

图1.17　2005—2011 年非学历高、中等教育培训注册、结业人数变化

【数据来源】中国教育统计年鉴 2010［M］. 北京：人民教育出版社，2011.

2. 资格证书和岗位证书培训规模均大幅提升，结业学生人次稳步增长

从全国资格证书培训规模看，资格证书培训注册学生从 2005 年 449.1 万人次，到 2011 年 735.5 万人次，7 年增加 286.4 万人次，增长 63.77%；结业学生从 2005 年 640.1 万人次，到 2011 年 963.1 万人次，7 年增加 323 万人次，增长 50.46%。其中 2011 年注册学生和结业学生增幅最大。资格证书培训注册学生规模稳步增长，结业学生数量大幅提升。

从全国岗位证书培训规模看，岗位证书培训注册学生从 2005 年 516.4 万人次，到 2011 年 941.8 万人次，7 年增加 425.4 万人次，增长 82.38%；结业学生从 2005 年 788.8 万人次，到 2011 年 1158.4 万人次，7 年增加 369.6 万人次，增长 46.86%。其中 2011 年注册学生和结业学生增幅最大。岗位证书培训注册学生规模增幅大于资格证书培训注册学生规模，资格证书结业学生数量增幅大于岗位证书培训学生数量。

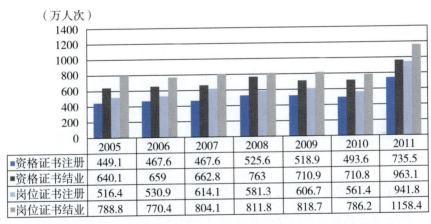

（万人次）

	2005	2006	2007	2008	2009	2010	2011
资格证书注册	449.1	467.6	467.6	525.6	518.9	493.6	735.5
资格证书结业	640.1	659	662.8	763	710.9	710.8	963.1
岗位证书注册	516.4	530.9	614.1	581.3	606.7	561.4	941.8
岗位证书结业	788.8	770.4	804.1	811.8	818.7	786.2	1158.4

图 1.18　2005—2011 年资格证书、岗位证书培训注册、结业人数变化

【数据来源】中国教育统计年鉴 2010［M］. 北京：人民教育出版社，2011.

3. 教育培训人次逐年增加，占全国就业人口比例呈波浪式增长

2011 年全国就业人口达 76420 万人，比 2010 年增加 315 万人，比 2006 年增加 20 万人。2011 年接受成人教育培训的有 7458.6 万人次，比 2010 年增加 848 万人次，比 2006 年增加 737.1 万人次。2011 年成人教育

培训人次占就业人口的比重比 2010 年增加 1.07 个百分点，比 2006 年增加 0.96 个百分点。6 年间，就业人口呈现波浪式增长，教育培训人次呈稳步增长。成人教育培训人次占就业人口的比重受就业人口数影响，亦呈现波浪式增长。虽然 2007 年、2008 年就业人口数增加，但成人教育培训人次及所占比重却有所下降。2011 年就业人口、成人教育培训人次及比重均呈现大幅度增长。从总体看，非学历教育培训人次逐年增加，占全国就业人口比例呈波浪式增长趋势。

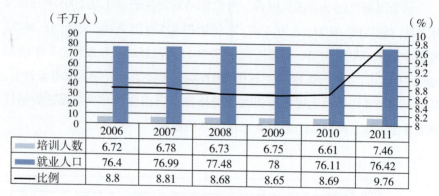

图 1.19　**2006—2011 年教育培训人数占就业人口的比例**

【数据来源】中国人口和就业统计年鉴 2011 ［M］. 北京：中国统计出版社，2011.

三、教育投入持续增加，教育条件不断改善

2003—2012 年，我国教育经费投入力度不断加大，投入比例不断提高，2012 年首次实现财政性教育经费占 GDP 4% 目标，但经费投入结构还有待进一步优化。学校基础设施和教育信息化建设成效显著，办学效益有所提高。

（一）国家财政教育经费 10 年总量增加近 5 倍，实现占 GDP 4% 目标

教育经费的投入、分配和有效使用是教育事业健康发展的重要保证。财政性教育经费是教育经费投入的主体，能够直接反映全国教育经费的增

速情况。GDP 是国内生产总值（gross domestic product）的简称，是国民经济核算的核心指标，也是衡量一个国家或地区经济状况和发展水平的重要指标。

2003—2012 年，国家财政性教育经费逐年上升，从 2003 年的 3.85 千亿元增加到 2012 年的 22.2 千亿元，10 年总量增加近 5 倍。2003—2012 年 10 年间，国家财政性教育经费占国内生产总值的比例波动较为明显，呈波浪式上升趋势。2003 年，国家财政性教育经费占国内生产总值的比例为 3.28%，2004 年占比为 2.79%，此时达到 10 年最低。2004 年之后国家财政性教育经费占国内生产总值的比例开始逐年增长，2005 年为 2.82%，2006 年为 3.01%，2007 年为 3.32%。此后一直增长，2008 年为 3.48%，2009 年为 3.59%，2010 年达到 3.66%。2011 年略有下降，为 3.42%，2012 年国家财政性教育经费占国内生产总值的比例首次达到 4%，为 4.28%。

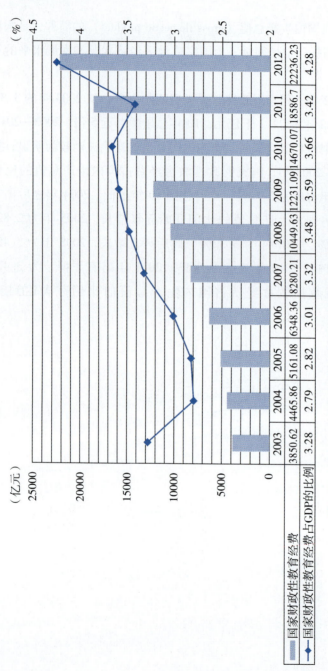

图1.20 2003—2012年国家财政性教育经费占国民生产总值的比例

	2003	2004	2005	2006	2007	2008	2009	2010	2011	2012
国家财政性教育经费（亿元）	3850.62	4465.86	5161.08	6348.36	8280.21	10449.63	12231.09	14670.07	18586.7	22236.23
国家财政性教育经费占GDP的比例	3.28	2.79	2.82	3.01	3.32	3.48	3.59	3.66	3.42	4.28

【数据来源】中国教育经费统计年鉴［M］.2002－2012.北京：中国统计出版社.2003－2012；国家财政性教育经费支出占比达4.28%

［N］.中国教育报.2013－12－23.

（二）各级教育经费投入比例不断提高，投入结构进一步完善

教育经费收入与教育经费支出是衡量教育经费情况的 2 个重要指标。按照《中国教育经费统计年鉴》关于教育经费支出的分类，本报告把教育经费支出分为事业性经费支出和基本建设支出 2 个部分。2011 年，全国教育经费收支平衡，各级学校生均教育经费均逐年增加，义务教育全面纳入公共财政保障范围，各级教育投入结构有待完善。

1. 国家财政性教育投入主渠道作用明显

2011 年，国家教育经费收入总额为 2386929356 千元，其中国家财政性教育经费占总额的 77.87%，事业收入占 18.5%，其他收入占总额的 2.65%，社会捐赠经费占总额的 0.5%，民办学校中举办者投入额度占 0.47%。可见，国家财政性教育经费和事业收入占教育经费收入的 96%，是教育经费收入的主要来源。而民办学校中举办者投入和社会捐赠两者占比最低，仅 1%，说明我国民办教育举办者投入和社会捐赠经费发展相对迟缓，对教育经费投入不多。

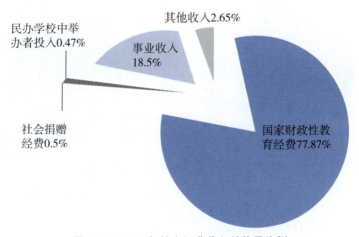

图 1.21　2011 年教育经费收入结构及比例

【数据来源】中国教育经费统计年鉴 2012 ［M］. 北京：中国统计出版社，2013.

2012 年国家财政性教育经费达到了 2.2 万亿元，比 2008 年增加了 1.3 万亿元，年均增幅 23%；公共财政预算教育拨款达到了 2.1 万亿元，比

2008 年增加了 1.1 万亿元，年均增幅 22%。财政性教育经费占教育总投入的比例从 78% 提高到 81%，主渠道作用愈发明显。

2. 教育支出结构进一步优化，义务教育经费支出最高

（1）事业性经费支出占总额度的 97%

2011 年，教育经费支出结构中，教育经费支出总额为 2308578403 千元，其中事业性经费支出占总额的 97.36%，基本建设支出占总额的 2.64%。

在事业性经费支出中，个人部分支出占事业性经费支出总额的 54%，其中，工资福利支出占事业性经费支出总额的 37.3%，对个人和家庭的补助支出占事业性经费支出总额的 16.7%。公用部分支出占事业性经费支出总额的 46%，其中，商品和服务支出为 22.8%，其他资本性支出为 23.1%。个人部分支出明显高于公共部分支出，高出 8 个百分点。这说明在事业性经费支出中，花费在教师工资福利和学生及其家庭补助方面的经费在我国教育经费支出方面占据较大比重。

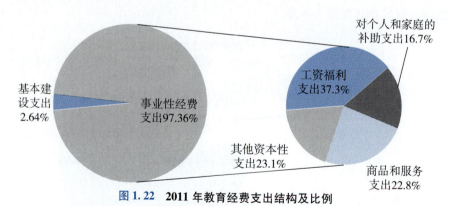

图 1.22 **2011 年教育经费支出结构及比例**

【数据来源】中国教育经费统计年鉴 2012 ［M］. 北京：中国统计出版社，2013.

（2）义务教育经费支出最高

2011 年，各级各类教育经费支出结构中，高等学校支出占总额的 28.82%；中等职业学校支出占总额的 6.83%；中学支出占总额的 28.26%，其中，普通初中支出占 17.93%，普通高中占 10.33%；小学支出占总额的 25.76%；特殊教育占总额的 0.33%；幼儿园支出占总额的

4.31%；教育行政单位支出占总额的 1.37%；教育事业单位支出占总额的
3.38%；其他支出占总额的 0.94%。

　　数据表明，2011 年，各级各类教育经费支出中，义务教育经费支出最
高，约占总额的 44%，高等学校教育经费支出次之，普通高中再次之。中
等职业教育、特殊教育和幼儿园占比相对较低，三者合计的比重仅为
11.47%。教育行政单位、教育事业单位和其他支出三者合并占教育经费支
出总额的比重为 5.69%。这说明在各级各类教育经费支出中，花费在中小
学和高等学校的教育经费在我国教育经费支出方面占据很大比重，而中等
职业教育、特殊教育和幼儿园的教育经费支出则相对较少。

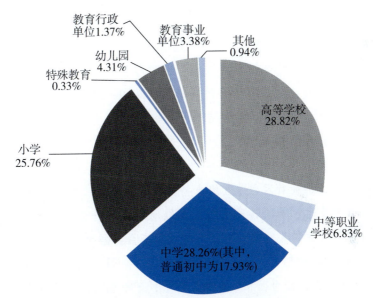

图 1.23　2011 年全国各级各类教育机构教育经费支出比例

【数据来源】中国教育经费统计年鉴 2012 ［M］. 北京：中国统计出版社，2013.

　　（3）义务教育全面纳入公共财政保障范围

　　党的第十六次全国代表大会以来，我国将义务教育全面纳入公共财政
保障范围，义务教育公共财政预算教育拨款快速增长，2010 年达 7388.5
亿元，比 2002 年增长了 3.4 倍，占义务教育经费总投入的 88.3%，比
2002 年提高了 20.4 个百分点。中央和地方政府还通过设立"全国中小学

校舍安全工程""中西部农村初中校舍改造工程""农村中小学教师校长培训""农村义务教育学生营养改善计划"等一系列的重点项目和工程，促进和提高义务教育质量。

专栏 1.1

实施"全国中小学校舍安全工程"

2008 年 7 月 4 日，国务院印发的《关于做好汶川地震灾后恢复重建工作的指导意见》提出，把学校等公共设施建成"最安全、最牢固、群众最放心的建筑"。2009 年 4 月 8 日，国务院办公厅印发《全国中小学校舍安全工程实施方案》，计划用 3 年时间，对地震重点监视防御区、7 度以上地震高烈度区、洪涝灾害易发地区、山体滑坡和泥石流等地质灾害易发地区的各级各类城乡中小学存在安全隐患的校舍进行抗震加固和迁移避险，提高综合防灾能力。2009—2012 年，中央在整合目前与中小学校舍建设有关项目和资金、确保原有投入力度不减的基础上，共安排专项资金 300 亿元，重点支持中西部 7 度及以上地震高烈度且人口稠密地区工程建设。在中央资金带动下，各地加强工程资金的省级统筹，加大对困难地区的支持力度，通过财政预算内新增财力、一般性转移支付、专项转移支付、各级财政预算外资金、接受捐款以及其他筹资方式等多种渠道筹措工程所需资金。据统计，各地 3 年累计落实资金 3500 多亿元。截至 2012 年年底，全国已竣工学校 14 万所，项目 33.5 万个，校舍面积 3.5 亿平方米，三年规划改造任务顺利完成。工程实施 3 年多来，平均每年有 1 亿平方米的校舍竣工，相当于以往每年新增校舍的 8 倍多。按照新标准建设和改造的校舍抗震设防和综合防灾能力显著提升，工程质量可靠。2012 年以来，校安工程校舍连续经受住了新疆和田"8·12"地震、云南昭通"9·7"地震及四川芦山"4·20"地震等 32 次 5 级以上地震的严峻考验，无一栋因灾倒塌和致人伤亡，有效保证了广大师生生命安全，不少学校还发挥了应急避难的作用，成为居民临时安置点和救灾物资储备所。

专栏 1.2

实施"农村义务教育学生营养改善计划"

2011 年 10 月 26 日，温家宝主持召开国务院常务会议，审议并原则通过了农村义务教育学生营养改善计划。同年 11 月 23 日，国务院办公厅印发《关于实施农村义务教育学生营养改善计划的意见》（以下简称《意见》），决定中央财政为国家试点地区农村（不含县城）义务教育阶段学生提供营养膳食补助，标准为每生每天 3 元，全年 600 元。中央财政每年投入约 160 多亿元。2012 年 5 月 23 日，为落实国务院《意见》和会议精神，教育部、中宣部、发展改革委等 15 个部门印发《农村义务教育学生营养改善计划实施细则》《农村义务教育学生营养改善计划食品安全保障管理暂行办法》《农村义务教育学校食堂管理暂行办法》《农村义务教育学生营养改善计划实名制学生信息管理暂行办法》《农村义务教育学生营养改善计划信息公开公示暂行办法》等 5 个配套文件，从实施细则、专项文件和工作制度 3 个层级指导各地科学有效地实施营养改善计划。农村义务教育学生营养改善计划是中国历史上最大规模的支持农村及困难地区学生健康发展的举措，切实改善了农村学生的营养状况，提高了农村学生健康水平。一年多来，营养改善计划在全国集中连片特困地区的 699 个县（含新疆兵团 19 个团场）全面铺开，惠及近 10 万所学校的 2300 万农村贫困学生，中央财政累计为营养改善计划投入资金约 550 亿元（含食堂建设 260 多亿元），地方政府累计投入约 50 亿元。农村义务教育学生明显受益，营养状况得到改善，健康水平有所提高，营养改善计划基本实现了预期目标。国际社会给予高度评价。世界银行、联合国世界粮食计划署和儿童发展伙伴组织在对学生营养改善计划的评价报告中高度肯定学生营养改善计划，认为它"覆盖人数多，执行质量高，实为罕见"，在世界范围内都是"一项了不起的计划"（据教育部内部资料）。

3. 生均教育经费逐年增加，特殊教育最高，幼儿园最低

2007—2011 年，全国各级生均教育经费支出以每年近千元的速度递增。2007 年，全国各级学校生均教育经费支出总计为 4965.41 元，到 2011 年，总计为 9849.84 元。5 年中各级学校生均教育经费增加近一倍。幼儿园生均教育经费在 2007—2009 年呈增长趋势，但 2010 年生均教育经费较 2009 年略有下降，2011 年显著提高。

2011 年各级各类学校生均教育经费按照从高到低排列依次为：特殊教育、高等学校、中等职业学校、中学、小学、幼儿园。特殊教育生均教育经费最多，高等学校生均教育经费次之，中等职业学校生均教育经费第 3，中学生均教育经费第 4，小学生均教育经费第 5，幼儿园生均教育经费最低，远远低于各级各类学校生均教育经费。各级各类学校中，生均教育经费低于全国平均水平的是中学、小学、幼儿园，高于全国平均水平的是特殊教育、高等学校和中等职业学校。

我国各级各类教育生均经费差异较大。需要根据办学条件基本标准和教育教学基本需要，研究制定各级各类学校生均经费基本标准，使各级各类教育生均经费有标准可依。

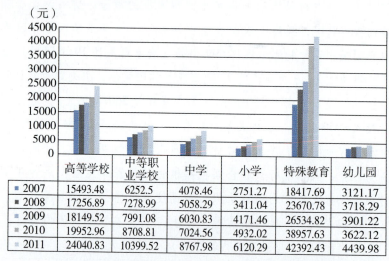

（元）

	高等学校	中等职业学校	中学	小学	特殊教育	幼儿园
2007	15493.48	6252.5	4078.46	2751.27	18417.69	3121.17
2008	17256.89	7278.99	5058.29	3411.04	23670.78	3718.29
2009	18149.52	7991.08	6030.83	4171.46	26534.82	3901.22
2010	19952.96	8708.81	7024.56	4932.02	38957.63	3622.12
2011	24040.83	10399.52	8767.98	6120.29	42392.43	4439.98

图 1.24　2008—2011 年各级各类学校生均教育经费支出

【数据来源】中国教育经费统计年鉴［M］. 2008–2012. 北京：中国统计出版社，2009–2013.

（三）学校基础设施和教育信息化建设成效显著

基础设施和教育信息化是衡量学校办学效益的重要标准。中国各级学校办学条件明显好转，生均校舍建筑面积除高校外均逐年上升，生均仪器设备、图书、计算机以及建网学校比例等均呈现较好态势。

1. 中学生均校舍建筑面积逐年上升，高校逐年下降

2007—2011年，普通高中生均校舍建筑面积增加1.69平方米，初中生均校舍建筑面积增加2.17平方米，均呈逐年上升趋势。2007—2011年，普通高校生均校舍建筑面积减少0.73平方米；小学生均校舍建筑面积增加0.18平方米，其中2010年最高，为5.9平方米，2009年为5.76平方米，2011年较2010年和2009年略有下降，为5.73平方米。

从各级学校来看，高中和初中生均校舍建筑面积逐年上升，高校逐年下降，小学略有反复，呈现出低—高—低的情况。

2011年，在各级各类教育中，小学生均校舍建筑面积最少，为5.73平方米；高校生均校舍建筑面积最大，为28.39平方米；高中和初中生均校舍建筑面积分别为16.63平方米和8.99平方米，处于小学和高校之间。

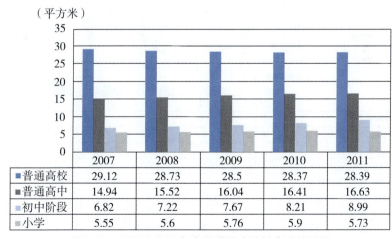

（平方米）

	2007	2008	2009	2010	2011
■普通高校	29.12	28.73	28.5	28.37	28.39
■普通高中	14.94	15.52	16.04	16.41	16.63
■初中阶段	6.82	7.22	7.67	8.21	8.99
■小学	5.55	5.6	5.76	5.9	5.73

图1.25 2007—2011年各级学校生均校舍建筑面积

【数据来源】全国教育事业发展简明统计分析［内部资料］. 2007－2011. 2008－2012.

2. 生均仪器设备值逐年上升，生均图书逐年增加

（1）各级学校生均仪器设备值逐年上升

2007—2011 年，小学生均仪器设备值年平均增加 57.25 元，年平均增幅为 15.56%。2008 年较 2007 年增幅为 2.9%，2009 年较 2008 年增幅为 12.5%，2010 年较 2009 年增幅为 6.9%，2011 年较 2010 年增幅为 40.3%。可见，小学生均仪器设备值 2011 年增幅最大，大大提高了年平均增幅。

初中生均仪器设备值年平均增加 92.75 元。就增幅来看，2007—2011 年，初中生均仪器设备值年平均增幅为 16.9%。其中，初中生均仪器设备值 2011 年绝对值增加最大，增幅也创历年新高。

高中生均仪器设备值年平均增加 160.5 元。就增幅来看，2007—2011 年，高中生均仪器设备值年平均增幅为 10.6%。其中，高中生均仪器设备值 2011 年绝对值增加最大，增幅也最高。

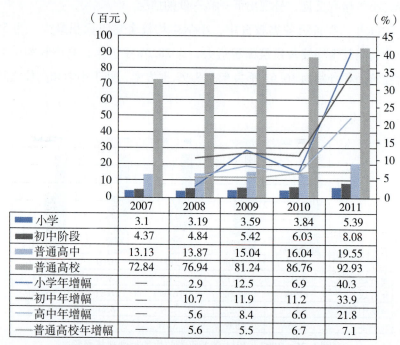

	2007	2008	2009	2010	2011
小学	3.1	3.19	3.59	3.84	5.39
初中阶段	4.37	4.84	5.42	6.03	8.08
普通高中	13.13	13.87	15.04	16.04	19.55
普通高校	72.84	76.94	81.24	86.76	92.93
小学年增幅	—	2.9	12.5	6.9	40.3
初中年增幅	—	10.7	11.9	11.2	33.9
高中年增幅	—	5.6	8.4	6.6	21.8
普通高校年增幅	—	5.6	5.5	6.7	7.1

图 1.26 2007—2011 年各级学校生均仪器设备值及增幅

注：其中普通高校为生均教学仪器设备值，其他均为生均仪器设备值。
【数据来源】全国教育事业发展简明统计分析［内部资料］. 2007－2011. 2008－2012.

高校生均仪器设备值年平均增加 502. 25 元。就增幅来看，2007—2011 年，高校生均仪器设备值年平均增幅为 6. 2%。其中，高校生均仪器设备值 2011 年绝对值增加最大，增幅最高。

较小学、初中和高中而言，高校生均仪器设备值绝对增加值较大，在年增幅方面较为平稳，增幅较低。

（2）生均图书逐年增加

2007—2011 年，小学生均图书增加 1.2 册，年平均增幅为 2.0%，2010 年增幅最大，2011 年增幅最小。初中生均图书增加 5. 22 册，年平均增幅为 7.3%，2011 年增幅最大，2009 年增幅最小。高中生均图书增加 3.3 册，年平均增幅为 3. 34%，2009 年增幅最大，2010 年增幅最小。高校生均图书增加 5. 39 册，年平均增幅为 1. 89%，2010 年增幅最大，2008 年增幅最小。

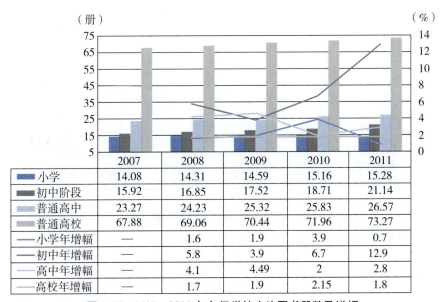

（册）	2007	2008	2009	2010	2011
小学	14.08	14.31	14.59	15.16	15.28
初中阶段	15.92	16.85	17.52	18.71	21.14
普通高中	23.27	24.23	25.32	25.83	26.57
普通高校	67.88	69.06	70.44	71.96	73.27
小学年增幅	—	1.6	1.9	3.9	0.7
初中年增幅	—	5.8	3.9	6.7	12.9
高中年增幅	—	4.1	4.49	2	2.8
高校年增幅	—	1.7	1.9	2.15	1.8

图 1. 27　2007—2011 年各级学校生均图书册数及增幅

【数据来源】全国教育事业发展简明统计分析［内部资料］. 2007 - 2011. 2008 - 2012.

总体来看，2007—2011 年，初中生均图书增幅最大，其次为高校，再次为高中，小学增幅最小。从绝对值上看，高校生均图书数远远大于高中、初中和小学，而高中、初中和小学之间差别不大。从增幅上看，初中年平均增幅最大，其次为高中，再次为小学，最后为高校。

3. 建网学校比例逐年增加，高中每百名学生拥有计算机台数最多

（1）建网学校比例逐年增加

2007—2012 年，建网学校比例逐年增加。其中，小学增加 10.08 个百分点，年均增长 2.02 个百分点。初中增加 16.65 个百分点，年均增长 3.33 个百分点。高中增加 12.49 个百分点，年均增长 2.49 个百分点。

总体比较小学、初中和高中建网学校比例增长情况，我们发现，2007—2012 年，初中增加最多，年均增长率也最高，高中次之，小学最低。

图 1.28 2007—2012 年建网学校比例

【数据来源】全国教育事业发展简明统计分析［内部资料］. 2007－2012. 2008－2013.

（2）高中每百名学生拥有计算机台数最多

2007—2011 年，小学和初中每百名学生拥有计算机台数总体呈上升趋势。其中，小学每百名学生拥有计算机台数的年平均增幅为 8.17%，2009年增幅最大，2008 年增幅最小。初中每百名学生拥有计算机台数上升 3.01台，年平均增幅为 10.81%，2011 年增幅最大，2010 年增幅最小。高中每百名学生拥有计算机台数稍有波动。2009 年每百名学生拥有计算机台数最

多，为 12.89 台，其后的 2010 年下降为 10.93 台，2011 年较 2010 年略有增长，较 2009 年仍略有下降，为 10.99 台。

从总量上看，2007—2011 年，高中每百名学生拥有计算机台数最多，初中次之，小学最低。从增幅上看，初中每百名学生拥有计算机台数增幅最大，小学次之，高中有反复。

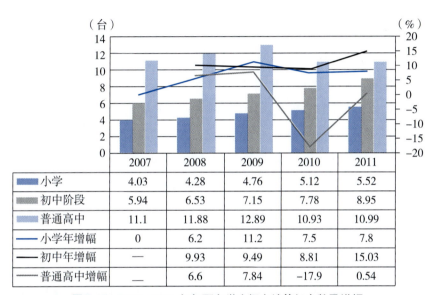

	2007	2008	2009	2010	2011
小学	4.03	4.28	4.76	5.12	5.52
初中阶段	5.94	6.53	7.15	7.78	8.95
普通高中	11.1	11.88	12.89	10.93	10.99
小学年增幅	0	6.2	11.2	7.5	7.8
初中年增幅	—	9.93	9.49	8.81	15.03
普通高中增幅	—	6.6	7.84	-17.9	0.54

图 1.29 2007—2011 年每百名学生拥有计算机台数及增幅

【数据来源】全国教育事业发展简明统计分析［内部资料］. 2007–2011. 2008–2012.

四、教师配置状况逐步改善，素质水平不断提高

教师是各级教育可持续发展、提升教育质量的重要基础。教师配置状况是教育资源配置的重要方面，是教育均衡发展的关键环节。2003—2012 年，我国教师规模不断扩大，各级学校专任教师学历层次不断提高，同时，也出现了诸如小学专任教师数小幅回落等新问题。

（一）专任教师数整体增加，小学略有减少

从 2003—2012 年小学、初中、高中和高等学校专任教师数来看，普通高等学校专任教师数增加近 72 万人，增长了近 1 倍。普通中学增加 53.1 万人。职业高中增加 7.4 万人。特殊教育学校专任教师数增加 1.4 万人。学前教育专任教师数增加 86.6 万人，增长了 1.4 倍。小学专任教师数略有减少，从 2003 年的 570.3 万人回落到 2012 年的 558.5 万人，减少 11.8 万人。由此可见，各级各类学校专任教师数基本呈逐年增长趋势，按增幅由大到小排列，依次为学前教育、普通高等学校、普通中学、职业高中、特殊教育，只有小学专任教师数有小幅回落。

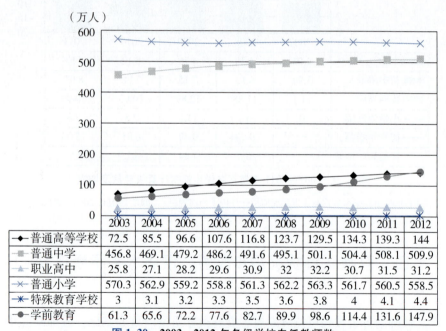

（万人）

	2003	2004	2005	2006	2007	2008	2009	2010	2011	2012
普通高等学校	72.5	85.5	96.6	107.6	116.8	123.7	129.5	134.3	139.3	144
普通中学	456.8	469.1	479.2	486.2	491.6	495.1	501.1	504.4	508.1	509.9
职业高中	25.8	27.1	28.2	29.6	30.9	32	32.2	30.7	31.5	31.2
普通小学	570.3	562.9	559.2	558.8	561.3	562.2	563.3	561.7	560.5	558.5
特殊教育学校	3	3.1	3.2	3.3	3.5	3.6	3.8	4	4.1	4.4
学前教育	61.3	65.6	72.2	77.6	82.7	89.9	98.6	114.4	131.6	147.9

图 1.30　2003—2012 年各级学校专任教师数

【数据来源】中国统计摘要 2013 ［M］. 北京：中国统计出版社，2013.

（二）各级学校教师学历层次不断提高，达标率逐年上升

2011 年，普通高校研究生学历教师比例为 60.0%，比 2010 年提高 2.9 个百分点；普通本科院校为 70.3%，比 2010 年提高 2.5 个百分点；高职

（专科）院校为 35.4%，比 2010 年提高 3.1 个百分点。与 2010 年相比，地方普通高校研究生学历教师比例普遍提高。2011 年，地方普通高校研究生学历教师比例为 56.3%，比 2010 年提高 3.2 个百分点。其中，普通本科院校为 67.1%，比 2010 年提高 2.9 个百分点，地方高职（专科）院校为 35.3%，比上年提高 3.0 个百分点。（教育部发展规划司，2011）

　　中小学教师学历达标率逐年上升。2006—2011 年，小学、初中阶段、普通高中和中等职业技术学校专任教师学历达标率呈逐年上升趋势。学历达标率最高的是小学，达标率最低的是学前教育。从增幅看，6 年间，学前教师学历达标率增加 10 个百分点，小学教师学历达标率增加近 1 个百分点，初中教师学历达标率增加 2.58 个百分点，高中教师学历达标率增加 9.27 个百分点，中等职业技术学校教师学历达标率增加 11.11 个百分点。可见，2006—2011 年，各级学校教师学历达标率小学最高，增幅最小，学前教育最低，增幅位列第二，中等职业教育达标率仅高于学前教育，但增幅最大（见图 1.31）。

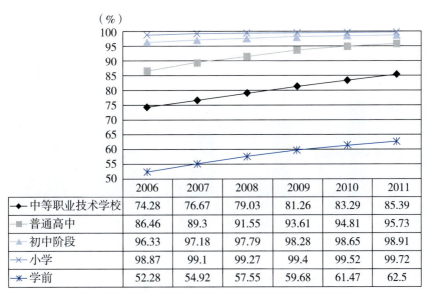

	2006	2007	2008	2009	2010	2011
中等职业技术学校	74.28	76.67	79.03	81.26	83.29	85.39
普通高中	86.46	89.3	91.55	93.61	94.81	95.73
初中阶段	96.33	97.18	97.79	98.28	98.65	98.91
小学	98.87	99.1	99.27	99.4	99.52	99.72
学前	52.28	54.92	57.55	59.68	61.47	62.5

图 1.31　2006—2011 年各级学校专任教师学历达标率

【数据来源】中国教育统计年鉴［M］. 2006 - 2011. 北京：人民教育出版社，2007 - 2012.

（三）基础教育生师比持续下降，中职生师比升高

从 2003 年、2008 年和 2012 年各级学校生师比来看，小学、初中、普通高中生师比呈明显下降趋势；普通高校生师比略有升高；中等职业学校生师比上升趋势明显。

从各级学校比较的意义上看，2003 年，各级学校生师比由低到高分别为普通高校、中等职业学校、普通高中、初中阶段和小学。但到 2012 年，各级学校生师比发生明显变化，由低到高分别为初中、普通高中、小学、普通高校和中等职业学校。2012 年，中等职业学校生师比远远高于其他各级学校，比同级的普通高中的生师比高出将近 10。

综合分析 2003—2012 年各级学校生师比，可以发现，10 年间各级学校生师比平均值下降近 1。小学、初中和普通高中生师比呈持续下降趋势，而普通高校和中等职业学校生师比呈总体上升趋势，其中，普通高校生师比上升较为缓慢，中等职业学校生师比上升幅度很大。

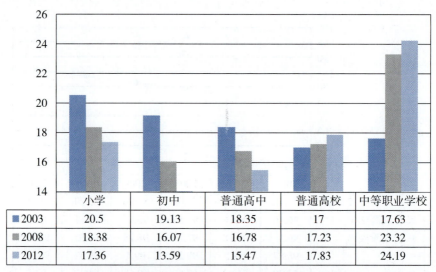

	小学	初中	普通高中	普通高校	中等职业学校
■ 2003	20.5	19.13	18.35	17	17.63
■ 2008	18.38	16.07	16.78	17.23	23.32
■ 2012	17.36	13.59	15.47	17.83	24.19

图 1.32　2003 年、2008 年、2012 年各级学校生师比

【数据来源】中国教育统计年鉴［M］. 2003，2008，2011. 北京：人民教育出版社，2004，2009，2012；全国教育事业发展简明统计分析［内部资料］. 2008，2011.2009，2012；中国统计摘要 2013［M］. 北京：中国统计出版社，2013.

（四）高层次人才队伍建设取得新进展

党的十六大以来，高校高层次人才队伍建设取得新进展，学科领军人才、拔尖创新人才和优秀科研群体不断涌现，为提高高等教育质量和国家自主创新能力做出了新的贡献。

到 2011 年，我国面向海内外遴选支持长江学者特聘教授、讲座教授 1801 人，其中直接从海外引进 300 人；资助培育高水平创新团队 580 个，培养支持 7742 名新世纪优秀人才；培养了 10 余万名青年骨干教师，带动教师队伍整体素质的提升。

同时我国大量引进海外高层次人才。目前，全国高校共引进"千人计划"创新人才 1171 人，占全国引进"千人计划"创新人才总数的 64.4%。16 所高校被批准为海外高层次人才创新基地。

到 2011 年，全国高校有中科院院士 322 人、工程院院士 298 人，分别占全国院士总数的 44.5% 和 38.5%。高校有马克思主义理论研究和建设工程首席专家 450 人，占全国总数的 56.3%；"973"计划首席科学家 416 人，占全国总数的 55.8%；重大科学研究计划首席科学家 153 人，占全国总数的 52.8%；"杰出青年"基金获得者 1683 人，占全国总数的 64.3%。（教育部发展规划司，2012）

五、教育质量不断提高，人才培养成绩卓著

教育质量是对教育水平高低和效果优劣的评价，最终体现在培养对象的质量上。全面提高教育质量是我国教育改革发展的核心和紧迫任务。为此中央政府加强对教育改革创新的顶层设计，提出全面提高教育质量，把促进人的全面发展和适应社会需要作为衡量人才培养水平的根本标准，大力提升人才培养水平，服务经济社会发展，推进文化传承创新。10 年来，各级政府和教育部门逐步增强教育服务社会的能力，主动适应经济社会发展方式转变和产业转型升级，着力把创新教育贯穿人才培养全过程，不断

提升各级各类教育质量，提高人才培养质量。全国义务教育巩固率稳步提高，中高考升学率逐步提高，学科专业结构逐步优化，毕业生就业率有所提高，培养了大批创新型和技能型人才，国民受教育程度大幅提升，人才培养成绩卓著。与此同时，全面提高教育质量的体制机制仍有待继续完善，制约人才培养质量提升的深层次障碍仍有待逐步破除。

（一）义务教育巩固率稳步提高

义务教育巩固率是对义务教育更高层次的要求，不但要保障适龄儿童的入学率，还要保障他们完整地接受9年义务教育，尽最大的可能减少辍学、逃学等现象。义务教育巩固率是义务教育成果与水平巩固情况的具体体现，是衡量一个国家或地区义务教育质量的重要指标。10年来，全国义务教育巩固率呈现不同的发展特点。小学阶段巩固率高于初中阶段巩固率，初中阶段巩固率高于义务教育巩固率。

2011年全国小学阶段巩固率达到99.47%，比2002年的90.15%提高了9.32个百分点，总体来看小学阶段巩固率在提高。但是10年来全国小学阶段巩固率不是逐年提高的，2002—2005年逐年提高，但2005—2008年又在逐年下降，2008—2011年又恢复逐渐提高的趋势。总体来看，我国小学阶段巩固率呈现波浪式上升的趋势。

2011年全国初中阶段巩固率达到93.39%，比2002年时的83.43%提高9.96个百分点。2002—2011年，初中阶段巩固率增长速度时疾时缓，2002—2005年初中阶段巩固率快速提升，但是2005年达到93.06%后，直到2011年初中阶段巩固率一直维持在93%—94%，进入了高原时期，遭遇了提高巩固率的"瓶颈"。总体来说，10年来我国初中阶段巩固率呈现逐年增高的趋势。

义务教育巩固率先升后降。2011年全国义务教育巩固率达到88.93%，比2002年的80.89%提高了8.04个百分点。2002—2011年，全国义务教育阶段巩固率的增长速度不同，2002—2009年，义务教育阶段巩固率在逐年增长，而2009—2011年巩固率又呈现逐年下降的趋势。总体来看，我国义务教育巩固率近年来呈现先升后降的趋势。

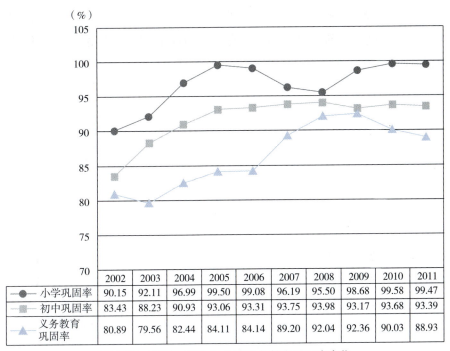

（％）

	2002	2003	2004	2005	2006	2007	2008	2009	2010	2011
●— 小学巩固率	90.15	92.11	96.99	99.50	99.08	96.19	95.50	98.68	99.58	99.47
■— 初中巩固率	83.43	88.23	90.93	93.06	93.31	93.75	93.98	93.17	93.68	93.39
▲— 义务教育巩固率	80.89	79.56	82.44	84.11	84.14	89.20	92.04	92.36	90.03	88.93

图 1.33　2002—2011 年全国义务教育巩固率变化

注：巩固率系课题组根据相关统计数据计算得出。

【数据来源】中国教育统计年鉴 2011 ［M］．北京：人民教育出版社，2012.

（二）高中阶段和大学升学率逐步提高

10 年来全国初中毕业生升入高中的比率呈现逐年提高的趋势，而高中毕业生升入大学的比率呈现先降后升的趋势。

2012 年我国初中升高中升学率为 88.4%，比 2002 年时的 58.3% 提高 30.1 个百分点。2002—2012 年，初中升高中升学率的增长速度有所波动，2002—2004 年增长速度较慢，2004—2007 年经历了快速增长的过程，2007—2012 年又经历了增长速度放缓的过程。总体来说，10 年来全国初中升高中升学率经历了一个先缓慢增长又快速增长然后逐渐放缓的过程，但始终呈现稳步提高的趋势。

2012 年我国高中升高等教育升学率为 87%，比 2002 年时的 83.5% 提高了 3.5 个百分点。2002—2012 年，高中升高等教育升学率经历了先降后升的过程，2002—2007 年我国高中升高等教育升学率逐年降低，到 2007 年降到了 70.3%，而 2007—2012 年我国高中升高等教育升学率逐年升高，到 2012 年达到了 87%。

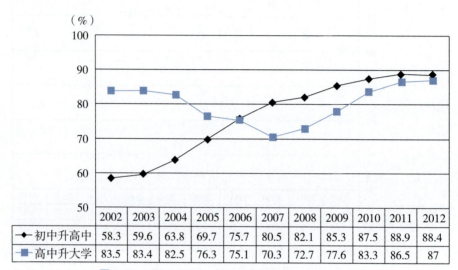

	2002	2003	2004	2005	2006	2007	2008	2009	2010	2011	2012
初中升高中	58.3	59.6	63.8	69.7	75.7	80.5	82.1	85.3	87.5	88.9	88.4
高中升大学	83.5	83.4	82.5	76.3	75.1	70.3	72.7	77.6	83.3	86.5	87

图 1.34 我国 2002—2012 年各级教育毕业生升学率

【数据来源】中国统计摘要 2013［M］. 北京：中国统计出版社，2013.

（三）学科专业结构逐步优化，毕业生就业率有所提高

学科专业结构调整优化是提高教育质量的核心任务，毕业生就业率衡量毕业生整体就业情况，它们都集中反映了教育质量的水平状况。各级政府力求适应社会经济建设和紧密联系国家产业发展的需求，对学科专业结构进行动态调整。近年来，全国学科专业结构得到逐步优化和拓展。中职专业结构调整显著，教育、土木水利类招生大幅上升。高职（高专）基础建设和资源开发相关专业招生增长最大，出口导向的相关专业出现负增长。本科管理学招生增长最快，法学、理学增长缓慢。研究生工学招生大幅上升，历史学研究生大幅下降，专业学位类型逐步增加。全国中等职业学校毕业生的就业率逐年提高，高等教育就业率呈波浪式小幅提高，中职教育就业率高于高等教育就业率，且毕业半年后的就业率高于初次就业率。

1. 中职专业结构调整显著，教育、土木水利类招生增长最快，轻纺食品、农林类下降最多

中职层次专业结构得到及时调整和优化。2010 年专业设置由"专门化方向"转变为"专业（技能）主向"新增了"对应职业（岗位）""职业资格证书""继续学习专业" 3 项内容，进一步明确了专业与职业岗位、职业标准和继续学习方向的关系，构建了与产业结构、职业岗位对接的专业体系。新增了"休闲保健"和"教育"专业类，对其他专业类进行了更名、合并或拆分等调整。2011 年中职招生总人数比上年有所减少，在 12 专业大类中招生人数增长的有 4 个，减少的有 8 个。其中，教育类比上年增加 13.9 万人、土木水利类比上年增加 3.5 万人，分别增长 39.1% 和 16.6%，增幅较大；轻纺食品类、农林类在前几年快速增长，2010 年达到峰值后，2011 年开始有较大幅度回调，比上年分别减少 4.03 万人、25 万人，下降 33.6% 和 22.6%。2011 年与 2010 年相比，各专业类招生占招生总人数比例提高较多的为教育、土木水利和交通运输类。其中，教育类所占比重提高最快，占比达 7.6%，比 2010 年提高 2.6 个百分点。下降较多的为农林类、信息技术类和轻纺食品类。其中，农林类所占比重下降最多，比 2010 年减少 2.4 个百分点。

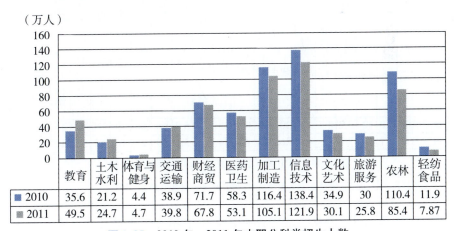

图 1.35　2010 年、2011 年中职分科类招生人数

【数据来源】全国教育事业发展简明统计分析 2011 [内部资料]. 2012.

2. 专科学科结构有所调整，基础建设、资源及服务经济建设相关专业增长最快，出口导向的相关专业呈负增长

专科层次学科结构有所调整，不同地区不同院校各有不同的侧重与特色，重点培养高技能人才，不断增强学生的职业适应能力。2011 年招生人数与上年比较增加 14.36 万人，增长 4.6%。在 19 个专业大类中，有 9 类招生人数增加，10 类招生人数下降，服务于经济建设中的基础建设、资源及服务经济建设相关专业增长较快。其中土建类增长最快，比上年增加 5.6 万人，增长 18.2%，医药卫生类比上年增加 4.5 万人，增长 16.9%，交通运输类增加 1.4 万人，增长 10.6%。受国际金融危机影响，出口导向的电子信息和轻纺食品专业招生出现负增长。电子信息类比上年减少 2.3 万人，减少 6.9%，轻纺食品类比上年减少 2300 人，减少 3.9%，并呈现继续下降态势。

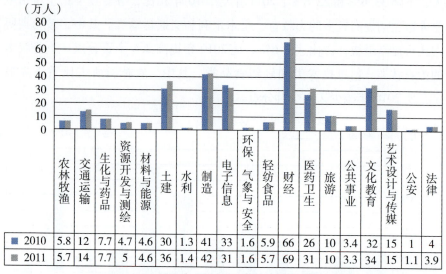

（万人）	农林牧渔	交通运输	生化与药品	资源开发与测绘	材料与能源	土建	水利	制造	电子信息	环保、气象与安全	轻纺食品	财经	医药卫生	旅游	公共事业	文化教育	艺术设计与传媒	公安	法律
■ 2010	5.8	12	7.7	4.7	4.6	30	1.3	41	33	1.6	5.9	66	26	10	3.4	32	15	1	4
■ 2011	5.7	14	7.7	5	4.6	36	1.4	42	31	1.6	5.7	69	31	10	3.3	34	15	1.1	3.9

图 1.36 2010 年、2011 年专科分科类招生人数

【数据来源】全国教育事业发展简明统计分析 2011［内部资料］. 2012.

3. 本科学科结构动态调整优化，管理学相关专业招生人数增长最快，法学、理学招生人数增长缓慢

本科层次学科结构按照稳定规模、优化结构的要求，进行了动态调整与优化，重点培养应用型、复合型人才。2005—2011 年，全部 11 个学科规模均有所扩大。管理学、教育学和工学相关专业招生人数增长，其中管理学增长最快，共增加 24.73 万人，增长 62.5%；法学、理学和农学相关专业招生人数增长缓慢，其中法学相关专业最慢，仅增加 1.2 万人，增长 9.6%。把 2011 年与上一年相比较，教育学、哲学、管理学和工学招生增幅较大，分别增长 7.4%、5.2%、3.2%、2.3%，其中教育学增长最为明显，增加 0.9 万人，占比由 3.5% 增加到 3.8%。法学、农学下降较多，分别下降 3.1%、2.4%，其中法学下降最为明显，减少 0.5 万人，占比由 3.8% 下降到 3.6%。

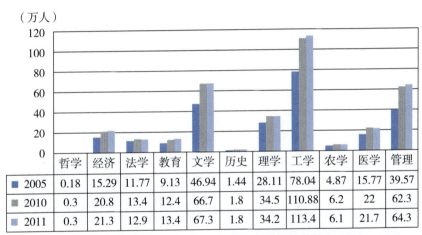

（万人）

	哲学	经济	法学	教育	文学	历史	理学	工学	农学	医学	管理
2005	0.18	15.29	11.77	9.13	46.94	1.44	28.11	78.04	4.87	15.77	39.57
2010	0.3	20.8	13.4	12.4	66.7	1.8	34.5	110.88	6.2	22	62.3
2011	0.3	21.3	12.9	13.4	67.3	1.8	34.2	113.4	6.1	21.7	64.3

图 1.37　2005 年、2010 年、2011 年本科分科类招生人数

【数据来源】全国教育事业发展简明统计分析［内部资料］. 2010，2011. 2011，2012.

4. 研究生学科结构略有调整拓展，工学相关专业招生人数大幅上升，历史学研究生人数大幅下降，专业学位类型逐步增加

（1）工学招生人数大幅上升，历史学研究生人数大幅下降

研究生层次学科结构调整主动适应社会及科技发展的需要，以政府宏观调控与高校自主调整相结合，重点培养高层次创新型人才。从招生规模上看，2002 年，历史学招生人数为 79486 人，2011 年招生人数降为 5705 人，10 年减少 73781 人，平均每年减少招生 7378 人。相反，2002 年工学

研究生招生人数为 19815 人，到 2011 年招生人数上升为 195082 人，增加 175267 人，平均每年增加 17526 人。从学科结构比例上来看，2002 年历史学在全部 12 个学科中所占比例为 39.99%，到 2011 年仅占 1.02%。而工学在 2002 年仅占全部学科研究生招生总量的 9.97%，到 2011 年占比为 34.83%。10 年来，历史学与工学两个学科研究生招生规模变化最大。

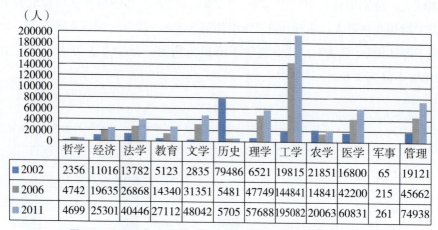

（人）	哲学	经济	法学	教育	文学	历史	理学	工学	农学	医学	军事	管理
■2002	2356	11016	13782	5123	2835	79486	6521	19815	21851	16800	65	19121
■2006	4742	19635	26868	14340	31351	5481	47749	144841	14841	42200	215	45662
■2011	4699	25301	40446	27112	48042	5705	57688	195082	20063	60831	261	74938

图 1.38 2002 年、2006 年、2011 年分科类研究生招生人数

【数据来源】中国教育统计年鉴［M］. 2002，2006. 北京：人民教育出版社，2003，2007；全国教育事业发展简明统计分析 2011［内部资料］. 2012.

（2）专业学位招生人数大幅增长，专业覆盖面逐步拓宽

研究生学科调整适应创新型国家战略建设需求，扩大应用型、技能型人才培养规模，学术学位与专业学位协调发展，研究生招生结构得到调适。从 2009 年起，国家大力发展专业学位教育，专业学位类型逐步增加。2010 年与 2009 年相比较，专业学位硕士研究生招生增加 4.5 万人，增长 63.9%，占硕士研究生招生总人数比例达到 25.1%，提高 9.2 个百分点。从分科专业看，公共管理、公共卫生和艺术招生人数增长最快，其中公共管理专业增长 139 倍，幅度最大；工程专业占招生总人数比例最高，达到 29%；新增社会工作专业占招生总人数的 1%。专业学位博士研究生教育起步，主要集中在医学相关专业，临床医学专业招生占总人数的 52.8%，2010 年新增工程和兽医专业，其覆盖面有所拓宽。

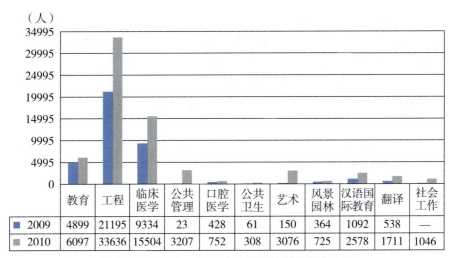

（人）	教育	工程	临床医学	公共管理	口腔医学	公共卫生	艺术	风景园林	汉语国际教育	翻译	社会工作
2009	4899	21195	9334	23	428	61	150	364	1092	538	—
2010	6097	33636	15504	3207	752	308	3076	725	2578	1711	1046

图1.39　2009年、2010年专业硕士学位招生人数

【数据来源】全国教育事业发展简明统计分析2010［内部资料］. 2011.

5. 职业教育就业率逐年提高

全国职业教育基础能力提升，发展态势良好。近年来职业学校招生数连续增长，就业率也维持较高水平。2011年全国中职学校毕业学生为662.67万人，就业学生为640.9万人，平均就业率为96.71%，比2003年时的94%提高了2.71个百分点。2003—2007年中等职业教育就业率呈现逐年增高的趋势，但2008年比2007年略有降低，2008—2011年又呈现逐年增高的趋势。总体来看，10年来中等职业教育就业率一直保持在95%以上，且呈现逐渐升高的趋势。2011年，高等职业学校毕业生初次就业率达到84%，就业质量也不断提高，为我国经济社会发展提供了重要的人才资源和智力支持。随着职业教育的发展，全国技术工人由2005年的8700万人增加到2010年的1.1亿人，年均增长5%。高技能人才由2005年的1860万人增加到2010年的2880万人，年均增长9%。

图1.40　2003—2011年中等职业教育就业率变化

【数据来源】教育部：2011年中等职业学校学生就业率达96.71% ［N］. 中国教育报.2012 - 07 - 24；2006年全国中等职业学校毕业生就业率达95.6% ［N］. 中国教育报.2007 - 04 - 19；2008年全国中职平均就业率95.77% ［N］. 中国教育报.2009 - 04 - 29；2009年中职就业率继续攀升［N］. 中国青年报.2010 - 05 - 27.

6. 高等教育就业率呈波浪式小幅提高

随着我国高等教育的扩招，我国已进入高等教育大众化的中期阶段，全国普通高等教育本专科毕业生人数由2002年的187.75万人增加到2013年的699万人，高校毕业生就业压力持续增大。但在经济快速发展的推动下和各级政府、高等院校的共同努力下，高等教育就业人数逐年增长，就业率基本保持稳定并维持在相对较高的水平。2010年高等教育初次就业率为85.4%，比2004年的77.5%提高了7.9个百分点。2004—2010年，高等教育初次就业率呈现波浪式提高的趋势，其中2005年比2004年、2007年比2006年、2009年比2008年分别低4.7、0.7和0.3个百分点，而2006年比2005年、2008年比2007年、2010年比2009年分别高6、3.2和4.4个百分点。

2011年我国高等教育毕业半年后的就业率为90.2%，比2008年的85.5%提高了4.7个百分点。2007—2011年我国高等教育毕业半年后的就业率呈现先降后升的趋势，其中2008年的就业率比2007年的87.5%降低了2个百分点。2008—2011年我国高等教育毕业半年后的就业率又呈现逐年提高的趋势。

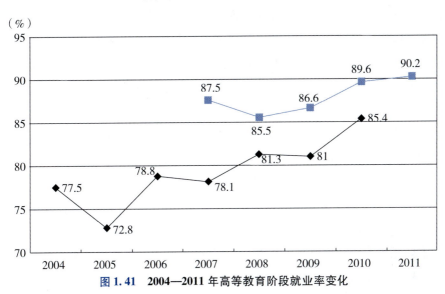

图 1.41　2004—2011 年高等教育阶段就业率变化

【数据来源】全国高校毕业生就业状况 2004—2008〔M〕. 北京：北京大学出版社，2009；
全国高校毕业生就业状况 2009—2010〔M〕. 北京：北京大学出版社，2011；
中国大学生就业报告 2008—2012〔R〕.

（四）培养大批创新型和技能型人才

培养造就一大批创新型和高技能型人才，是增强国家核心竞争力和自主创新能力、建设创新型国家的重要举措。高校和中职学校毕业生供给能力很大程度决定了国家人力资源的提高和积累水平。10 年来，通过加大教育投入、深化教育体制改革，加快培养适应经济社会发展的高水平人才。中职和高等教育毕业生数快速增加，获得高等教育学位人数逐年增多，每10 万人口中高中和高校学生数逐年提高，为各行各业发展提供了不同层次和类型的人才支撑，有力地促进了人力资源强国建设。

1. 中职和高等教育毕业生数呈现增加的趋势

2012 年我国研究生、普通本专科、成人本专科和网络本专科毕业人数分别为 486455 人、6247338 人、1954357 人和 1360870 人，比 2011 年分别增加了 56461 人、165773 人、47717 人和 61617 人；比 2003 年分别增加了375408 人、4369846 人、360999 人和 1216462 人。2003—2012 年我国各类

高等教育毕业生数由多到少的顺序是普通本专科、成人本专科、网络本专科和研究生毕业数，并且研究生、普通本专科、成人本专科和网络本专科毕业人数总体呈现增加的趋势，但是增加的趋势表现出不同的特点。其中普通本专科和研究生呈现逐年增加的趋势。而成人本专科和网络本专科总体呈现上升的态势，2003—2006年网络本专科逐年增加，但是2007年比2006年有所减少，2007—2012年又逐年升高。2004年成人本专科毕业生多于2003年，2005—2006年又呈现逐渐降低的趋势，2007年高于2006年，但是2008年又比2007年有所降低，2008—2012年又呈现逐年升高的趋势。

2003—2012年，高校和中等职业学校毕业生数量持续增长，为社会累计输送了10053.4万名毕业生，年均增长10.6%，极大地改变了劳动者队伍的素质结构，促进了国家经济建设、产业结构调整和社会的稳定发展。其中中等职业教育累计培养5339.1万名毕业生，年均增长7.6%；普通本专科累计毕业4410.8万人，年均增长14.3%；研究生累计毕业303.5万人，年均增长17.8%，为各行各业培养了一大批高层次应用型专门人才。

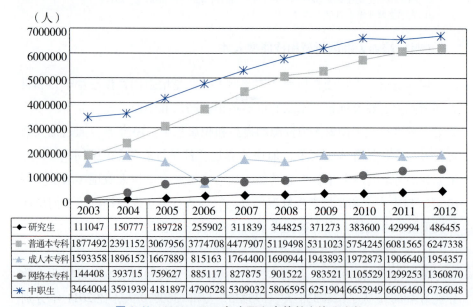

（人）

	2003	2004	2005	2006	2007	2008	2009	2010	2011	2012
研究生	111047	150777	189728	255902	311839	344825	371273	383600	429994	486455
普通本专科	1877492	2391152	3067956	3774708	4477907	5119498	5311023	5754245	6081565	6247338
成人本专科	1593358	1896152	1667889	815163	1764400	1690944	1943893	1972873	1906640	1954357
网络本专科	144408	393715	759627	885117	827875	901522	983521	1105529	1299253	1360870
中职生	3464004	3591939	4181897	4790528	5309032	5806595	6251904	6652949	6606460	6736048

图1.42　2003—2012年中职和高等教育毕业生数

【数据来源】中国教育统计年鉴2011［M］. 北京：人民教育出版社，2011；
中国统计摘要2013［M］. 北京：中国统计出版社，2013.

2. 获得高等教育学位人数逐年增多

2010 年我国研究生、普通本科、成人本专科和网络本科获得学位人数分别为 379992 人、2435867 人、101028 人和 25956 人，比 2009 年分别增加了 12121 人、137667 人、－7722 人和 1552 人；比 2004 年分别增加了 232774 人、1384915 人、21569 人和 15228 人。2003—2010 年我国高等教育获得学位人数由多到少的顺序是普通本科、研究生、成人本科和网络本科，并且研究生、普通本科、成人本科获得学位数呈现逐渐增加的趋势，但是网络本科获得学位数却呈现先升后降的趋势，2003—2006 年逐年增加，2006—2009 年又表现出逐年下降的趋势。

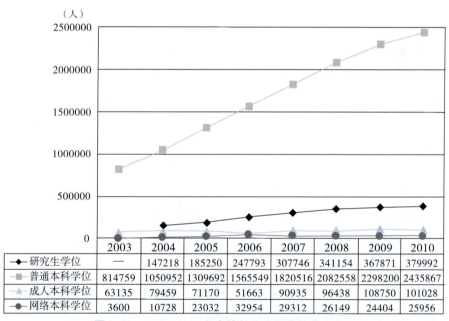

	2003	2004	2005	2006	2007	2008	2009	2010
研究生学位	—	147218	185250	247793	307746	341154	367871	379992
普通本科学位	814759	1050952	1309692	1565549	1820516	2082558	2298200	2435867
成人本科学位	63135	79459	71170	51663	90935	96438	108750	101028
网络本科学位	3600	10728	23032	32954	29312	26149	24404	25956

图 1.43 2003—2010 年高等教育阶段获得学位人数

【数据来源】中国教育统计年鉴 2011［M］. 北京：人民教育出版社，2011.

3. 每 10 万人口中高中和高校学生数逐年提高

2012 年我国每 10 万人口中高中和高校学生数分别达到 3416 人和 2335 人。其中高中学生数比 2011 年减少了 79 人，比 2002 年增加了 1133 人；高校学生数比 2011 年增加了 82 人，比 2002 年增加了 1189 人。2002—

2012 年我国每 10 万人口中高中学生数一直高于高校学生数，并且高中和高校学生数均呈现增加的趋势，但在具体表现上略有差异。2002—2008 年每 10 万人口中高中学生数逐年增加，2008—2012 年略有下降，但基本保持稳定。而 2002—2012 年每 10 万人口中高校学生数呈现逐年增加的趋势。

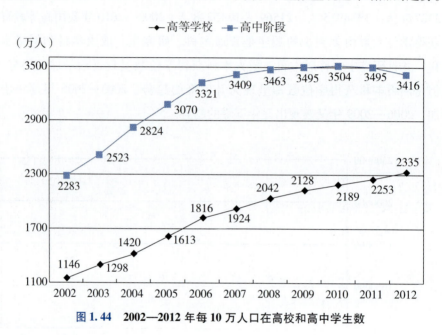

图 1.44 2002—2012 年每 10 万人口在高校和高中学生数

【数据来源】中国统计摘要 2013 [M]. 北京：中国统计出版社，2013.

（五）国民受教育程度整体大幅提升

人力资源开发水平是一个国家经济和社会发展的重要推动力量，平均受教育年限、高等教育文化程度人数比例、文盲人口数量和文盲率等是衡量一个国家和地区人力资源开发水平的重要指标。10 年来，各级政府通过教育、科技、卫生、培训、社会保障等多方面的措施，使人力资源开发水平有了较大提高，在人力资源开发各个领域取得了成效。主要表现在：主要劳动年龄人口和 6 岁、15 岁以上人口平均受教育年限逐年升高；高中和大专以上学历比例逐年增加；文盲率大幅降低，参加扫盲人口逐渐减少。我国正从人口大国转向人力资源强国。

1. 主要劳动年龄人口平均受教育年限呈逐渐升高趋势

人口的受教育程度是一个国家人口素质的重要标志，也是反映教育发展状况的基本指标。2010 年我国 15 岁以上人口平均受教育年限达到 9.05 年，表明我国人口平均受教育水平已经完成了从初中程度迈入高中程度的转变，人口的文化素质有了相当大的提高。25 岁以上人口人均受教育年限达到 8.6 年，大大超过当前世界 7.4 年的平均水平。

2010 年我国主要劳动年龄人口平均受教育年限达到 9.6 年，比 2005 年提高 1.22 年，比 1982 年提高 3.48 年。2009 年 6 岁以上人口受教育年限为 8.38 年，比 2005 年提高 0.55 年，比 1982 年提高 3.18 年。2010 年我国具有大学文化程度的人口为 1.19 亿人，受过高等教育的比例达到 10.5%，新增劳动力受教育年限达到 12.7 年，其中受过高中阶段及以上教育的比例为 67%。并且 1982—2010 年我国主要劳动年龄人口和 6 岁以上人口、15 岁以上人口平均受教育年限呈现逐年提高的趋势。由此可见，随着改革开放的深入和教育事业的蓬勃发展，全国人均受教育水平逐年提高，20 世纪 90 年代以前一直低于世界平均水平，90 年代达到世界平均水平后开始不断提高，而且近 10 年高于世界平均水平的速度更为迅速。目前我国从业人员有高等教育学历的人数也已位居世界前列，我国正从人口大国转向人力资源强国。

2. 高中和大专以上学历比例呈现增加趋势

2011 年我国 6 岁以上人口高中和大专以上学历比例分别达到 15.46% 和 10.06%，比 2009 年分别提高了 1.66 和 2.77 个百分点，比 2002 年分别提高了 3.01 和 5.53 个百分点。2002—2011 年我国高中学历比例一直高于大专以上学历比例，并且高中和大专以上学历比例呈现增加的趋势，但不是逐年直线增加的。具体说来，2002—2004 年高中和大专以上学历比例是增加的，但是 2005 年比 2004 年高中和大专以上学历比例却有所降低，2005—2011 年又呈现逐年增加的趋势。

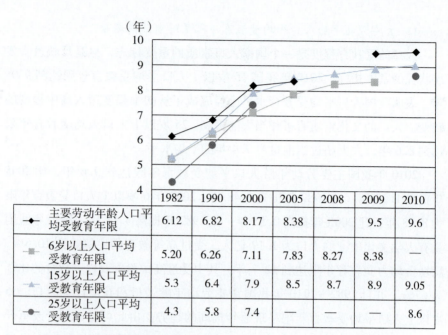

图 1.45　我国主要劳动年龄人口和 6 岁、15 岁以上人口平均受教育年限

【数据来源】中国统计年鉴 2011 ［M］. 北京：中国统计出版社，2011；
我国国民整体受教育水平进一步提高 ［N/OL］. ［2013 – 11 – 25］；
http：//www. zgxxb. com. cn/xwzx/201204120009. shtml.

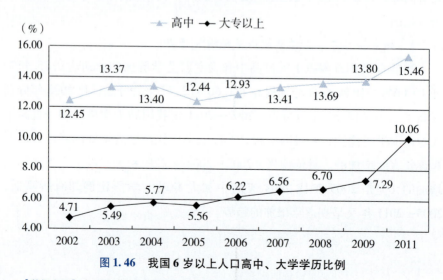

图 1.46　我国 6 岁以上人口高中、大学学历比例

【数据来源】中国统计年鉴 2011 ［M］. 北京：中国统计出版社，2011.

3. 文盲率大幅降低

文盲率的高低标志着国家文化教育普及和发达程度，反映国家经济发展程度。各级政府经过长期不懈地开展扫盲工作，在总人口数量增长的情况下，全国文盲人口总量不断下降、文盲率大幅度降低。15 岁以上文盲和未上过学的人口比例逐年降低，成人和青年识字率缓慢提高，扫除文盲和参加扫盲学习人数逐渐减少。扫盲教育取得了历史性的成就，有力地支撑了国家社会主义现代化建设，也有效提升了文盲人口的生活质量。

（1）文盲人口总数不断下降，文盲率大幅降低

我国经过长期不懈地开展扫盲工作，在总人口数量增长的情况下，我国文盲总量大幅度减少，文盲率不断降低。第六次全国人口普查统计结果表明，2010 年我国文盲人口为 5466 万人，比 2000 年的 8507 万人减少了3041 万人，比 1964 年的 23327 万人减少了 17861 万人，减少幅度达到76.57%。我国文盲率从 2000 年的 6.72% 降到 2010 年的 4.08%，仅为1964 年时 33.58% 的八分之一。我国扫盲教育取得了举世瞩目的成就，对世界扫盲行动也做出了重要贡献。

图 1.47　我国历次人口普查文盲人口数和文盲比例

【数据来源】中国统计年鉴［M］. 北京：中国统计出版社.

（2）15 岁以上文盲和未上过学的人口比例逐年降低

2011 年我国 15 岁以上文盲比例为 5.21%，比 2002 年的 11.63% 减少了 6.42 个百分点；2011 年我国 6 岁以上未上过学的人口比例为 5.50%，比 2002 年的 10.23% 减少了 4.73 个百分点。2002—2011 年我国 15 岁以上文盲和未上过学的人口比例总体呈现逐年降低的趋势。

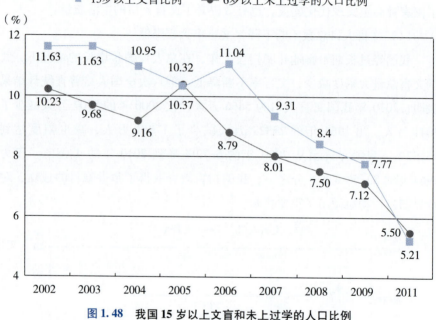

图 1.48 我国 15 岁以上文盲和未上过学的人口比例

【数据来源】中国统计年鉴 2011〔M〕. 北京：中国统计出版社，2011.

（3）成人和青年识字率呈缓慢提高趋势

2009 年我国 15 岁以上成人识字率和 15—24 岁青年识字率分别达到 94% 和 99.4%，比 2006 年分别提高了 1 个和 0.4 个百分点。2006—2009 年，15 岁以上成人识字率和 15—24 岁青年识字率分别维持在 92% 和 99% 以上，可以看出我国成人和青年识字率水平较高。4 年来，成人和青年识字率总体来看呈现缓慢提高的趋势。

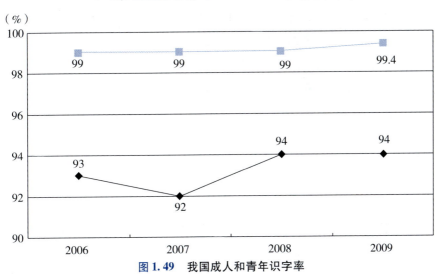

图 1.49　我国成人和青年识字率

【数据来源】全国教育事业发展简明统计分析［内部资料］. 2006－2009. 2007－2010.

（4）扫除文盲和参加扫盲学习人数呈现逐渐减少的趋势

2011 年我国共扫除文盲 81.82 万人，比 2010 年减少 8.44 万人，比 2004 年的 204.58 万人减少了 122.76 万人。2002—2010 年，我国扫除文盲人数经历了先升后降的过程，2002—2004 年扫除文盲人数逐年增多，2004 年比 2002 年的 174.45 万人增加了 30.13 万人，2004—2007 年呈现逐年降低的趋势，但 2008 年又比 2007 年增加了 19.24 万人，2008—2011 年又呈现逐年降低的趋势。

2011 年我国有 74.89 万人正在参加扫盲学习，比 2010 年减少 33.19 万人，比 2004 年的 242.52 万人减少了 167.63 万人。2002—2010 年，我国正在参加扫盲学习的人数经历了先升后降的过程，2002—2004 年参加扫盲学习人数逐年增多，2004 年比 2002 年的 177.39 万人增加了 65.15 万人，2004—2007 年呈现逐年降低的趋势，但 2008 年又比 2007 年增加了 11.2 万人，2008—2011 年又呈现逐年降低的趋势。

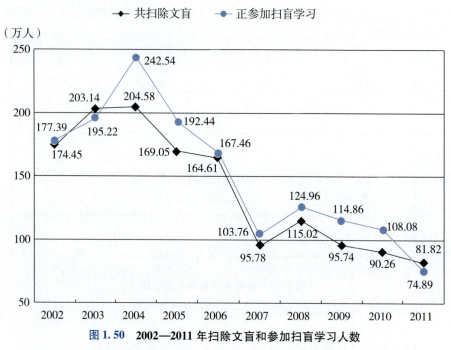

图 **1.50** 2002—2011 年扫除文盲和参加扫盲学习人数

【数据来源】中国统计年鉴 2011 ［M］. 北京：中国统计出版社，2012.

六、教育公平迈出重大步伐，城乡差距总体缩小

教育公平是社会公平的重要基础，是现代教育发展的必然选择。《教育规划纲要》明确提出，教育公平是国家基本教育政策，促进公平是教育改革发展的一项重要方针。党的十八大进一步提出，"大力促进教育公平，合理配置教育资源"，"让每个孩子都能成为有用之才"。当前我国教育公平的关键是教育机会公平，基本要求是保障公民依法享有受教育的权利。本研究通过分城乡小学招生中接受学前教育比例和分性别小学净入学率 2 个指标反映我国教育机会公平情况；通过分城乡义务教育阶段生均仪器设备值、建网学校比例和义务教育阶段学历教师比例 3 个指标来反映我国教育过程公平情况；通过分性别文盲比和大专以上学历比 2 个指标来反映教育结果公平情况。研究发现，我国小学净入学率方面的男女性别差距总体

上已经消除，城乡差距逐步缩小，这说明教育机会公平有较大提高。我国生均仪器设备值的城乡差距逐年拉大，农村初中的生均仪器设备值连续 2 年下降，建网学校比例和学历达标教师比例的城乡差距均逐年缩小，这说明我国教育过程公平逐步推进，但要做到均衡配置教育资源，为城乡义务教育提供大致均等的教育条件尚需时日。在文盲比和大专以上学历方面，我国女文盲一直多于男文盲，获得大专及以上学历的男性也多于女性，但差距一直在缩小。随着我国高等教育大众化程度的提高，以及义务教育的普及，不同性别学生在教育成功机会和教育结果等方面的差距逐步缩小。

（一）学前教育城乡差距逐步缩小，小学入学性别差距总体消除

在推进教育机会公平的工作中，政府担负着引领和主导责任。2006—2011 年，各级政府促进教育公平政策力度不断加大，努力使人民共同享有均等化的基本公共教育服务。学前教育成为教育机会公平的起点，全国小学新生中接受过学前教育的比例持续提升，且农村增长幅度大于城市，城乡差距逐步缩小。小学净入学率女童高于男童，性别差距总体消除且保持高位平衡，实现了男女儿童入学机会公平。但在各级各类教育中，教育机会公平层次、领域仍有待继续扩大和提升。

1. 儿童接受学前教育的比例持续提升，城乡差距逐步缩小

随着政府对学前教育投入和师资培养的力度逐步加大，尤其是对农村学前教育的倾斜，缩小了城乡学前教育差距，促进了城乡小学入学新生整体水平提高。2006—2010 年，城乡儿童接受学前教育的机会水平持续改善。其中，城市小学新生中接受过学前教育的比例由 2006 年的 94.16% 增加到 2010 年的 96.62%，增长了 2.46 个百分点；农村小学新生中接受过学前教育的比例由 2006 年的 83% 增加到 2010 年的 90.76%，增长了 7.76 个百分点。城乡接受过学前教育的小学入学新生比例均持续增长，且农村增长幅度大于城市。小学新生中接受过学前教育的城乡差距由 2006 年的 11.16 个百分点，缩小到 2010 年的 5.86 个百分点。其中 2010 年比上年缩小差距力度最大，为 2.23 个百分点，其余年份均以 1 个百分点左右的幅度下降。2011 年城乡划分口径变化后，小学新生中接受过学前教育的比例城

市为 96. 89% , 农村为 91. 26% , 仍呈继续增长态势。全国学龄前儿童接受学前教育比例持续提升，学前教育城乡机会差距呈现逐年缩小态势。

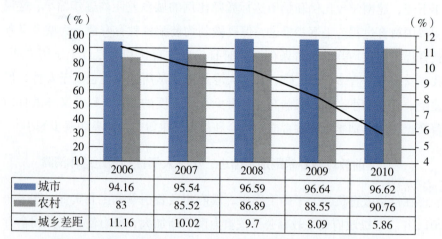

	2006	2007	2008	2009	2010
城市	94.16	95.54	96.59	96.64	96.62
农村	83	85.52	86.89	88.55	90.76
城乡差距	11.16	10.02	9.7	8.09	5.86

图 1. 51 2006—2010 年全国小学新生中接受过学前教育的城乡差距

【数据来源】全国教育事业发展简明统计分析［内部资料］. 2007 – 2010. 2008 – 2011.

2. 小学净入学率性别差距总体消除，实现男女平等

随着社会经济发展、人口结构变化和义务教育普及程度的提高，2006年全国小学女童净入学率首次高出男童，且保持高位增长，小学在校女学生比例稳步上升。2006—2011 年，小学净入学率的性别差距持续缩小。其中，女童净入学率从 2006 年的 99. 29% 增加到 2011 年的 99. 8% ，增长了0. 51 个百分点；男童净入学率从 2006 年的 99. 25% 增加到 2011 年的99. 78% ，增长了 0. 53 个百分点。男、女童小学净入学率均持续增长，女童净入学率高于男童，男童净入学率增长幅度稍大于女童。男女童的性别差距由 2006 年的 0. 04 个百分点缩小到 2011 年的 0. 02 个百分点，呈波浪式下降，其中 2011 年差距缩小力度最大，为 0. 03 个百分点。全国小学教育阶段净入学率的性别差距基本消除，且保持持续高位平衡发展，总体实现了男女儿童入学机会公平。

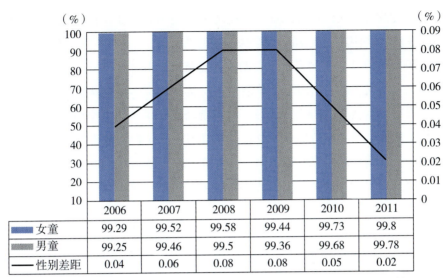

	2006	2007	2008	2009	2010	2011
女童	99.29	99.52	99.58	99.44	99.73	99.8
男童	99.25	99.46	99.5	99.36	99.68	99.78
性别差距	0.04	0.06	0.08	0.08	0.05	0.02

图 1.52 2006—2011 年全国小学净入学率性别差距

【数据来源】全国教育事业发展简明统计分析［内部资料］. 2007 – 2011. 2008 – 2012.

（二）学生资助政策体系不断完善，实现从学前教育到研究生教育全覆盖

建立健全国家学生资助政策体系，保障家庭经济困难学生上得起学，让暂时处于不利环境下的孩子能够通过接受教育改变命运、实现梦想，让暂时处于困难状态的家庭看到希望、过上幸福生活，这是我们党以人为本、执政为民理念的具体体现。让所有的孩子都有平等接受教育的机会，通过教育公平促进社会公平，逐步缩小城乡差别、区域差别和不同群体之间的差别，这是实现国家长治久安、建设社会主义和谐社会的本质要求。

党中央、国务院高度重视家庭经济困难学生上学问题。2006 年，胡锦涛总书记在中央政治局第 34 次集体学习会上指出，要进一步完善帮助贫困家庭学生上学的资助制度和扶持政策等，保障人民享有平等接受教育的机会。温家宝总理也多次在教育工作座谈会上强调要坚持教育公平，建立和完善家庭经济困难学生的助学体系，促进社会的和谐与稳定。2009 年 2 月22 日，中共中央政治局委员、国务委员刘延东在 2007—2008 学年度国家奖学金颁奖大会上强调："无论遇到多么大的困难，国家促进教育公平的

决心不会改变，扶助经济困难学生的政策措施不会改变。保障每一个孩子不因家庭经济困难而失学的承诺不会改变。"

2006—2012 年，国家学生资助政策措施密集出台。2006 年起，我国全部免除农村义务教育阶段学生学杂费，对贫困家庭学生免费提供教科书并补助寄宿生生活费。2007 年 5 月，国务院印发《关于建立健全普通本科高校高等职业学校和中等职业学校家庭经济困难学生资助政策体系的意见》，决定进一步建立健全家庭经济困难学生资助政策体系。2008 年城乡免费义务教育全面实现。2009 年国家出台中等职业教育免学费政策。

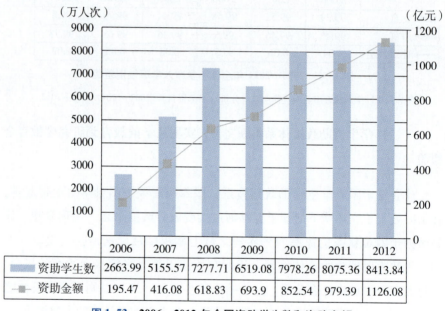

（万人次）	2006	2007	2008	2009	2010	2011	2012
资助学生数	2663.99	5155.57	7277.71	6519.08	7978.26	8075.36	8413.84
资助金额	195.47	416.08	618.83	693.9	852.54	979.39	1126.08

图 1.53 **2006—2012 年全国资助学生数和资助金额**

【数据来源】2012 年中国学生资助发展报告［N］. 中国教育报，2013 – 11 – 13.

2010 年我国建立普通高中家庭经济困难学生国家资助制度。2011 年建立学前教育资助制度，在集中连片特殊困难地区实施农村义务教育学生营养改善计划。2012 年 9 月 29 日财政部、教育部印发《研究生国家奖学金管理暂行办法》，决定从 2012 年秋季学期起，中央财政每年安排 10 亿元设立研究生国家奖学金，用于奖励普通高等学校中表现优异的国家招生计划内的全日制研究生。目前，我国已基本建立健全从学前教育至高等教育的学生资助政策体系，制度设计不断完善，资助范围不断扩大，资助标准不断提高，资助领域不断延伸，从制度上基本保障了家庭经济困难学生上得起学。

据全国学生资助管理中心统计，2012 年，全国累计资助学前教育、义务教育、中职教育、普通高中和普通高校学生（幼儿）共 8413.84 万人次（不包括义务教育免费教科书、营养改善计划资助人数），比 2006 年增长2.16 倍。累计资助金额 1126.08 亿元（不包括义务教育免费教科书、营养改善计划资金），比上年增加 146.69 亿元，增长 14.98%，比 2006 年增长4.76 倍。

（三）教育资源配置城乡差距有升有降，仍需向农村倾斜

胡锦涛在 2010 年全国教育工作会议上的讲话中曾指出，促进教育公平的"根本措施是合理配置教育资源，向农村地区、边远贫困地区和民族地区倾斜，加快缩小教育差距"。政府需要加大财政对教育的投入，扶持贫困地区、民族地区教育；逐步缩小城乡、区域教育发展差距，推动公共教育协调发展，特别是义务教育均衡发展。从本研究选取的 3 个指标来看，2006—2011 年，我国教育资源配置的城乡差距有升有降，其中生均仪器设备值的城乡差距呈逐年扩大趋势，农村初中生均仪器设备值 2010 年和2011 年连续 2 年下降。这种结果显示我国教育资源配置的城乡差异将长期存在，推进义务教育均衡发展的策略还面临相当挑战，有很长的路要走。

1. 生均仪器设备值城乡差距逐年扩大

2007—2011 年，城乡小学生均仪器设备值逐年增加。其中，城市小学生均仪器设备值从 2007 年的 666 元增加到 2011 年的 834 元，农村小学生均仪器设备值从 2007 年的 238 元增加到 2011 年的 434 元。但城乡小学差值从 2007 年的 375 元扩大到 2011 年的 680 元，城乡初中差值从 2007 年的341 元扩大到 2011 年的 451 元，生均仪器设备值的城乡差距呈现逐年扩大趋势。其中，农村初中生均仪器设备值在 2010 年和 2011 年连续 2 年呈下降态势，2011 年达到 5 年来最低，仅为 400 元，较 2007 年的 428 元低 28

元，若去掉通货膨胀等因素，则其值更低。

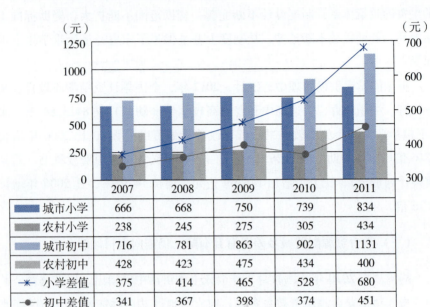

	2007	2008	2009	2010	2011
■ 城市小学	666	668	750	739	834
■ 农村小学	238	245	275	305	434
■ 城市初中	716	781	863	902	1131
■ 农村初中	428	423	475	434	400
✱ 小学差值	375	414	465	528	680
● 初中差值	341	367	398	374	451

图 1.54　2007—2011 年城乡小学、初中生均仪器设备值及差距

【数据来源】全国教育事业发展简明统计分析［内部资料］. 2007－2010. 2008－2011.

2. 建网学校比例城乡差距逐年缩小，但仍存在较大差距

2006—2011 年，城乡小学和初中建网学校比例差距均逐年缩小。2006 年，城市小学建网学校比例和农村小学建网学校比例分别为 51.09% 和 7.61%，城乡差值为 43.48%，以后各年，城乡差值由升到降，到 2011 年，城市小学建网学校比例为 54.17%，农村小学建网学校比例为 12.56%，城乡差值为 41.61%，较 2006 年差值仅缩小 1.87%。

2006 年，城市初中建网学校比例和农村初中建网学校比例分别为 58.28% 和 28.62%，城乡差值为 29.66%。2007 年和 2008 年城乡差值略高于 2006 年，分别为 29.91% 和 30.48%。2009 年、2010 年和 2011 年城乡差值逐年下降，2011 年城乡差值达到最低，为 26.8%。

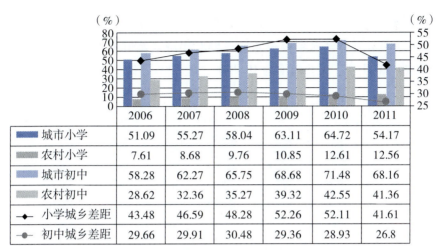

	2006	2007	2008	2009	2010	2011
■ 城市小学	51.09	55.27	58.04	63.11	64.72	54.17
■ 农村小学	7.61	8.68	9.76	10.85	12.61	12.56
■ 城市初中	58.28	62.27	65.75	68.68	71.48	68.16
■ 农村初中	28.62	32.36	35.27	39.32	42.55	41.36
◆ 小学城乡差距	43.48	46.59	48.28	52.26	52.11	41.61
● 初中城乡差距	29.66	29.91	30.48	29.36	28.93	26.8

图 1.55 2006—2011 年城乡小学、初中建网学校比例及差距

【数据来源】全国教育事业发展简明统计分析［内部资料］. 2007－2010. 2008－2011.

（四）城乡义务教育教师学历比例逐年升高，城乡差距逐年下降

本研究选取小学大专及以上学历教师比例和初中本科及以上学历教师比例 2 个指标，反映城乡义务教育教师学历差距，以之衡量我国教育过程公平状况。2006—2011 年，义务教育阶段教师学历的城乡差距逐年下降，但城乡绝对差距仍在 10 个百分点以上，不容忽视。

1. 小学大专及以上学历教师比例逐年升高，城乡差距逐年下降

2006—2011 年，城市和农村小学大专及以上学历教师比例均呈现出逐年增高的趋势。2006 年，城市小学大专及以上学历教师比例为 82.54%，到 2011 年增长到 92.8%，6 年增长 10.26 个百分点。农村小学大专及以上学历教师比例在 2006 年为 58.5%，到 2011 年增长到 78.58%，6 年增长 20.8 个百分点。就城乡差距而言，2006 年，城乡差值为 24.04%，以后逐年降低，2011 年，城乡差值为 14.22%，较 2006 年降低近 10 个百分点。

2. 初中本科及以上学历教师比例逐年升高，城乡差距逐年下降

2006—2011 年，城市和农村初中本科及以上学历教师比例基本呈逐年增长趋势。2006 年，城市初中本科及以上学历教师比例为 68.46%，到 2011 年增长到 81.98%，6 年增长 13.52 个百分点。农村初中本科及以上

学历教师比例在 2006 年为 35.27%，到 2011 年增长到 62.83%，6 年增长 27.56 个百分点。就城乡差距而言，2006 年城乡差值为 33.19%，以后逐年降低，2011 年，城乡差值为 19.15%，较 2006 年降低 14.04 个百分点。

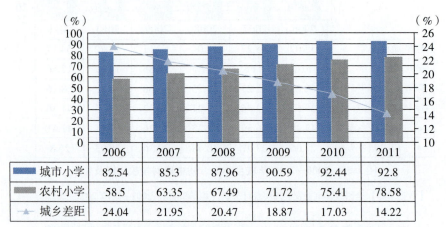

	2006	2007	2008	2009	2010	2011
城市小学	82.54	85.3	87.96	90.59	92.44	92.8
农村小学	58.5	63.35	67.49	71.72	75.41	78.58
城乡差距	24.04	21.95	20.47	18.87	17.03	14.22

图 1.56　2006—2011 年城乡小学大专及以上学历教师比例及差距

【数据来源】全国教育事业发展简明统计分析［内部资料］. 2007 - 2010. 2008 - 2011.

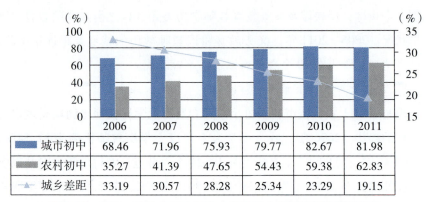

	2006	2007	2008	2009	2010	2011
城市初中	68.46	71.96	75.93	79.77	82.67	81.98
农村初中	35.27	41.39	47.65	54.43	59.38	62.83
城乡差距	33.19	30.57	28.28	25.34	23.29	19.15

图 1.57　2006—2011 年城乡初中本科及以上学历教师比例及差距

【数据来源】全国教育事业发展简明统计分析［内部资料］. 2007 - 2010. 2008 - 2011.

（五）人力资源水平性别差异明显，但呈现逐渐缩小的趋势

人力资源水平性别差异是衡量人力资源水平性别公平的重要指标。在理想状态中，人力资源水平性别比越接近于 1，越表明男女在教育结果上

的平等。数值越偏离 1，则表明男女在教育结果上的差距越大。

1. 女性文盲多于男性文盲，差距缩小的速度相当缓慢

2003—2010 年，文盲的性别差距明显。男女的文盲比最高的年份是 2010 年，但其比值仍然未能达到 0.5，也就是说，女性文盲仍然要比男性文盲多出 1 倍。男女文盲比 2003 年为 0.411，但随后的 6 年中一直没有超越这个比值。说明文盲的性别差距很明显，且差距缩小速度相当缓慢。这和我国文盲的年龄特点、文盲原有基数有关。

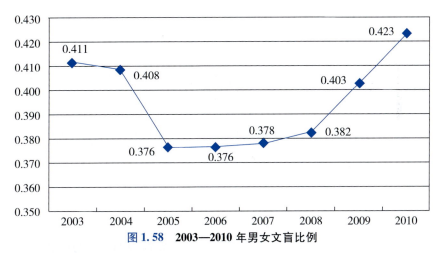

图 1.58　2003—2010 年男女文盲比例

注：文盲包括不识字和识字很少的人。

【数据来源】中国教育统计年鉴 ［M］. 2003–2010. 北京：人民教育出版社，2006–2011.

2. 大专以上学历依然存在着男性高于女性的差距，但性别差距逐步缩小

2010 年，大专以上学历男女比例为 1.133，男生多于女生，是自 2003 年以来大专以上学历男女比例最低的一年。但 2003—2010 年，大专以上学历的性别差距呈下降趋势，从 2003 年的 1.431 下降到 2010 年的 1.133，也就是说，2003 年，有大专以上学历的男生是女生的 1.431 倍，而到 2010 年，则是 1.133 倍。这说明，2003—2010 年，除了 2008 年略比 2007 年略有回升外，男女比越来越接近于 1。这表明，随着我国社会经济的发展和教育事业尤其是高等教育的跨越式发展，我国的大专以上学历性别差距逐步缩小。

图 1.59　2003—2010 年男女大专以上学历比例

【数据来源】中国教育统计年鉴［M］. 2003 – 2010. 北京：人民教育出版社，2004 – 2011.

七、国际教育交流与合作逐步扩大，
国际影响力不断提升

　　2005—2011 年，中国积极开展教育的国际交流与合作，扩大教育服务贸易范围，教育国际化水平有了长足进展，与世界各国的交流与合作日益密切，为服务我国外交总体布局、经济和社会发展及教育改革事业，促进各国人民之间的友谊做出了重要贡献。国际教育交流与合作不断推进，迈上新台阶。来华留学生教育规模持续快速增长，层次结构不断提升，留学生来源地覆盖面逐步扩大。中外合作办学稳步发展，机构和项目覆盖全国大部分省份，层次结构有待提升。孔子学院和课堂规模增长，覆盖的国家增多，初步形成多层次、多样化、广覆盖的发展格局，促进汉语传播和多元文化发展成效显著。

（一）来华留学规模、层次结构不断提升，来源地覆盖面逐步扩大

　　随着中国教育国际化进程加快，2005—2011 年，来华留学生教育发展出现新变化，规模逐年稳步增长，学历层次不断提升，主要来源地覆盖面有所扩大，为促进留学生派出国与中国的友谊与交流合作发挥了积极作用。

1. 来华留学生人数稳步增长，但与国际教育需求差距仍较大

从高等学校来华留学生教育发展规模看，2011 年来华留学生比上年增加 16945 人，增长 13%。来华留学人数每年以万人以上的幅度增加，其中 2010 年增长幅度最大。2005—2011 年，来华留学生人数从 78323 人增加到 147582 人，增长了 0.88 倍。总体看，来华留学生教育发展规模持续稳步增长，为促进母国与中国的友谊和交流合作发挥着积极作用，但与日益增长的国际教育需求差距仍较大。

（人）

图 1.60　2005—2011 年来华留学生在学人数

【数据来源】中国教育统计年鉴［M］. 2005 –2010. 北京：人民教育出版社，2006 – 2011；全国教育事业发展简明统计分析 2011 ［内部资料］. 2012.

2. 来华留学生学历教育与培训人数逐年增加，学历教育比重增长，非学历教育比重下降

从高等学校来华留学生学历教育与培训构成比例看，2011 年学历教育比重比上年略有下降，培训比重略有上升。2011 年学历教育在学人数为 88979 人，占 60.3%，培训在学人数为 58603 人，占 39.7%。2005 年学历教育在学人数为 36386 人，占 46.5%。培训在学人数为 41937 人，占 53.5%。从总体看，2005—2011 年来华留学生层次构成比重学历教育幅度呈上升态势，增长 3.5%；培训幅度呈下降态势，减少 13.8%。来华留学生学历教育中，本科教育仍占主导地位，高层次的硕士与博士教育增长较快。非学历教育中，短期生和普通进修生占较大比例，高级进修生所占比例较小。但在来华留学生在学人数快速增长的同时，教育层次仍有待继续提高。

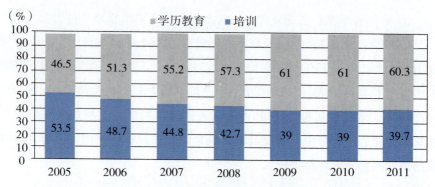

图 1.61　2005—2011 年来华留学生学历教育、培训比重

【数据来源】中国教育统计年鉴［M］. 2005 – 2010. 北京：人民教育出版社，2006 – 2011；全国教育事业发展简明统计分析 2011［内部资料］. 2012.

3. 来华留学生主要来源地是亚洲和欧洲，但非洲和美洲人数增长显著

从高等学校来华留学生来源地及构成比例看，亚洲和欧洲仍是留学生的主要来源地，而来自非洲和美洲留学生人数增长显著。2005—2010 年，来自亚洲的留学生增加了 27484 人、非洲增加了 9374 人、欧洲增加了9079 人、北美洲增加了 4221 人、南美洲增加了 1445 人、大洋洲增加了711 人。但从来华留学生来源地构成比例看，2011 年亚洲占 67.8%、非洲占 9.9%、欧洲占 13.4%、北美洲占 6.9%、南美洲占 1.2%、大洋洲占0.9%。亚洲学生仍占绝大多数，欧洲和非洲增幅较大，其他洲际来源地所占比例较小，来源地的区域性特点明显，形成较强对比。

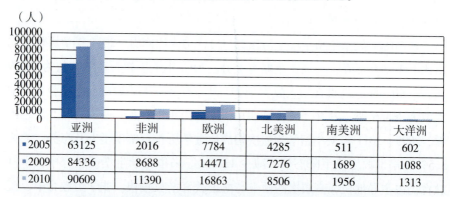

（人）	亚洲	非洲	欧洲	北美洲	南美洲	大洋洲
2005	63125	2016	7784	4285	511	602
2009	84336	8688	14471	7276	1689	1088
2010	90609	11390	16863	8506	1956	1313

图 1.62　2005 年、2009 年、2010 年来华留学生来源地分布

【数据来源】全国教育事业发展简明统计分析 2010［内部资料］. 2011.

（二）中外合作办学机构和项目稳步增加，层次结构有待提升

我国在高等教育、职业教育领域开展中外合作办学，通过国际交流合作、教育服务贸易，进一步扩大教育开放，引进国外优质资源。近年来，教育部根据不同办学主体，以规范中外合作办学行为为重点，组织对中外合作办学机构和项目进行全面审查复核，并致力于创办一批高起点学校，促进了中外合作办学的健康、稳步发展。

1. 办学机构和项目覆盖全国大部分省份，但西部和边疆地区还有空白

中外合作办学以"质量为本、特色为先"为政策导向，把好办学"入口关"。从中外合作办学发展规模和地域分布看，2011年全国共有本科以上中外合作办学机构和项目549个，其中办学机构33个、办学项目516个，办学项目占了绝大多数。覆盖了全国27个省、自治区、直辖市，全国绝大部分地区都有了办学机构或办学项目，但仍有宁夏、新疆、青海、西藏4个省份为空白。其中13个省市有办学机构，27个省份有办学项目。其中，办学机构和项目数位居前10位的是黑龙江、上海、江苏、河南、山东、辽宁、北京、浙江、吉林、湖北，占了全国办学机构和项目总数的4/5，且相对集中在经济、文化较发达的东部沿海省份及大中城市。其中社会影响力较大的如宁波诺丁汉大学、西交利物浦大学等。

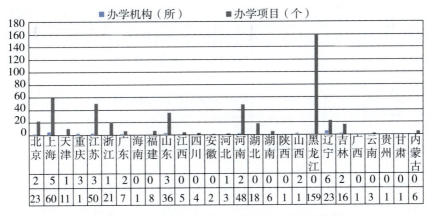

	北京	上海	天津	重庆	江苏	浙江	广东	海南	福建	山东	江西	四川	安徽	河北	河南	湖北	湖南	陕西	山西	黑龙江	辽宁	吉林	广西	云南	贵州	甘肃	内蒙古
办学机构（所）	2	5	1	3	3	1	2	0	0	3	0	0	0	1	2	0	0	0	2	0	6	2	0	0	0	0	0
办学项目（个）	23	60	11	1	50	21	7	1	8	36	5	4	2	3	48	18	6	1	1	159	23	16	1	3	1	1	6

图 1.63　2011 年中外合作办学机构、项目及分布

【数据来源】中外合作办学机构与项目（含内地与港澳台地区合作办学机构与项目）名单（按地区）［EB/OL］. http://www.crs.jsj.edu.cn/index.php/default/news/index/59.

2. 层次结构以本科教育占多数，硕士以上教育相对少，办学层次有待提高

中外合作办学的发展以引进优秀教育资源为核心，加大力度，进一步提升办学层次，探索多种方式的办学模式和途径。从我国目前的中外合作办学层次看，本科教育占多数，本科教育与硕士以上教育数量相差较大。本科教育机构项目有 549 个，硕士以上教育机构项目有 165 个。其中，本科教育居前 10 位的省市为黑龙江、上海、江苏、河南、山东、辽宁、北京、浙江、吉林、湖北。硕士以上教育居前 10 位的省市为北京、上海、天津、浙江、广东、江西、江苏、辽宁、湖北、陕西。其中黑龙江办学数目占第 1，但本科层次有 159 所，硕士以上层次的只有 4 所。2012 年新批准成立的上海纽约大学和筹建的温州肯恩大学、昆山杜克大学、香港中文大学（深圳）等一批学校，成为高起点的中外合作办学学校。

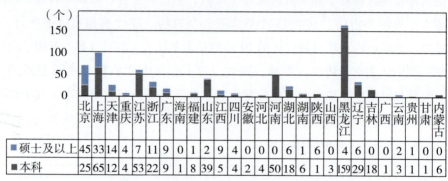

（个）

	北京	上海	天津	重庆	江苏	浙江	广东	海南	福建	山东	江西	四川	安徽	河北	河南	湖北	湖南	陕西	山西	黑龙江	辽宁	吉林	广西	云南	贵州	甘肃	内蒙古
硕士及以上	45	33	14	4	7	11	9	0	1	2	9	4	0	0	6	1	6	0	4	6	0	0	2	1	0	0	
本科	25	65	12	4	53	22	9	1	8	39	5	4	2	4	50	18	6	1	3	159	29	18	1	3	1	1	6

图 1.64　2011 年中外合作办学层次及分布

【数据来源】本科教育中外合作办学机构与项目名单 ［EB/OL］. http：//www. crs. jsj. edu. cn/index. php/default/approval/orglists/2；硕士及以上教育中外合作办学机构与项目名单 ［EB/OL］. http：//www. crs. jsj. edu. cn/index. php/default/approval/orglists/1.

（三）孔子学院遍布世界，汉语国际推广成效显著

在全球化环境下，文明多样性成为共识，加强不同文化之间的了解和理解成为各国谋求发展的共同需求。孔子学院作为传播中华文化的载体，成为各国人民学习汉语言文化、了解当代中国的重要平台，已初步形成多层次、多样化、广覆盖的孔子学院发展格局，成为中华文化走出去的成功

范例。其对弘扬中华语言文化、促进世界多元文化发展和建立各国人民之间的友谊发挥了巨大作用。

1. 孔子学院、孔子课堂规模增长，覆盖国家增多

中国积极走出国门办学，孔子学院在世界各地的发展十分迅速，初步形成多层次、多样化的发展格局。2011年与2010年比较，我国在世界各地已建立的孔子学院由322所增加到358所，孔子课堂由369个增加到500个，分布国家（地区）由96个增加到105个。其中孔子学院增加了36所，孔子课堂增加了131个，分布国家增加了9个。到2011年年底，全球孔子学院注册学员约达50万人。孔子学院发展总体呈上升态势，并充分利用自身优势，开始形成各具特色的办学模式。

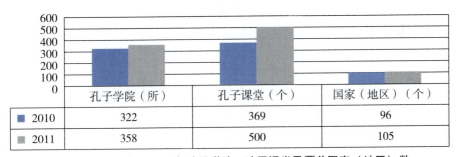

	孔子学院（所）	孔子课堂（个）	国家（地区）（个）
2010	322	369	96
2011	358	500	105

图 1.65 **2010 年、2011 年孔子学院、孔子课堂及覆盖国家（地区）数**

【数据来源】关于孔子学院/孔子课堂［EB/OL］. http：//www. hanban. org/confuciousinstitutes/node_10961. htm.

2. 孔子学院实现全球覆盖，洲际分布美洲最多，大洋洲最少

2010 年中国在世界各地建立了 322 所孔子学院和 369 个孔子课堂，分布在 96 个国家（地区），已覆盖世界五大洲。孔子学院设在 91 个国家（地区）共 322 所，其中，亚洲有 30 国（地区）81 所，非洲有 16 国 21 所，欧洲有 31 国 105 所，美洲有 12 国 103 所，大洋洲有 2 国 12 所。孔子课堂设在 34 个国家，共 369 个，其中，亚洲有 11 国 31 个，非洲有 5 国 5 个，欧洲有 10 国 82 个，美洲有 6 国 240 个，大洋洲有 2 国 11 个。孔子学院和孔子课堂洲际分布为：美洲 343 所（个），欧洲 187 所（个），亚洲 112 所（个），非洲 26 所（个），大洋洲 23 所（个），其规模差距仍较大。

2013 年教育部发布《孔子学院发展规划（2012—2020 年)》，提出通过统筹规划、合理布局，重点建设一批示范孔子学院，在扩大学员规模、提高办学质量、增强社会影响力等方面发挥带动辐射作用。

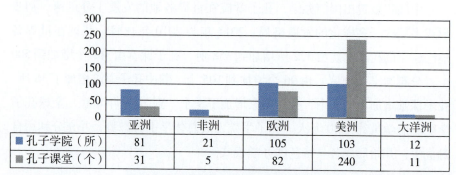

	亚洲	非洲	欧洲	美洲	大洋洲
■ 孔子学院（所）	81	21	105	103	12
■ 孔子课堂（个）	31	5	82	240	11

图 1.66　2010 年孔子学院洲际分布情况

【数据来源】关于孔子学院/孔子课堂［EB/OL］. http：//www. hanban. org/confuciousinstitutes/node_10961. htm.

　　从教育的国际交流与合作的发展情况看，一是要继续提高来华留学工作水平。加强政策引导，扩大来华留学生规模，优化来华留学生结构，完善留学生管理，努力提高教学质量和服务水平。二是要大力提高中外合作办学水平。加强对中外合作办学的整体谋划和分类管理，支持一批高水平中外合作办学机构。突出名牌效应、专业优势和紧缺课程，严格控制低水平重复、缺乏特色、优质资源引进偏少的项目。通过开展评估、社会化认证等方式，整改停办一些水平低、质量差的项目。三是要进一步鼓励和推动高水平教育机构海外办学，加强与整合教育资源、提高专业素质，增加专业教师数量，补充适用教材，不断提高办学质量。

各地区教育的发展水平

  《教育规划纲要》和《国家十二五教育规划》颁布以来，31个省份适应经济社会发展，协调教育内外部关系，坚持优先发展教育，不断调整优化教育规模、布局和结构，提高教育普及水平、办学条件和效益，提高教育质量，促进教育公平，教育整体水平明显提高。但是，由于社会经济发展不平衡，地区之间教育发展水平仍存在差距。

  本章通过测算评价对我国31个省份和东中西3大区域教育综合发展水平进行全面客观的描述和比较，并比较分析各省份教育发展水平与经济发展水平的相关性。在各地区教育综合发展水平分析的基础上，进而对31个省份和东中西部地区的教育机会、教育条件、教育质量、教育公平等方面进行具体描述与分析，以期为各省份明确自身教育发展水平提供参考。由于统计数据出版的滞后性和可获得性，各地区教育发展水平的测算和比较均基于2010年或2011年数据。《教育规划纲要》实施3年以来，各地区教育发展水平快速提升，其状况有待在以后的发展报告中逐步分析。

一、各地区教育综合发展水平比较

  研究表明，3大区域教育综合发展水平东部最高西部最低，中部和西部各有优势。各省份教育综合发展水平差异明显，北京、上海、江苏位列教育发达地区前 3 名。北京、山西、辽宁位列良好均衡型省份前 3 名。经济越发达，教育综合发展水平越高，但经济发展并不一定带来教育公平。

（一）东部教育综合发展水平最高，中西部各有优势

不同地区社会经济条件及各地领导重视程度、财政投入力度、管理水平等方面存在差异，造成了不同地区教育发展程度呈现不同的特点。研究发现，东部教育综合发展水平最高，各项指标省际差异较大；中部教育综合发展水平略低于全国平均水平，各项指标省际差异较小；西部教育综合发展水平最低，教育条件和教育质量省际差异较大。因此，要进一步采取相应措施，在加快发展教育的同时促进地区间的平衡。

1. 东部各项指标最高，中部和西部各项指标上各有优势

统计分析发现，东中西部教育的发展水平具有明显的差别和不同的特点。从东部到西部，教育的发展水平呈现出从高到低的变化趋势，东部地区教育综合发展水平比全国平均水平高 0.074，中部地区教育综合发展水平比全国平均水平低 0.003，而西部地区则比全国平均水平低 0.012。从 4 项具体指数来看，东部 4 项指数均明显高于中西部和全国平均线；中部的教育质量和教育条件指数高于西部；而西部的教育机会和教育公平指数高于中部地区。

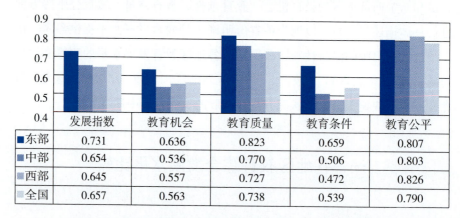

	发展指数	教育机会	教育质量	教育条件	教育公平
东部	0.731	0.636	0.823	0.659	0.807
中部	0.654	0.536	0.770	0.506	0.803
西部	0.645	0.557	0.727	0.472	0.826
全国	0.657	0.563	0.738	0.539	0.790

图 2.1　我国东中西部和全国教育综合发展水平 4 项指标的对比

2. 东部教育综合发展水平和各项指标的省际差异较大

从东部 11 个省份的总体状况来看，东部地区平均水平高于全国平均水平。但各省份之间存在明显的差异，北京、上海、浙江、江苏、天津的发展水平高于全国平均水平和东部平均水平，海南的发展水平在东部地区最低。从 4 项指标来看，11 个省份间的各项发展指标也呈现出较大的差异性。教育机会指数最高的上海（0.785）比最低的海南（0.507）高 0.278；教育质量指数最高的北京（0.971）比最低的海南（0.732）高 0.239；教育条件指数最高的北京（0.853）比最低的海南（0.500）高 0.353；教育公平指数最高的北京（0.885）比最低的广东（0.778）高 0.107。相对而言，各省份教育公平差别较小，而教育机会、教育质量和教育条件差异较大。

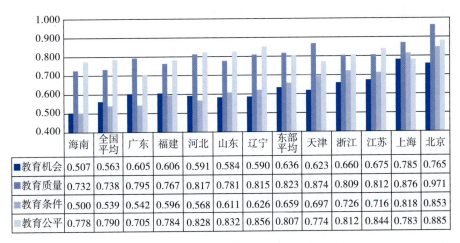

	海南	全国平均	广东	福建	河北	山东	辽宁	东部平均	天津	浙江	江苏	上海	北京
教育机会	0.507	0.563	0.605	0.606	0.591	0.584	0.590	0.636	0.623	0.660	0.675	0.785	0.765
教育质量	0.732	0.738	0.795	0.767	0.817	0.781	0.815	0.823	0.874	0.809	0.812	0.876	0.971
教育条件	0.500	0.539	0.542	0.596	0.568	0.611	0.626	0.659	0.697	0.726	0.716	0.818	0.853
教育公平	0.778	0.790	0.705	0.784	0.828	0.832	0.856	0.807	0.774	0.812	0.844	0.783	0.885

图 2.2 东部 11 个省份教育发展分项指数情况

3. 中部教育发展综合水平和各项指标的省际差异较小

中部地区 8 个省份的教育发展综合水平略低于全国平均水平，省际差别不大。相对而言，吉林、湖北和山西发展较好，高于全国平均水平和东部平均水平，江西和安徽相对较弱。从 4 项指数来看，各项指数相对来说差异较小。教育机会指数最高的河南（0.590）比最低的黑龙江（0.495）高 0.095；教育质量指数最高的吉林（0.789）比最低的安徽（0.741）高 0.048；教育条件指数最高的吉林（0.571）比最低的安徽（0.416）高

0.155；教育公平指数最高的吉林（0.841）比最低的河南（0.733）高
0.108。由此可见，中部地区的4项指数中教育条件差异相对较大，而教育
机会、教育质量和教育公平的差异较小。

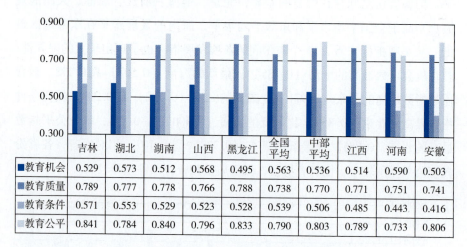

	吉林	湖北	湖南	山西	黑龙江	全国平均	中部平均	江西	河南	安徽
■教育机会	0.529	0.573	0.512	0.568	0.495	0.563	0.536	0.514	0.590	0.503
■教育质量	0.789	0.777	0.778	0.766	0.788	0.738	0.770	0.771	0.751	0.741
■教育条件	0.571	0.553	0.529	0.523	0.528	0.539	0.506	0.485	0.443	0.416
□教育公平	0.841	0.784	0.840	0.796	0.833	0.790	0.803	0.789	0.733	0.806

图2.3　中部8个省份教育发展分项指数情况

4. 西部教育综合发展水平及教育条件和质量的省际差异较大

西部11个省份的教育综合发展指数明显低于全国平均水平，省际差异
也比较大。陕西、重庆和内蒙古高于全国综合水平，其他省份在全国平均
线以下。从4项具体指数来看，各省之间的差异很大。教育机会指数最高
的重庆（0.608）比最低的甘肃（0.487）高0.121；教育质量指数最高的
内蒙古（0.802）比最低的甘肃（0.626）高0.176；教育条件指数最高的
陕西（0.536）比最低的贵州（0.402）高0.134；教育公平指数最高的新
疆（0.914）比最低的贵州（0.746）高0.168。说明西部地区的4项指数
中教育条件和教育质量差异较大，而教育机会和教育公平差异较小。

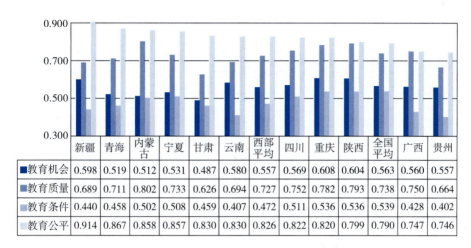

	新疆	青海	内蒙古	宁夏	甘肃	云南	西部平均	四川	重庆	陕西	全国平均	广西	贵州
■教育机会	0.598	0.519	0.512	0.531	0.487	0.580	0.557	0.569	0.608	0.604	0.563	0.560	0.557
■教育质量	0.689	0.711	0.802	0.733	0.626	0.694	0.727	0.752	0.782	0.793	0.738	0.750	0.664
■教育条件	0.440	0.458	0.502	0.508	0.459	0.407	0.472	0.511	0.536	0.536	0.539	0.428	0.402
□教育公平	0.914	0.867	0.858	0.857	0.830	0.830	0.826	0.822	0.820	0.799	0.790	0.747	0.746

图 2.4　西部 11 个省份教育发展分项指数情况

（二）30 个省份教育综合发展水平差异明显，京沪最高贵州最低

依据 2010 年数据，本研究对我国 30 个省份教育发展综合水平进行了比较分析（由于西藏缺少教师学历合格率的城乡差异统计数据，难以计算其教育公平指数，因此不对其进行综合发展水平比较）。统计结果显示，我国 30 个省份教育发展指数从高到低依次排列如下：北京、上海、江苏、浙江、天津、辽宁、山东、河北、福建、重庆、陕西、吉林、湖北、内蒙古、湖南、四川、山西、广东、黑龙江、新疆、宁夏、江西、青海、海南、河南、云南、广西、安徽、甘肃、贵州。教育综合发展水平指数最高的北京市（0.868）比最低的贵州（0.592）高 0.276。

2010 年，我国教育综合发展水平指数为 0.657。按发展指数大小可以将各地区教育发展水平分为三组。教育发达地区（0.7 以上）有 8 个：北京、上海、江苏、浙江、天津、辽宁、山东、河北。教育比较发达地区（0.65—0.699）有 13 个：福建、重庆、陕西、吉林、湖北、内蒙古、湖南、四川、山西、广东、黑龙江、新疆、宁夏。教育发展一般地区（0.6—0.7）有 9 个：江西、青海、海南、河南、云南、广西、安徽、甘肃、贵州。

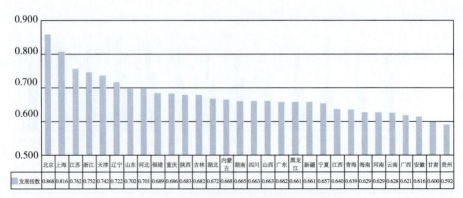

图 2.5　30 个省份教育综合发展水平指数排名

（三）多数省份教育综合发展水平均衡性较好，8 个省份均衡性有待提高

将各省份 4 项指数的排名分别与其综合发展水平指数排名进行比较得到的平均级差值可以反映该省份教育发展的均衡性。

表 2.1　30 个省份教育综合发展水平指数排名与 4 项指标排名级差比较

省份	机会排名	质量排名	条件排名	公平排名	综合排名	级差值
北京	2	1	1	2	1	0.50
天津	5	3	5	26	5	5.75
河北	11	4	10	14	8	3.75
山西	18	19	17	20	17	1.50
内蒙古	26	8	20	4	14	8.50
辽宁	12	5	6	6	6	1.75
吉林	22	11	9	8	12	4.50
黑龙江	29	12	16	10	19	7.25
上海	1	2	2	24	2	5.75
江苏	3	6	4	7	3	2.00
浙江	4	7	3	17	4	4.25

续表

省份	机会排名	质量排名	条件排名	公平排名	综合排名	级差值
安徽	28	23	28	18	28	3.75
福建	7	18	8	22	9	6.25
江西	24	17	22	21	22	2.00
山东	14	14	7	11	7	4.50
河南	13	21	25	29	25	5.00
湖北	16	16	11	23	13	4.50
湖南	25	15	15	9	15	4.00
广东	8	9	12	30	18	9.25
广西	19	22	27	27	27	3.25
海南	27	25	21	25	24	2.00
重庆	6	13	13	16	10	4.00
四川	17	20	18	15	16	2.00
贵州	20	29	30	28	30	3.25
云南	15	27	29	13	26	7.00
陕西	9	10	14	19	11	3.50
甘肃	30	30	23	12	29	6.25
青海	23	26	24	3	23	6.00
宁夏	21	24	19	5	21	5.25
新疆	10	28	26	1	20	10.75

根据级差值的大小，可以将各省份教育发展水平分为 3 种不同的均衡类型。良好均衡型的省份有 7 个，其级差值在 2.0 以下，分别为：北京（0.5）、山西（1.5）、辽宁（1.75）、江苏（2）、四川（2）、江西（2）、海南（2），这些省份的 4 项指数排名相差不大。一般均衡型的省份有 16 个，其级差值为 2.01—6.00，分别为：广西（3.25）、贵州（3.25）、陕西

（3.5）、河北（3.75）、安徽（3.75）、重庆（4）、湖南（4）、浙江（4.25）、山东（4.5）、吉林（4.5）、湖北（4.5）、河南（5）、宁夏（5.25）、上海（5.75）、天津（5.75）、青海（6），这些省份的各项指数排名有明显的差别。不均衡型的省份有7个，其级差值在6.00以上，分别为：福建（6.25）、甘肃（6.25）、云南（7）、黑龙江（7.25）、内蒙古（8.5）、广东（9.25）、新疆（10.75），这些省份各项指数差异都比较大。

表2.2　教育发展均衡性的类型

均衡性	省份（括号内为排名差距）
良好均衡型：7个省份（级差值在2以下）	北京（0.5）、山西（1.5）、辽宁（1.75）、江苏（2）、四川（2）、江西（2）、海南（2）
一般均衡型：16个省份（级差值在2.01—6.00）	广西（3.25）、贵州（3.25）、陕西（3.5）、河北（3.75）、安徽（3.75）、重庆（4）、湖南（4）、浙江（4.25）、山东（4.5）、吉林（4.5）、湖北（4.5）、河南（5）、宁夏（5.25）、上海（5.75）、天津（5.75）、青海（6）
不均衡型：7个省份（级差值在6.00以上）	福建（6.25）、甘肃（6.25）、云南（7）、黑龙江（7.25）、内蒙古（8.5）、广东（9.25）、新疆（10.75）

（四）各省份经济越发达，教育机会、教育质量、教育条件越高，但经济发展与教育公平相关性不大

教育是经济社会发展的重要动力源泉，其对经济发展的影响是巨大的、长期的、潜在的、导向性的。经济发展对教育具有强大的推动作用，可以扩大教育规模，提高教育质量，改善教育条件，二者互为依存，相互促进，具有很强的互动性。本研究发现各省份教育机会、教育质量、教育条件与经济发展状况相适应，但经济发展并不一定促进教育公平。

1. 各省份教育综合发展水平的提高依赖于经济发展状况的改善

从各省份教育综合发展水平与其人均GDP的关系来看，教育综合发展水平最高的北京、上海、江苏、浙江、天津，其人均GDP也均位列前5

位；教育综合发展水平最低的贵州、甘肃、安徽、广西、云南，其人均
GDP 也均最低。进一步回归分析发现，人均 GDP 对教育综合发展水平指数
的回归系数为 0.898，显著性检验发现 T 值为 10.775，达到了显著性水平，
说明人均 GDP 对教育综合发展水平的影响作用明显，表明教育综合发展水
平与经济发展状况相适应。

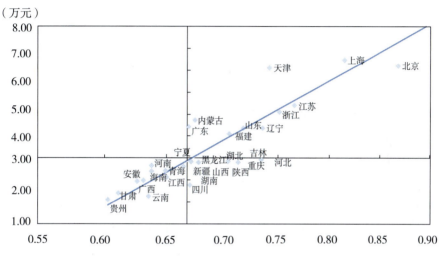

图 2.6　各省份教育综合发展水平与人均 GDP 的关系

2. 经济越发达，教育机会指数越高

从各省份教育机会与其人均 GDP 的关系来看，教育机会指数最高的上
海、北京、江苏、浙江、天津，其人均 GDP 也均位列前 5 位；教育机会指
数最低的甘肃、黑龙江、安徽，其人均 GDP 也均较低。进一步回归分析发
现，人均 GDP 对教育机会指数的回归系数为 0.771，显著性检验发现 T 值
为 6.404，达到了显著性水平，说明人均 GDP 对教育机会的影响作用明显，
这表明教育机会与经济发展状况是基本相适应的。

3. 教育条件的改善依赖于经济发展状况的提高

从各省份教育条件与其人均 GDP 的关系来看，教育条件最好的上海、
北京、浙江、江苏、天津，其人均 GDP 也均位列前 5 位；教育条件最低的
贵州、云南、安徽，其人均 GDP 也均较低。进一步回归分析发现，人均

GDP 对教育条件指数的回归系数为 0.911，显著性检验发现 T 值为 11.666，达到了显著性水平，说明人均 GDP 对教育条件的影响作用明显，表明教育条件的改善依赖于经济发展状况的提高。

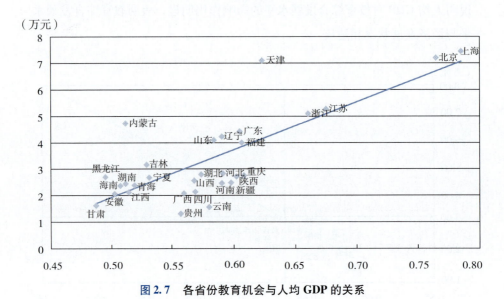

图 2.7 各省份教育机会与人均 GDP 的关系

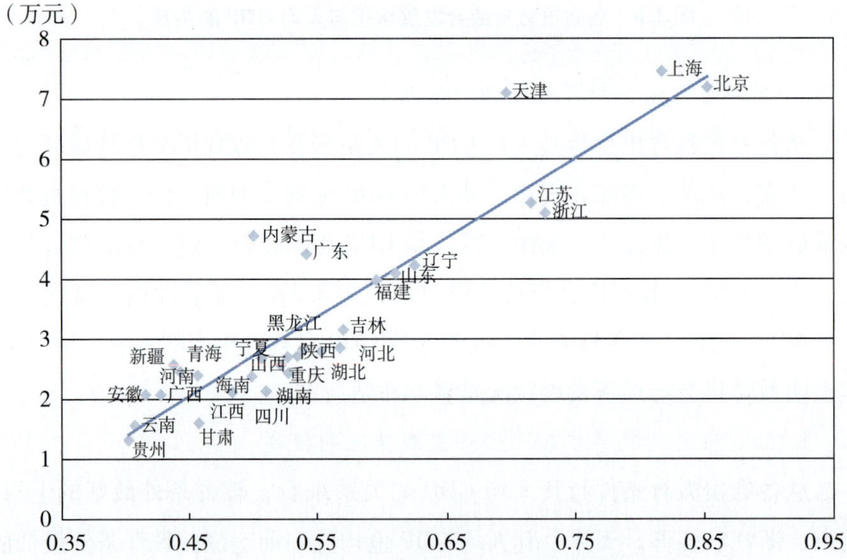

图 2.8 各省份教育条件与人均 GDP 的关系

4. 教育质量与经济发展状况密切相关

从各省份教育质量与其人均 GDP 的关系来看，教育质量最高的北京、上海、天津，其人均 GDP 也均较高；教育质量最低的甘肃、贵州、新疆、云南，其人均 GDP 也均最低。进一步回归分析发现，人均 GDP 对教育质量指数的回归系数为 0.843，显著性检验发现 T 值为 8.287，达到了显著性水平，说明人均 GDP 对教育质量的影响作用明显，教育质量与经济发展状况相适应。

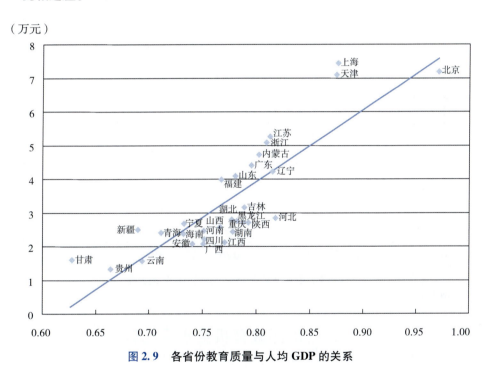

图 2.9　各省份教育质量与人均 GDP 的关系

5. 经济发展并不必然促进教育公平

从各省份教育公平与其人均 GDP 的关系来看，教育公平指数最高的新疆、北京、青海、内蒙古、宁夏，其人均 GDP 并不一定是最高的；教育公平指数最低的广东、河南、贵州，其人均 GDP 也并不是最低的。特别需要指出的是经济发展状况并不是很发达的新疆，其教育公平程度全国最高。而广东作为经济发达地区，其教育公平程度全国最低。进一步回归分析发现，人均 GDP 对教育公平的回归系数为 0.069，显著性检验发现 T 值为 0.365，没有达到显著性水平，说明人均 GDP 对教育公平的影响作用不明显，表明教育公平与经济发展状况并不一致。显然，促进教育公平不取决于经济发展水平，而取决于政府的重视程度以及合理的教育政策和政策的执行力度等。

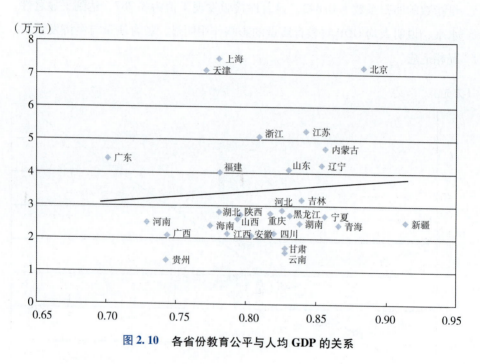

图 2.10　各省份教育公平与人均 GDP 的关系

二、各地区教育机会水平比较

教育机会水平是表征各地区教育事业发展的重要指标。由于数据的有效性和可获得性，本部分仅以各级各类教育规模和入学率为例，分析发现，我国 31 个省份义务教育普及水平的差距在逐步缩小，但学前教育、高等教育、继续教育的差距较为明显。宏观地看，东部的教育机会水平优于中西部；中西部相比，西部的教育普及水平提高较快。

（一）31 个省份学校层次结构均向两端发展，东部优于中西部

到 2010 年，31 个省份的学校层次结构逐步优化，尤其是中西部省份的学前教育和高等教育发展较快，但和东部相比，仍有差距。这表明各地区教育普及总体水平提升，但东部仍优于中西部。

1．31 个省份均已建立了较为完备的教育体系，各级各类教育机会水平整体提高

无论是纵向上的学前教育到高等教育还是横向上的普通教育与职业教育，31 个省份都已经发展、保有了相当的学校数（见图 2.11）。

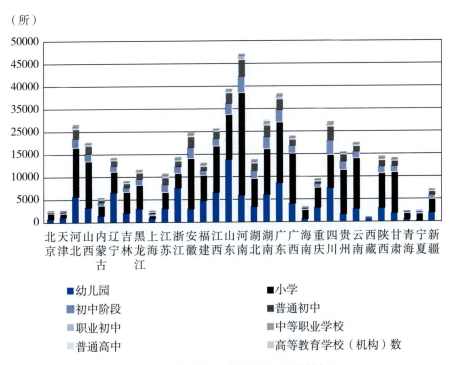

（所）

北京 天津 河北 山西 内蒙古 辽宁 吉林 黑龙江 上海 江苏 浙江 安徽 福建 江西 山东 河南 湖北 湖南 广东 广西 海南 重庆 四川 贵州 云南 西藏 陕西 甘肃 青海 宁夏 新疆

- 幼儿园
- 小学
- 初中阶段
- 普通初中
- 职业初中
- 中等职业学校
- 普通高中
- 高等教育学校（机构）数

图 2.11　2010 年各省份各级各类学校数

【数据来源】中国教育统计年鉴 2010 ［M］. 北京：人民教育出版社，2011.

2010 年，各级各类学校在校生总数排在全国前 3 位的是河南、广东、山东，分别是 27333371 人、26787729 人、20134371 人，是全国各级各类

学校在校生总数的 9%、9%、7%，三者一共占全国教育总规模的 25% 以上。教育规模最小的是西藏、青海和宁夏，各级各类在校生总数分别是 703247 人、1316895 人和 1764415 人，三者一共占全国各级各类学校在校生总数的 1%（见图 2.12）。

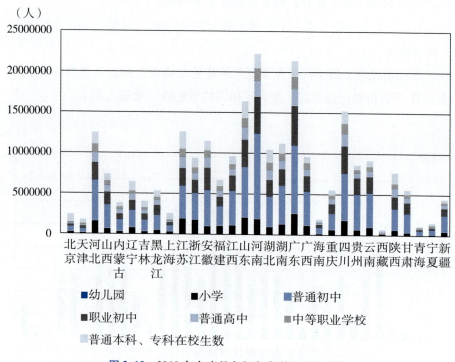

（人）

图例：
■ 幼儿园　　■ 小学　　■ 普通初中
■ 职业初中　　■ 普通高中　　■ 中等职业学校
■ 普通本科、专科在校生数

图 2.12　2010 年各省份各级各类学校在校生数

【数据来源】中国教育统计年鉴 2010［M］．北京：人民教育出版社，2011．

2. 义务教育阶段学生数占整个教育阶段学生数的比例，东部最低、西部最高

从教育比例来看，义务教育阶段的学校数和学生数在各级各类教育中规模比例仍是最大的。但这一比例在东中西部呈现出不同的特点，而且东中西区域内部各省份也存在差异。东部地区的小学在校生数所占在校生总数的平均比重是 34.1%，是 3 个区域中最小的；中部地区的情况介于东部与西部之间，平均比重是 39.4%；西部的比重最高，平均比重是 43.1%。西部地区比东部地区高了9个百分点、比中部地区高了近4个百分点。小学校数排名前3位的是河南、广东、云南，分别是28603所、16806所、14059所；排名后3位的是上海、西藏、天津，分别是766所、872所和956所。

在东中西部区域内部，在整体特征较为一致的条件下，小学在校生数所占在校生总数比例也呈现了地区内部的差异性：东部11个省份中，北京、上海、天津3个直辖市比值最低，分别是26.5%、27.2%、28.1%，远远低于其平均数。海南、河北的比值最高，分别是42.1%、40.1%，不仅远远高于东部的平均值，也高于中部的平均值；中部8个省份中，比值最低前3名是黑龙江34.0%、湖北34.3%、吉林35.5%，比值最高的前3名是河南47.3%、江西43.5%、湖南42.0%；西部12个省份中，比值最低的前3名是陕西34.0%、重庆35.3%、内蒙古36.7%，比值最高的前3名是西藏53.1%、贵州50.1%、青海47.3%（见图2.13）。

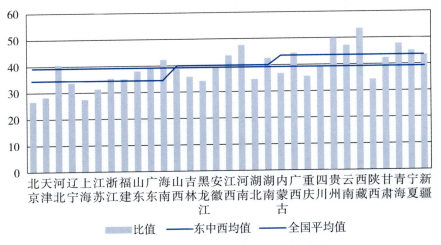

图2.13 2010年各省份小学在校生数占在校生总数比重

【数据来源】中国教育统计年鉴2010［M］. 北京：人民教育出版社，2011.

3. 各地区学前教育和高等教育的规模差距较大，东部最大、西部最小

2010年，幼儿园数排名前3位的是山东、广东和浙江，分别是17751所、11161所、9863所；排名后3位的是西藏、宁夏和青海，分别是119所、373所、599所。

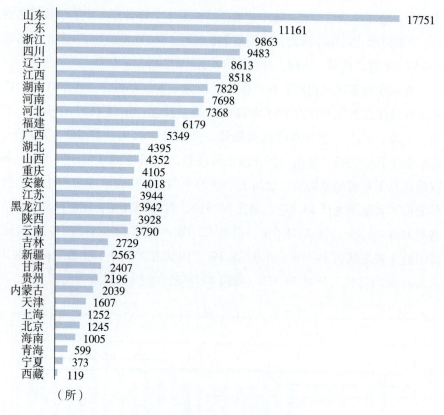

图 2.14　2010 年各省份幼儿园数

【数据来源】中国教育统计年鉴 2010 ［M］. 北京：人民教育出版社, 2011.

　　2010 年，高等教育机构数排名前 3 位的是江苏、山东、广东，分别是
150 所、132 所、131 所，排名后 3 位的是西藏、青海和宁夏，分别是 6
所、9 所、15 所。

　　分区域来看，东部地区的高等教育规模最大、中部次之、西部最小。
东中西部高校学生数占全国高校学生总数的比例分别是 45%、
32%、23%。

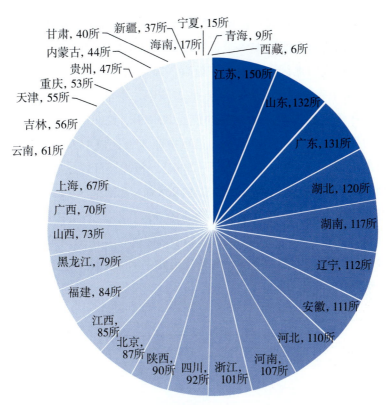

图 2.15　2010 年各省份高等教育学校（机构）数及其占全国的比例

【数据来源】中国教育统计年鉴 2010 ［M］. 北京：人民教育出版社，2011.

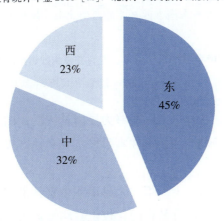

图 2.16　2010 年东中西部地区高等教育规模占全国的比例

【数据来源】中国教育统计年鉴 2010 ［M］. 北京：人民教育出版社，2011.

但各地区内部均存在着差异。东部地区 11 个省份的普通本、专科在校生数占全国的比例均值是 41‰，远远高于中部和西部的均值，但却是 3 大区域中差异最大的地区，其中江苏最高（74‰），海南最低（6‰），极差是 68‰，11 个省份此比例的标准差是 21.7‰。中部地区 8 个省份的普通本、专科在校生数占全国的比例均值是 39.9‰，略低于东部，远高于西部。其内部省份之间的差异较小，是东中西 3 大区域中差异最小的地区，其中河南最高（62‰），吉林最低（24‰），极差是 38‰，远低于东部省份的极差，8 个省份此比例的标准差是 12.8‰。西部地区 12 个省份的普通本、专科在校生数占全国的比例均值是 19.1‰，远远低于东中部。其内部省份之间的差异较大，差异介于东部和中部之间，其中四川最高（50‰），西藏最低（1‰），极差是 49‰，8 个省份此比例的标准差是 14.2‰。

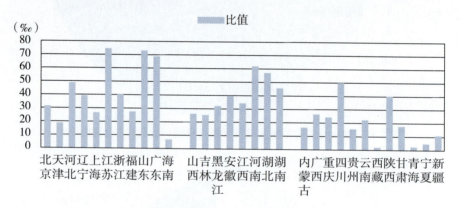

图 2.17　2010 年各地区普通本、专科在校生数占全国总数的比重

【数据来源】中国教育统计年鉴 2010［M］. 北京：人民教育出版社，2011.

上述数据表明，各地区实际能够为周围社区提供的教育资源存在很大差异，尤其是在学前教育与高等教育阶段，东部地区提供的教育机会要优于中西部地区。

东部地区的北京市、上海市、天津市 3 个直辖市教育纵向结构比例呈现出不规则的倒梯形，高等教育的在校生数均远远大于幼儿园阶段的在校生数，大于或接近于小学阶段的在校生数，无论是初中阶段的教育还是高中阶段的教育，都和小学教育阶段相匹配。

中西部地区教育纵向结构比例呈现橄榄形，义务教育阶段在校生明显占多数。河南、安徽、西藏义务教育阶段的在校生数均远远大于幼儿园阶段的在校生数和高中阶段、高等教育阶段的在校生数。学前教育在校生数相对较少，高中阶段的教育规模与初中阶段、小学教育阶段仍不匹配，高中阶段还有待于进一步的发展。

导致这种差别的原因是多方面的。首先，各地区学校数的差异与其人口、经济文化发展、教育决策大有关系。例如，广东、河南、山东3省的人口数分别是9638万人、9487万人和9470万人。河南和山东的人口数非常接近，前者比后者多了17万人，但幼儿园数却差距巨大。2010年，河南的幼儿园数为7698所，山东的幼儿园数是17751所，后者是前者的2.3倍。而河南的小学校数是28603所，山东是12405所，前者又是后者的2.3倍。

学校规模也是影响学校数量的因素之一。学校规模越大，相应来说学校数量就越会减少。在学校规模与学校数量之间保持什么样的张力，10年来各地区有着各自的经验与教训。对这个问题的回答，直接涉及中小学布局如何调整的政策。

4. 城乡、县镇、农村小学校数整体呈减少趋势，大多数省份城镇减幅下降，有些省份回升

2002—2010年，城市、县镇、农村的小学校数量都在减少，但具体状况存在差异。重庆减幅最大。总体而言，全国城市小学校数在整体减少的同时，减幅有逐步下降的趋势。自2009年以来，城市的变化出现新的特点，小学校数总体稳定，北京、宁夏等一些地方数量逐步在回升，2010年的总量高于2002年的水平。

大多数省份县镇小学数量在经过2002—2006年的锐减后，减速逐步趋缓。2002—2010年尤以江西、北京、浙江的降幅最为显著：江西由2002年的5525所下降为2010年的786所，前者是后者的7.03倍，降幅达到了85.78%。浙江由2002年的5822所降至2010年的1362所，前者是后者的4.27倍，降幅达到了76.6%。

（%）

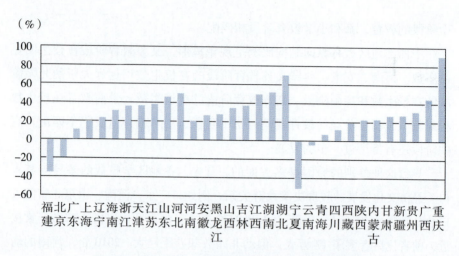

福建 北京 广东 上海 辽宁 海南 浙江 天津 江苏 山东 河北 河南 安徽 黑龙江 山西 吉林 江西 湖南 湖北 宁夏 云南 青海 四川 西藏 陕西 内蒙古 甘肃 新疆 贵州 广西 重庆

图 2.18　2010 年比 2002 年各地区城市小学数减幅情况

【数据来源】中国教育统计年鉴［M］. 2002，2010. 北京：人民教育出版社，2003，2011.

（%）

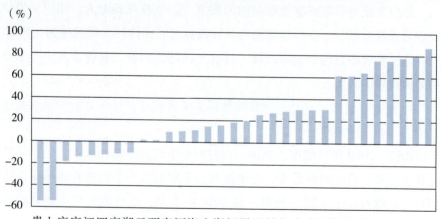

贵州 上海 广西 广东 江苏 四川 宁夏 湖北 云南 西藏 安徽 河南 海南 山东 湖北 福建 黑龙江 天津 甘肃 新疆 吉林 内蒙古 河北 陕西 山西 青海 重庆 辽宁 浙江 北京 江西

图 2.19　2010 年比 2002 年各省份县镇小学数减幅情况

【数据来源】中国教育统计年鉴［M］. 2002，2010. 北京：人民教育出版社，2003，2011.

　　除江西外，全国其余 30 个省份的农村小学数量自 2002 年以来一直处于快速减少的趋势。2010 年与 2002 年相比，降幅超过 50% 的有 12 个省份。其中，东部有北京、河北、辽宁、上海、福建、江苏 6 个省份，降幅分别是

53%、55%、57%、58%、58%、77%；中部有湖南、湖北、山西3个省份，降幅分别是57%、59%、62%；西部有陕西、四川、内蒙古3个省份，降幅分别是65%、71%、75%。中部河南、吉林、安徽、黑龙江，降幅分别为25%、33%、41%、49%，虽然降幅没有超过50%，但是，因为中部省份人口比较集中，原有的农村小学数量巨大，因此，减少的绝对值比较大。以河南、安徽为例，河南2002年有34245所农村小学，到2010年减至25556所，8年间减少8689所，年平均减少1086所。安徽2002年有20303所农村小学，到2010年则减至11950所，8年间减少8353所。

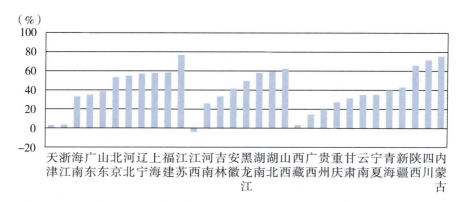

图2.20　2010年比2002年各地区农村小学数减幅情况

【数据来源】中国教育统计年鉴［M］. 2002, 2010. 北京：人民教育出版社, 2003, 2011.

5. 2002—2010年各地区呈现城镇小学生数增加、农村小学生数锐减的趋势

2010年31个省份中城市小学在校生数是18204675人，2002年是17212547人，共增加992128人，增幅为6%。县镇小学2010年在校生数是27700170人，2002年是22937748人，共增加4762422人，增幅为21%。农村小学2010年在校生数是53502198人，2002年是81416791人，共减少27914593人。

2010年与2002年相比，大多数省份城市小学生数比例大幅升高，其中北京城市小学生数比例增幅最大，由占北京小学生总数的45%增至76%，增长了31个百分点；天津、河北、江西、湖北基本保持稳定；只有

上海、重庆两个直辖市有所下降；分地区而言，东部城市增幅较大，中西部地区增幅相对较小。

2010 年与 2002 年相比，各地区县镇小学生数占小学生总数的比重整体上也呈现出上升趋势。除了北京、海南、安徽、内蒙古外，其余省份县镇小学生比例呈上升趋势。其中，四川省增幅最大，由 14% 增至 37%，增长了 23 个百分点。北京、海南的县镇小学生数比例下降幅度最大。分地区而言，东部和中部省份县镇小学生数变化情况较为复杂，西部地区各省份均呈上升趋势。

2010 年与 2002 年相比，各地区农村小学生数占各地全部小学生数的比例呈现下降趋势。除浙江、江西外，其余省份农村小学生比例均有所减少。其中，减幅最大的是江苏省，减幅为 67%。

2010 年，在城市小学在校生数不断增加的趋势下，全国的农村小学在校生数仍是城市与县镇小学生数之和的 1.17 倍。东部 11 个省份中，河北、海南、山东、广东的农村在校生数高于城市和县镇，浙江、福建、天津、上海、北京的农村学生数均低于城市和县镇。中部 8 个省份中，农村在校生数均高于城市在校生数，除吉林外，另外 7 个省份的农村在校在数也高于县镇学生。西部 12 个省份中，内蒙古较为特殊，农村在校生数低于城市和县镇，其比例为 33:40:27。除内蒙古外，其他西部省份的农村在校生数高于城市。东部地区城市在校生数的比例明显高于中部和西部。2010 年，城市小学在校生数比例前 5 名是北京（76%）、辽宁（39%）、上海（37%）、天津（36%）、福建（34%），全部是东部省份；后 5 名是广西（9%）、西藏（9%）、贵州（9%）、江西（8%）、云南（7%），4 个西部省份，1 个中部省份。

■城市 ■县镇 ▲农村

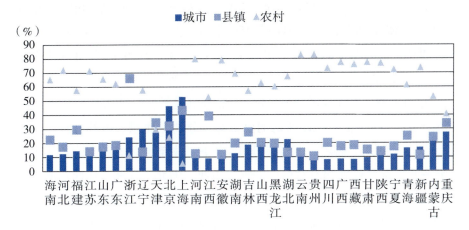

图2.21　2002年各省份城乡小学生数比例

【数据来源】中国教育统计年鉴2002［M］. 北京：人民教育出版社，2003.

■城市 ■县镇 ▲农村

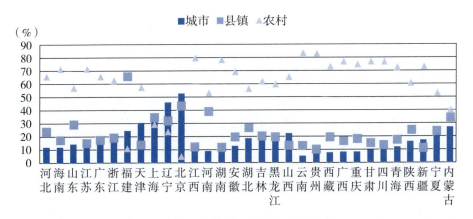

图2.22　2010年各省份城乡小学生数比例

【数据来源】中国教育统计年鉴2010［M］. 北京：人民教育出版社，2011.

（二）31个省份学前教育普及水平快速提高，上海、江苏、浙江和天津超过90％

2010年，共有20个省份的学前教育毛入园率实现了"十一五"教育规划纲要提出的2010年全国"学前三年毛入园率达到55％以上"的目标。

其中，有4个省份超过90%，分别是上海（98%）、江苏（95.6%）、浙江（95%）、天津（91.5%）。但仍有35%的省份的学前三年毛入园率没有达标。其中，广西与上海相差43.9个百分点，西藏与上海相差73.5个百分点（见图2.23）。

总的来看，东部地区学前三年毛入园率普遍较高，东部地区有10个省份实现了"十一五"教育规划纲要目标，分别是北京、天津、辽宁、上海、江苏、浙江、福建、山东、广东、河北；中部地区有4个省份实现了"十一五"教育规划纲要目标，分别为山西、湖北、吉林、江西；西部地区有6个省份实现了"十一五"教育规划纲要目标，分别是重庆、四川、陕西、内蒙古、新疆、贵州，且四川、陕西、内蒙古学前三年毛入园率高于中部达标省份（山西、湖北、吉林、江西）。

（三）25个省份小学净入学率均有提高，西部地区提高幅度最大

2011年与2007年相比，25个省份小学净入学率均有提高，其中西部地区提升幅度最大，从2007年的98.90%增加到2011年的99.53%，提高了0.63个百分点。值得注意的是，上海市和浙江省的小学净入学率持续保持100%的高水平。此外，还有北京、山东、海南、安徽、江西和西藏6省份，小学净入学率略有下降（见图2.24）。

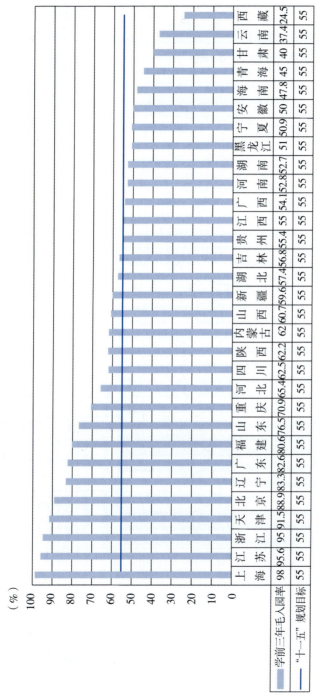

图2.23　2010年各省份学前三年毛入园率

注：个别省份的数据有出入，可能是由统计口径不同造成的。

【数据来源】各省份学前三年行动计划中相关数据。

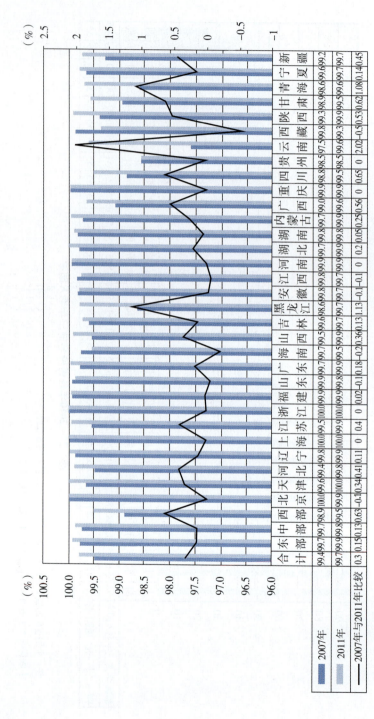

图2. 24 2007年与2011年各地区小学净入学率差距比较

【数据来源】全国教育事业发展简明统计分析［内部资料］. 2007，2011. 2008，2012.

（四）各省份高中教育毛入学率存在明显差异，北京、辽宁、天津位列前3位

2011年，在查找到数据的17个省份中，有8个省份的高中教育毛入学率已经提前实现"十二五"教育规划目标（87%），依次为北京、辽宁、天津、黑龙江、内蒙古、广东、河北、湖南。但仍有5个省份的高中教育毛入学率仍未达到"十一五"教育规划目标（80%），相差2.6—21.1个百分点。其中，甘肃、云南、贵州3个省份的高中教育毛入学率与"十一五"教育规划目标相差9个百分点以上。

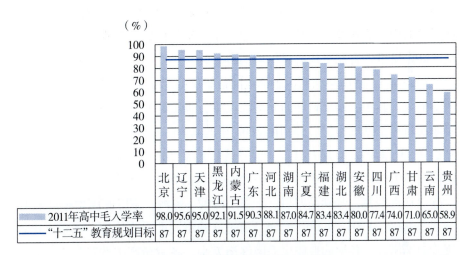

（%）	北京	辽宁	天津	黑龙江	内蒙古	广东	河北	湖南	宁夏	福建	湖北	安徽	四川	广西	甘肃	云南	贵州
2011年高中毛入学率	98.0	95.6	95.0	92.1	91.5	90.3	88.1	87.0	84.7	83.4	83.4	80.0	77.4	74.0	71.0	65.0	58.9
"十二五"教育规划目标	87	87	87	87	87	87	87	87	87	87	87	87	87	87	87	87	87

图2.25　2011年各省份高中毛入学率

【数据来源】《中国教育报》2011年5月28日至2012年9月29日相关报道。

（五）31个省份高中阶段职业教育规模逐步扩大，普职比省际差异逐步缩小

2002—2010年，31个省份高中阶段教育规模逐步扩大，普及水平不断提高，中等职业教育得到了大力发展，但高中阶段普职结构仍然存在着区域间和省际的差异。

2002年，全国高中阶段普职比平均是1.63，最低的是天津，为0.84。

而青海的普职比最高，普通高中在校生是中等职业学校学生的3.51倍。山西、内蒙古、吉林、黑龙江、江苏、江西、湖北、广西、海南、四川、贵州、甘肃、青海、宁夏、新疆15个省份高于全国平均值，上海、安徽恰恰就在平均线上，北京、天津、河北、辽宁、浙江、福建、山东、河南、重庆、云南、陕西、西藏等12个省份低于平均线。

就区域比较而言，2002年，高中阶段的普职比情况是：东部地区最低，中部地区次之，西部地区最高。东部地区各省份间的差距较小，呈现出较多的一致性。东部11个省份中，只有海南和江苏高于全国平均水平。西部地区各省份之间的差距很大，呈现出更多的不一致性。2003年，全国平均值降到了1.56，西藏也有了6718名在校生，全国31个省份都有了不同规模的中等职业教育在校生；各地与全国平均值的离散程度降低了，各地的高中阶段的普职结构有更加均衡的趋向。

2010年与2002年相比，东部地区普职比的变化幅度最小，中部次之，西部最大。其中，东部地区的北京、天津、浙江是31个省份中仅有的3个普职比略有上升的省份，分别由2002年的0.86、0.84、1.14上升到2010年的0.93、1.27、1.17；辽宁、上海略有下降，分别下降0.09、0.15；下降幅度最大的省份均在中西部，一个是中部的湖北，下降了1.22，其余4个省份均在西部，分别是四川、宁夏、西藏、青海，下降幅度均超过了1，分别是1.00、1.04、1.06、2.56。通过这种不同的升降协调，普职比比值逐步向1靠近，各地的普职比差距逐渐缩小。各省份高中教育阶段普通教育规模和职业教育规模逐步实现大体相当的政策目标。

2002—2010年，高中阶段普职比的东中西部地区差异缩小，东部优于中西部。2010年，分地区高中阶段普职比的发展趋势是：东部地区的平均值略低于全国的平均值，中部地区高于全国平均值，西部地区均值最高，高于东部、中部，也高于全国平均值。

图 2.26　2002 与 2010 年各省份高中阶段普职比

【数据来源】中国教育统计年鉴［M］. 2002，2010. 北京：人民教育出版社，2003，2011；中国劳动统计年鉴［M］. 2003，2011. 北京：中国统计出版社，2003，2012.

由 2010 年的数据分析可知，东部地区高中阶段普通教育与职业教育在校生数的平均比值是 1.06，低于全国均值。也就是说，东部职业教育与普通高中的在校生规模差距最小，东部 11 个省份中，高于全国平均线的有天津、辽宁、浙江、福建，其余 7 个省份均低于全国均值和东部均值，北京、上海、广东、海南 4 个省份的值略低于 1，分别是 0.93、0.97、0.91、0.94，其中等职业学校在校生数略高于普通高中；河北、山东、江苏的普职比分别是 1.00、1.00、1.02，普通教育与中等职业教育规模比例保持在 1:1。就东部区域的内部差异而言，其极差是 0.44，其标准差是 0.140，这表明 11 个省份间也存在着不小的差距（见图 2.27）。

中部区域高中阶段普通教育与职业教育在校生数的平均比值是 1.16，高于全国均值。也就是说，中部 8 个省份职业教育与普通高中的在校生规模差距整体上要比东部大。其中，只有江西（0.94）、河南（1.00）2 个省份略低于全国平均值，湖南（1.09）略高于全国平均值，而其余的 5 个省份均高于全国平均线，吉林最高（1.39），安徽、黑龙江、山西、湖北次之。就中部区域的内部差异而言，其极差是 0.45，其标准差是 0.145，均稍高于东部区域，这表明中部地区各省份间在普职结构上也存在着差距，且差距大于东部地区各省份间的差距（见图2.28）。

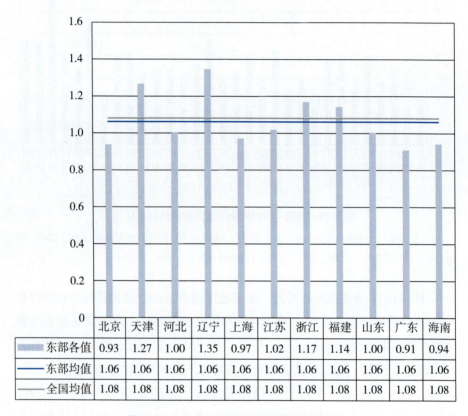

	北京	天津	河北	辽宁	上海	江苏	浙江	福建	山东	广东	海南
东部各值	0.93	1.27	1.00	1.35	0.97	1.02	1.17	1.14	1.00	0.91	0.94
东部均值	1.06	1.06	1.06	1.06	1.06	1.06	1.06	1.06	1.06	1.06	1.06
全国均值	1.08	1.08	1.08	1.08	1.08	1.08	1.08	1.08	1.08	1.08	1.08

图 2.27　2010 年东部地区高中阶段普职比

【数据来源】中国教育统计年鉴 2010 ［M］．北京：人民教育出版社，2011；中国劳动统计年鉴 2011 ［M］．北京：中国统计出版社，2012.

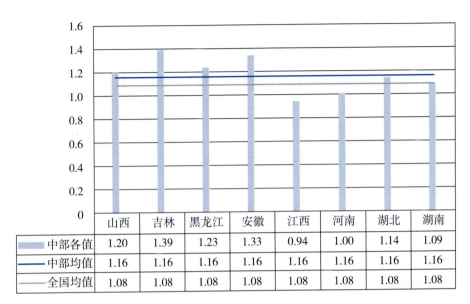

图 2.28　2010 年中部地区高中阶段普职比

【数据来源】中国教育统计年鉴 2010［M］. 北京：人民教育出版社，2011；中国劳动统计年鉴 2011［M］. 北京：中国统计出版社，2012.

　　西部高中阶段普通教育与职业教育在校生数的平均比值是 1.24，远远高于全国均值，高于中部均值和东部均值。也就是说，西部 12 个省份职业教育与普通高中的在校生规模差距整体上要比东中部大。在 12 个省份中，有内蒙古、重庆、贵州、重庆、宁夏、甘肃、新疆 7 个省份高于全国均值。其中，甘肃（1.48）、新疆（1.48）、贵州（1.51）、西藏（1.80）的比值远远高于全国均值，基本上在 2005 年全国均值的上下徘徊。广西、云南、青海、四川、陕西 5 个省份低于全国均值，广西最低（0.82），也是全国的最低值，是全国唯一一个中等职业学校在校生明显多于普通高中在校生的省份。就西部区域的内部差异而言，其极差是 0.98，其标准差是 0.279，这表明西部地区各省份间在普职结构上也存在着较大差异，且差异远远高于东部和中部地区（见图 2.29）。

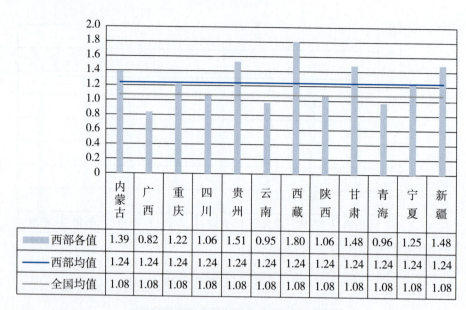

	内蒙古	广西	重庆	四川	贵州	云南	西藏	陕西	甘肃	青海	宁夏	新疆
西部各值	1.39	0.82	1.22	1.06	1.51	0.95	1.80	1.06	1.48	0.96	1.25	1.48
西部均值	1.24	1.24	1.24	1.24	1.24	1.24	1.24	1.24	1.24	1.24	1.24	1.24
全国均值	1.08	1.08	1.08	1.08	1.08	1.08	1.08	1.08	1.08	1.08	1.08	1.08

图 2.29　2010 年西部地区高中阶段普职比

【数据来源】中国教育统计年鉴 2010 ［M］. 北京：人民教育出版社，2011；中国劳动统计年鉴 2011 ［M］. 北京：中国统计出版社，2012.

（六）各省份高等教育普及水平实现大众化，京津沪实现普及化

各省份高等教育规模在稳步提升的基础上仍有差距，全国高等教育普及水平已全面实现大众化。其中北京、天津和上海高等教育毛入学率分别超过了 50%，实现普及化。

2011 年，在查找到数据的 22 个省份中，有 4 个省份的高等教育毛入学率提前实现"十二五"教育规划目标（36%），分别为北京、浙江、辽宁、江苏。但仍有河南、安徽、贵州、甘肃、广西、云南 6 个省份的高等教育毛入学率与"十一五"高等教育规划目标（25%）相差 0.37—4.98 个百分点（见图 2.30）。

图 2.30　2011 年各省份高等教育毛入学率

【数据来源】《中国教育报》2011 年 5 月 28 日至 2012 年 10 月 30 日相关报道。

（七）各地区继续教育培训规模差距较大，中部落后于东西部

2010 年，各地区成人教育培训规模均有发展，但各地无论是成人中等教育培训还是高等教育培训都存在较大差异。成人中等教育培训规模东部最大，西部次之，中部最小，且这种差距呈现出逐年扩大的趋势。高等非学历教育与培训规模各地区在整体增长的同时同样存在较大差异。东部地区的高等非学历继续教育与培训在全国处于领先地位，但东部地区 11 个省份的非学历继续教育与培训发展并不均衡。中部地区的非学历继续教育与培训在全国处于落后地位，8 个省份内部差异相对较低。西部均值约等于全国均值，但西部地区 12 个省份并不一致，存在着较大的差距。

1. 成人中等教育培训规模省际差距较大，江苏最大，西藏最小

2010 年成人中等教育培训规模排在前 3 位的是江苏、河南和云南，注册人数分别是 6036096 人次、4494382 人次、4142490 人次；排在后 3 位的是西藏、海南和宁夏，分别是 1419 人次、61479 人次和 111194 人次。湖北、重

庆、陕西、新疆、上海、山西、贵州、辽宁、四川、河北、山东 11 个省份
在平均线附近，而西藏、海南、宁夏等 15 个省份低于全国平均线，江苏、
河南等 5 个省份高于全国平均线。值得注意的是，云南不仅在 2010 年，而且
在 2002 年以来的 10 年里一直保持着前 3 的位置（见图 2.31）。

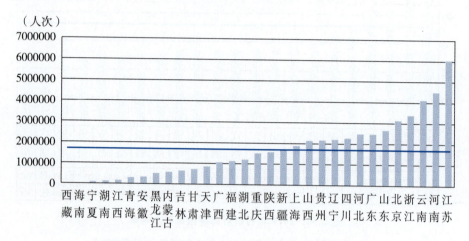

图 2.31 2010 年各省份成人教育与培训注册学生数

【数据来源】中国教育统计年鉴 2010 ［M］. 北京：人民教育出版社，2011.

2. 大多数地区成人中等教育培训规模变化幅度不大，呈现相对稳定的
样态

2010 年与 2005 年相比，东部地区北京、天津、江苏等 6 个省份的成
人中等教育培训规模出现了增长，而河北、山东等省份呈现出小幅度的下
降。中部 8 个省份中，山西、河南、湖北 3 个省份呈现明显增长，其余 5
个省份均有小幅度的下降。西部省份只有云南、新疆呈现明显的增长，而
其余 10 个省份均呈现出小幅度的下降（见图 2.32）。

3. 东部成人中等教育培训的规模最大，西部次之，中部最小，且这种
差距呈现出逐年扩大的趋势

2005 年，东中西部地区中等教育培训的注册人数分别是 24542022 人
次、9613701 人次、18681841 人次，东部是中部的 2.55 倍、西部的 1.31
倍。到 2010 年，东中西部地区的注册人数分别是 26605327 人次、9844090
人次、16469711 人次，东部是中部的 2.70 倍、西部的 1.62 倍。

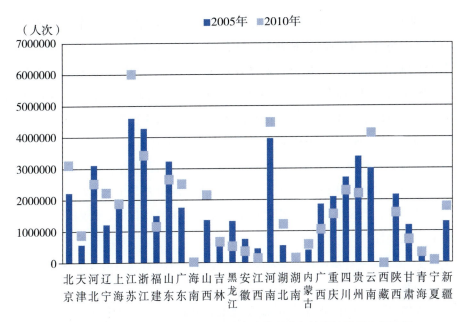

图 2.32 2005 年与 2010 年各省份成人中等教育与培训注册学生数比较

【数据来源】中国教育统计年鉴 2010［M］. 北京：人民教育出版社，2011.

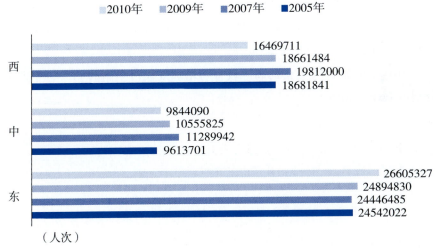

图 2.33 2005 年、2007 年、2009 年、2010 年各地区成人中等教育培训注册人数

【数据来源】中国教育统计年鉴 2010［M］. 北京：人民教育出版社，2011.

2005 年以来，东部地区的中等非学历教育培训规模发展整体呈现出稳中有增的态势，但内部也有差异。东部的 11 个省份中，北京、天津、辽宁、上海、江苏、广东 6 个省份增长明显，河北在 2005—2009 年一直稳定，2010 年有所下降，浙江、福建、海南、山东呈现逐年小幅下降的态势。中部总体呈现出无规律的浮动态势，8 个省份中，黑龙江、安徽、江西、湖南的这一特征表现得最为显著，山西逐年有所上升，吉林、河南、湖北则是有升有降。西部地区整体也呈现出上下浮动的趋势，12 个省份中，广西、重庆、四川、贵州、西藏、甘肃、内蒙古 7 个省份明显地表现出下降趋势；但云南、宁夏则逐年有所增长，陕西、青海、新疆呈现出较明显的波动性。

4. 高等非学历教育规模各地区差异巨大，排名前 3 位的是上海、北京和浙江

2010 年，全国高等非学历教育规模排在前 3 位的是上海、北京和浙江，排在后 3 位的是西藏、内蒙古和青海。仅上海和北京（共 1588463 人），就占了全国（3328944 人）的 47.7%。其中，上海高等非学历教育规模远远高于其他省份，是第 2 名北京市的 2.8 倍。而西藏、内蒙古、青海三者之和仅是全国的 0.36%，西藏、内蒙古、青海、海南、吉林、黑龙江 6 个省份之和是全国的 1.25%。

2010 年东部 11 个省份的高等教育与培训规模占全国的 71%，中西部分别占 16%、13%。

图 2.34　**2010 年各省份成人高等教育与培训规模**

【数据来源】中国教育统计年鉴 2010 ［M］．北京：人民教育出版社，2011.

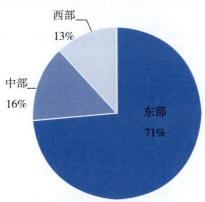

图 2.35　**2010 年各地区成人高等教育与培训规模比例**

【数据来源】中国教育统计年鉴 2010 ［M］．北京：人民教育出版社，2011.

5. 各省份成人高等教育与培训规模在不同年份略有变化，但在全国的排名基本保持稳定

上海、北京、浙江一直保持着前3名的规模优势，而西藏、青海、内蒙古等地一直处于规模排名的末尾。

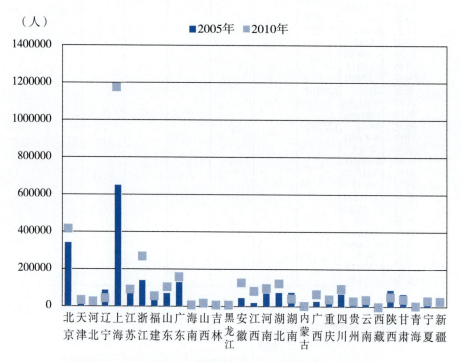

图2.36　2005年与2010年各省份成人高等教育培训规模比较

【数据来源】中国教育统计年鉴［M］. 2005，2010. 北京：人民教育出版社，2006，2011.

6. 各地区继续教育人数与劳动人口比差距较大，排名前3位的是北京、上海和云南

2010年，我国继续教育人数与劳动人口的比，排名前3位的是北京、上海和云南，北京最高，比值为0.231，15—59岁的劳动人口中，每百人平均有23.1个人参加了非学历的教育与培训。上海的比值为0.177，15—59岁的劳动人口中，每百人平均有17.7人参加了教育与培训。云南的比值为0.133。排名后3位的是西藏、湖南和海南，其比值分别是0.001、

0.005、0.011，15—59 岁的劳动人口中，三地分别平均每百人有 0.1 人、0.5 人、1.1 人参加了非学历教育（见图 2.37）。

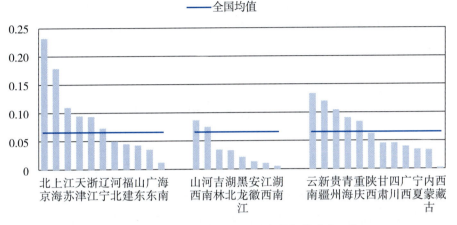

图 2.37　2010 年各地区继续教育人数与劳动人口比

【数据来源】中国教育统计年鉴 2010［M］．北京：人民教育出版社，2011.

就区域而言，东部继续教育人数与劳动人口比的平均数是 0.087，高于全国均值 0.065。其中，排名前 3 位的分别是北京、上海和江苏，比值分别是 0.231、0.177、0.110，排名后 3 位的分别是海南、广东、山东，比值分别是 0.011、0.035、0.042。最高的北京比最低的海南要高出 0.220。这表明：就整体而言，东部地区的非学历继续教育与培训在全国处于领先地位，但东部地区 11 个省份的非学历继续教育与培训发展并不均衡，存在着较大的差距。

中部地区继续教育人数与劳动人口比的平均数是 0.034，远低于全国均值 0.065。其中，排名前 3 位的分别是山西、河南和吉林，分别是 0.085、0.074、0.033，排名后 3 位的分别是湖南、江西和安徽，分别是 0.005、0.009、0.013。最高的山西比最低的湖南高出 0.080。这表明：就整体而言，中部地区的非学历继续教育与培训在全国处于落后地位，不仅低于全国的平均值、东部的平均值，而且低于西部的平均值。中部 8 个省份内部的继续教育人数与劳动人口比差异相对而言并不大。

西部继续教育人数与劳动人口比的平均数是 0.065，和全国均值相当。

其中，排名前 3 位的是云南、新疆和贵州，比值分别是 0.133、0.120、0.104，排名后 3 位的分别是西藏、内蒙古、宁夏，分别是 0.001、0.033、0.033。最高的云南比最低的西藏高了 0.132。这表明：就整体而言，西部地区的非学历继续教育与培训在全国处于居中的位置，但西部地区 12 个省份的非学历继续教育与培训发展并不均衡，存在着较大的差距。

三、各地区教育条件水平比较

2007—2011 年，31 个省份财政性教育经费不断增长，各级教育生均经费逐年增加，但省际差异仍然明显，东部发达地区高于中西部地区，中部人口大省普遍偏低。各省份中小学专任教师数量有升有降，生师比有降有升，省际差异较大；普通高等学校专任教师队伍不断扩大，生师比有降有升，省际差异不大。多数省份学校基础设施有所改善，教育信息化建设加快，但各级学校各具特色。

（一）31 个省份财政性教育经费不断增长，青海、天津、陕西增速最快

2007—2011 年，31 个省份财政性教育经费不断增长。财政性经费总量最大的始终是广东、江苏、山东、北京 4 个省份，增长幅度最大的是青海、天津、陕西，增幅分别为 262.55%、194.20%、178.10%。增长幅度最小的是西藏、上海、黑龙江，增幅分别为 98.85%、95.66%、94.34%。

（二）多数省份各级教育生均教育经费不断增加，但省际差距明显

1. 31 个省份幼儿园生均教育经费有增有减，省际差距较大

中部地区幼儿园生均教育经费明显低于东部地区和西部地区。2011 年相比于 2007 年，13 个省份幼儿园生均教育经费增加，18 个省份减少。增幅最大的是西藏、安徽、陕西，增幅分别为 257.33%、76.25%、31.10%。减幅最大的是辽宁、广东、黑龙江、福建，减幅分别为 80.66%、70.11%、66.93%、66.25%。

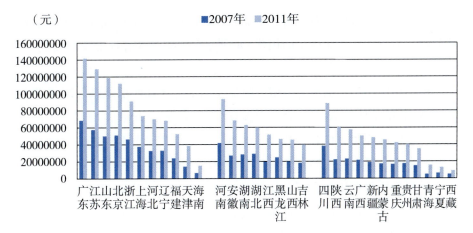

图 2.38　2007 年与 2011 年各省份财政性教育经费比较

【数据来源】中国教育经费统计年鉴［M］．2008，2012. 北京：中国统计出版社，2009，2013.

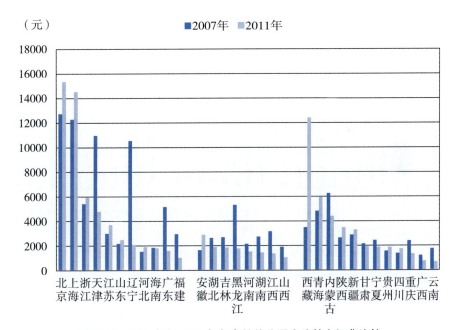

图 2.39　2007 年与 2011 年各省份幼儿园生均教育经费比较

【数据来源】中国教育经费统计年鉴［M］．2008，2012. 北京：中国统计出版社，2009，2013.

幼儿园生均教育经费的省际差距较大，2011 年最高的北京、上海、西藏超过了 10000 元，而最少的福建、山西、广西、云南尚不足 1000 元。

2. 31 个省份小学生均教育经费普遍增加，省际差距仍然较大

中部地区小学生均教育经费明显低于东部地区和西部地区。2011 年相比于 2007 年，31 个省份小学生均教育经费都有较大增长，增幅最大的是海南、青海、天津，增幅分别为 218.67%、202.21%、189.26%，增幅最小的是上海、黑龙江，增幅分别为 55.85%、78.79%。

小学生均教育经费省际差距仍然较大，北京、上海超过 20000 元，天津、西藏、内蒙古、江苏、青海超过 10000 元，云南、湖南、广西、湖北、江西不足 5000 元，贵州、河南不足 4000 元。

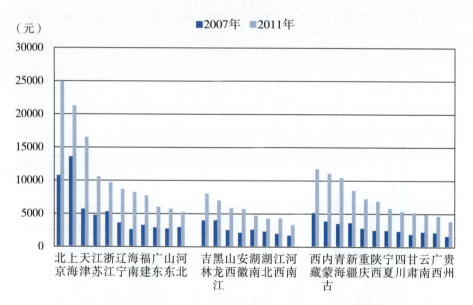

图 2.40　2007 年与 2011 年各省份普通小学生均教育经费比较

【数据来源】中国教育经费统计年鉴［M］. 2008，2012. 北京：中国统计出版社，2009，2013.

3. 31 个省份初中生均教育经费普遍增长，省际差距仍然较大

中部地区普通初中生均教育经费明显低于东部地区和西部地区。2011 年相比于 2007 年，31 个省份初中生均教育经费都有增长，增幅在 200% 以

上 的 是 青 海、陕 西、天 津、海 南、安 徽，增 幅 分 别 为 257.71%、243.35%、241.32%、217.91%、211.32%。增幅在 100% 以下的是西藏、上海、广东、浙江，增幅分别为 53.67%、60.37%、64.02%、89.01%。

初中生均教育经费省际差距仍然较大，北京、上海、天津超过 20000 元，江西、河南、贵州尚不足 6000 元。

图 2.41　2007 年与 2011 年各省份普通初中生均教育经费

【数据来源】中国教育经费统计年鉴［M］. 2008，2012. 北京：中国统计出版社，2009，2013.

4. 31 个省份高中生均教育经费普遍增加，但省际差距持续扩大

中部地区普通高中生均教育经费明显低于东部地区和西部地区。2011 年相比于 2007 年，31 个省份高中生均教育经费都有增长，增幅最大的是青海、北京、内蒙古，增幅分别为 276.96%、152.64%、146.54%。增幅最小的是吉林、浙江、广东，增幅分别为 52.72%、44.34%、40.61%。

普通高中生均教育经费的省际差距持续扩大。北京、上海、天津都超过 20000 元，而江西、河南、贵州尚不足 6000 元。2007 年北京比贵州多14983.86 元，到 2011 年则多 33219.61 元。

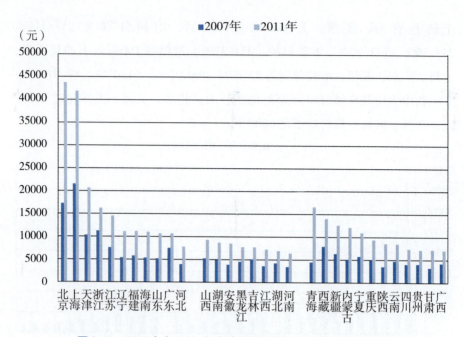

图 2.42　2007 年与 2011 年各省份普通高中生均教育经费比较

【数据来源】中国教育经费统计年鉴［M］. 2008，2012. 北京：中国统计出版社，2009，2013.

5. 大多数省份中等职业学校生均教育经费增加，省际差距仍然较大

中部地区中等职业学校生均教育经费明显低于东部地区和西部地区。2011 年相比于 2007 年，30 个省份中等职业学校生均教育经费增长，增幅最大的是天津、安徽、陕西、内蒙古、北京，增幅为 151.78%、143.77%、136.21%、123.83%、102.02%，增幅最小的是浙江、重庆、广东，增幅分别为 40.63%、40.22%、23.64%。海南减少了 23.58%，但其生均经费的绝对数仍较大。2007 年，海南中等职业学校生均经费为 12225.69 元，排在全国第 3 位，2011 年为 9342.98 元，排在第 19 位。

中等职业学校生均教育经费的省际差距仍然较大，北京、上海、天津超过 20000 元，而江西、河南、河北、贵州、湖北尚不足 8000 元。

6. 大多数省份普通高等学校生均教育经费增加，省际差距仍然很大

中部地区普通高等学校生均教育经费略低于东部和西部地区。2011 年

相比于 2007 年，30 个省份普通高等学校生均教育经费增长，增幅最大的是宁夏、内蒙古、陕西、青海、新疆，增幅分别为 194.73%、120.89%、110.39%、103.64%、101.95，都在 100% 以上。增幅最小的是福建、海南、江西、浙江，增幅分别为 28.61%、26.06%、25.80%、20.88%，都在 30% 以下。广东减少了 23.58%，但其生均经费的绝对数仍较大。2007 年广东普通高等学校生均经费为 25433.51 元，排在全国第 2 位，2011 年为 22902.10 元，排在第 11 位。

地方普通高等学校生均教育经费省际差距很大，北京超过 50000 元，上海超过 40000 元，宁夏、西藏超过 30000 元，而山西、河南、江西尚不足 15000 元。

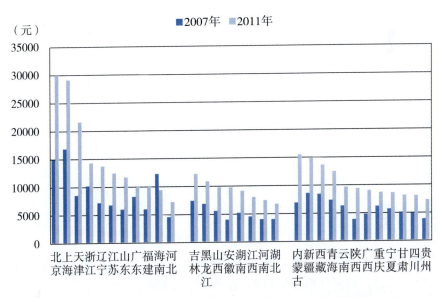

图 2.43 2007 年与 2011 年各省份中等职业学校生均教育经费比较

【数据来源】中国教育经费统计年鉴［M］. 2008, 2012. 北京：中国统计出版社，2009, 2013.

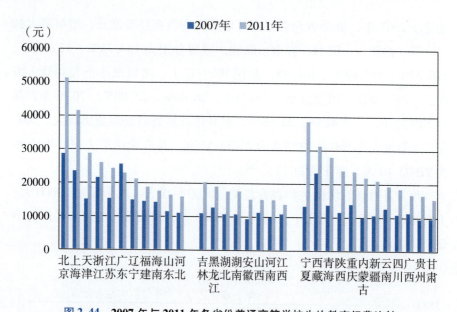

图 2.44　2007 年与 2011 年各省份普通高等学校生均教育经费比较

【数据来源】中国教育经费统计年鉴［M］. 2008，2012. 北京：中国统计出版社，2009，2013.

（三）31 个省份中小学专任教师数有升有降，生师比省际差距较大；普通高等学校专任教师队伍不断扩大，生师比省际差距不大

1.31 个省份小学专任教师数有增有减，生师比有升有降且省际差距明显

2010 年相比于 2006 年，31 个省份小学专任教师数有增有减，增幅最大的是上海、西藏，增幅分别为 20.64%、18.42%。减幅最大的是湖北、天津、吉林，减幅分别为 6.34%、6.59%、7.40%。

2011 年相比于 2007 年，20 个省份小学生师比下降，11 个省份上升。减幅最大的是甘肃、广东、海南，分别减少了 5.18、5.54、3.95。增幅最大的是上海、河北，分别增加了 1.94、2.36。但从生师比的绝对值来看，省际差异还较明显，2011 年最低的是吉林、内蒙古、黑龙江、北京、天津，都在 14 以下。最高的是贵州、江西、河南，都在 20 以上，其中贵州 2011 年比 2007 年减小了 3.55，而江西、河南略有增大。

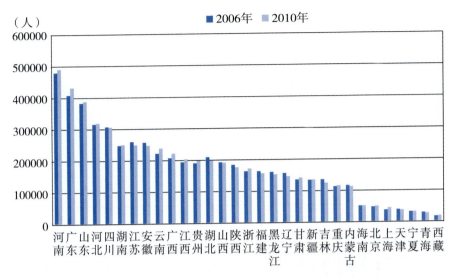

图 2.45　2006 年与 2010 年各省份普通小学专任教师数比较

【数据来源】中国教育统计年鉴［M］. 2006，2010. 北京：人民教育出版社，2007，2012.

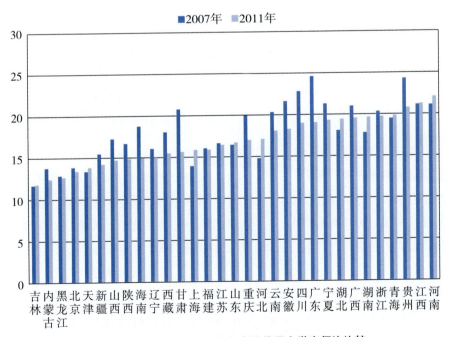

图 2.46　2007 年与 2011 年各省份普通小学生师比比较

【数据来源】全国教育事业发展简明统计分析［内部资料］. 2008，2011. 2009，2012.

2.31 个省份初中专任教师数有增有减，绝大多数省份生师比下降，但省际差距明显

2010 年相比于 2006 年，20 个省份初中专任教师数增加，11 个省份减少。增幅最大的是西藏，为 34.97%，其次是宁夏、广东、云南、海南、重庆、甘肃，都在 10% 以上。减幅最大的是河北，为 14.94%。

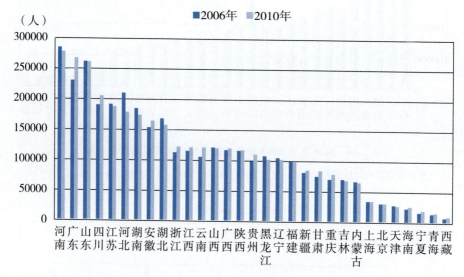

图 2.47　**2006 年与 2010 年各省份普通初中专任教师数比较**

【数据来源】中国教育统计年鉴［M］. 2006，2010. 北京：人民教育出版社，2007，2012.

2011 年相比于 2007 年，29 个省份普通初中生师比下降，2 个省份上升。减幅最大的是安徽、海南、陕西、江苏、福建，都减小了 4 以上。山东、江西略有增大，分别增大了 0.04 和 1.26。但从生师比的绝对值来看，省际差异还较明显。2007 年和 2011 年，生师比最小的都是北京、天津。2011 年生师比最大的是贵州、广东、云南，但 2011 年比 2007 年都有减小。

3.31 个省份高中专任教师数有增有减，大多数省份生师比下降，但省际差距较大

2010 年相比于 2006 年，25 个省份高中专任教师数增加，6 个省份减少。增幅最大的是西藏，为 50.78%，其次是广东、海南、云南、安徽，都在 20% 以上。减幅最大的是北京、湖南、上海。

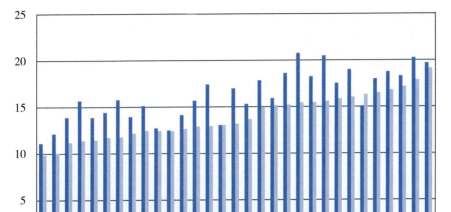

图 2.48　2007 年与 2011 年各省份普通初中生师比比较

【数据来源】全国教育事业发展简明统计分析［内部资料］. 2008，2011. 2009，2012.

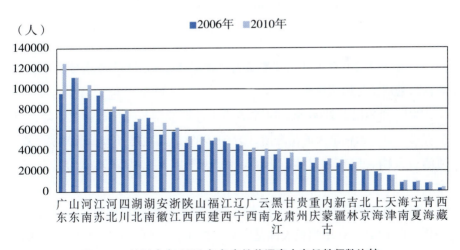

图 2.49　2006 年与 2010 年各省份普通高中专任教师数比较

【数据来源】中国教育统计年鉴［M］. 2006，2010. 北京：人民教育出版社，2007，2012.

2011 年相比于 2007 年，28 个省份普通高中生师比下降，3 个省份上升。减幅最大的是西藏、安徽、河南、上海、内蒙古，都减小了3以上。四川、重庆、贵州略增大，且2011年这3个省份高中生师比的绝对值也最大。2011年高中生师比最低与最高值分别为北京9.60、贵州19.02，相差9.42，省际差距较大。

图 2.50　2007 年与 2011 年各省份普通高中生师比比较

【数据来源】全国教育事业发展简明统计分析［内部资料］. 2008，2011.2009，2012.

4.31 个省份中等职业学校专任教师数有增有减，大多数省份生师比下降，但省际差异依然很大

2010 年相比于 2006 年，14 个省份中等职业学校专任教师数下降，17 个省份上升。减幅最大的是海南，为 64.90%，其次是青海、贵州、宁夏、河南、云南、广东、甘肃、西藏，在 20% 以上。减幅最小的是北京，为 14.26%。

2011 年相比于 2007 年，中等职业学校生师比减幅最大的是黑龙江、吉林，在 10 以上。增幅最大的是宁夏、广东、广西，都在 10 以上。2011 年，生师比绝对值最小的是吉林、天津，在 15 以下，最大的是广西、宁夏，分别高达 40.85、45.47，省际差距明显，为 31.12。

图 2.51 2006 年与 2010 年各省份中等职业学校专任教师数比较

【数据来源】中国教育统计年鉴［M］. 2006，2010. 北京：人民教育出版社，2007，2012.

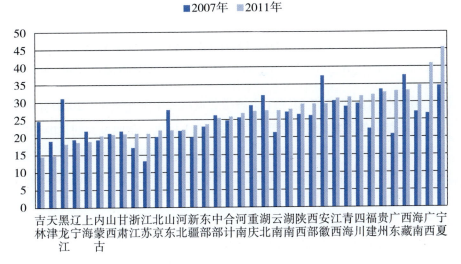

图 2.52 2007 年与 2011 年各省份地方中等职业学校生师比比较

【数据来源】全国教育事业发展简明统计分析［内部资料］. 2008，2011. 2009，2012.

5. 31个省份高等学校专任教师数增加，生师比有降有升，省际差距相对较小

2010年相比于2006年，31个省份普通高等学校专任教师数都有增长，增幅最大的是海南、河南、广西，在40%以上，增幅最小的是吉林、青海，也不低于13%。

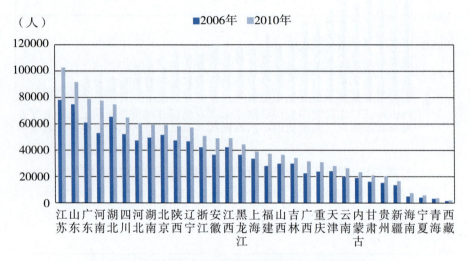

图2.53 2006年与2010年各省份普通高校专任教师数比较

【数据来源】中国教育统计年鉴［M］. 2006, 2010. 北京：人民教育出版社，2007，2012.

2011年相比于2007年，11个省份普通高校生师比减小，20个省份增大。减幅最大的是黑龙江、浙江、江西，在1以上。增幅最大的是内蒙古、宁夏、陕西、云南，其中云南增大了2.07，其余3个省份增大了1以上。从2011年高校生师比的绝对值来看，最小的是青海，为13.98，最大的是宁夏、陕西、四川、湖南、云南、海南、广东、甘肃、安徽，都在18和19之间。省际差距相对较小，为4.86。

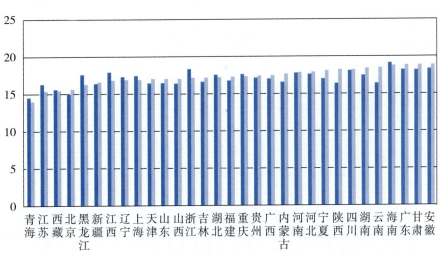

图 **2.54** **2007 年与 2011 年各省份普通高校生师比比较**

【数据来源】全国教育事业发展简明统计分析［内部资料］. 2008，2011. 2009，2012.

（四）大多数省份学校基础设施和教育信息化建设有所改善，但省际差异较大

1. 31 个省份小学生均校舍面积有增有减，生均仪器设备值、建网校比例普遍增加，但省际差距明显

2011 年相比于 2007 年，17 个省份小学生均校舍面积有所增加，14 个省份有所减少。增幅最大的是重庆，增加了 2.03 平方米，其次是甘肃、内蒙古、西藏、海南，都增加了 1 平方米以上。减幅最大的是湖南，为 1.04 平方米。从小学生均校舍面积的绝对值来看，2011 年最大的西藏、北京、重庆，在 8 平方米以上。最小的是宁夏、辽宁、江西、青海、山东、河南、新疆、贵州，在 5 平方米以下。

东部地区小学生均仪器设备值高于中部和西部地区。2011 年相比于 2007 年，30 个省份小学生均仪器设备值增加，1 个省份减少。陕西增幅最大，从 2007 年的 313 元增加到 2011 年的 1722 元，增幅达 450.16%。增幅较大的还有山东、北京、福建、甘肃。吉林从 2007 年的 577 元减少到

2011 年的 454 元，减幅达 21.32%。

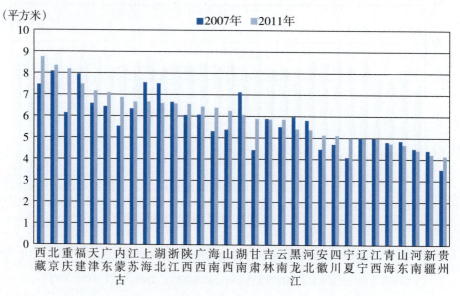

图 2.55　2007 年与 2011 年各省份小学生均校舍面积比较

【数据来源】全国教育事业发展简明统计分析［内部资料］. 2008，2011.2009，2012.

图 2.56　2007 年与 2011 年各省份小学生均仪器设备值比较

【数据来源】全国教育事业发展简明统计分析［内部资料］. 2008，2011.2009，2012.

东部地区的小学建网校比例明显高于中部和西部地区。2011 年相比于 2007 年，29 个省份小学建网校比例有所上升，2 个省份有所下降。增幅最大的是天津，从 2007 年的 28.88% 增加到 2011 年的 91.99%，上升了 53.11 个百分点。浙江、辽宁、江苏都增加了 20 个百分点以上。上海减少了 10.81 个百分点，西藏减少了 1.77 个百分点，但上海的绝对值较高，2007 年为 97.07%，排第 1 位，2011 年为 86.26%，排第 3 位。

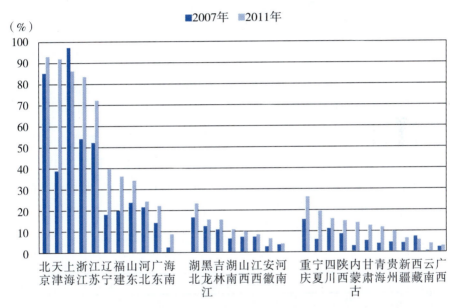

图 2.57　2007 年与 2011 年各省份小学建网校比例比较

【数据来源】全国教育事业发展简明统计分析［内部资料］. 2008，2011.2009，2012.

2. 31 个省份初中生均校舍面积、生均仪器设备值、建网校比例普遍增加，但省际差距明显

2011 年相比于 2007 年，31 个省份初中生均校舍面积都有增加。大部分省份都增加了 2—3 平方米，绝大多数省份达到了 8 平方米以上。增幅最大的是江苏、青海、新疆，增加了 4 平方米以上，增幅最小的是山东、江西，增加了不到 0.5 平方米。

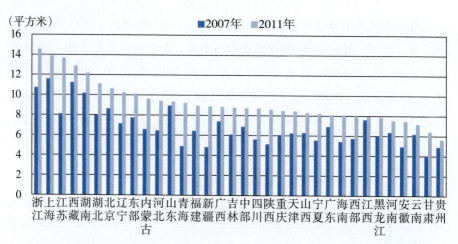

图 2.58　2007 年与 2011 年各省份普通初中生均校舍面积比较

【数据来源】全国教育事业发展简明统计分析［内部资料］. 2008，2011. 2009，2012.

东部地区初中生均仪器设备值高于中部和西部地区。2011 年相比于 2007 年，30 个省份初中生均仪器设备值提高，1 个省份有下降。2011 年有 26 个省份达到了 500 元以上，7 个省份达到了 1000 元以上。增幅最大的是青海，为 212.94%。江西下降，降幅为 12.82%。

图 2.59　2007 年与 2011 年各省份普通初中生均仪器设备值比较

【数据来源】全国教育事业发展简明统计分析［内部资料］. 2008，2011. 2009，2012.

2011 年相比于 2007 年，27 个省份初中建网校比例有所上升，4 个省份略有下降。上升幅度最大的是天津，从 2007 年的 50.67% 上升到了 2011 年的 91.46%，上升了 40.79 个百分点。宁夏、海南、江苏、甘肃、内蒙古、云南都上升了 20 个百分点以上。下降幅度最大的是四川，为 4.26 个百分点。

图 2.60　2007 年与 2011 年各省份普通初中建网校比例比较

【数据来源】全国教育事业发展简明统计分析［内部资料］. 2008，2011. 2009，2012.

3. 大多数省份高中生均校舍面积、生均仪器设备值、建网校比例增加，但省际差距明显

2011 年相比于 2007 年，27 个省份普通高中生均校舍面积有所增加，4 个省份有所减少。增幅最大的是北京，从 2007 年的 28.45 平方米增加到 2011 年的 39.64 平方米，增加了 11.19 平方米。2007 年和 2011 年，高中生均校舍面积排名前 4 位都是北京、上海、浙江、福建，其中除浙江增幅很小外，北京、上海、福建增幅都较大。青海、重庆、贵州、广东高中生均校舍面积有所减少。

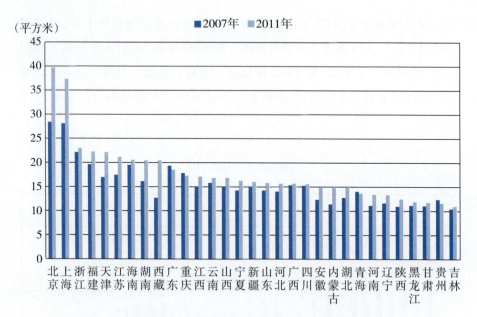

图 2.61　2007 年与 2011 年各省份普通高中生均校舍面积比较

【数据来源】全国教育事业发展简明统计分析［内部资料］. 2008，2011. 2009，2012.

　　2011 年相比于 2007 年，30 个省份普通高中仪器设备值提高，其中北京增幅最大，从 2007 年的 2935 元提高到了 2011 年的 12408 元，增幅达到 322.76%。仅海南略有下降，从 2007 年的 2296 元下降到 2011 年的 2120 元，降幅为 7.67%。2011 年，28 个省份的普通高中仪器设备值都在 1000—3215 元，而北京、上海十分突出，超过了 12000 元。

　　2011 年相比于 2007 年，29 个省份普通高中建网校比例上升，2 个省份下降。上升较多的有甘肃、云南、贵州、宁夏、重庆，都在 20 个百分点以上。西藏下降了 14.50 个百分点，四川下降了 3.41 个百分点。

图 2.62　2007 年与 2011 年各省份普通高中生均仪器设备值比较

【数据来源】全国教育事业发展简明统计分析［内部资料］. 2008，2011. 2009，2012.

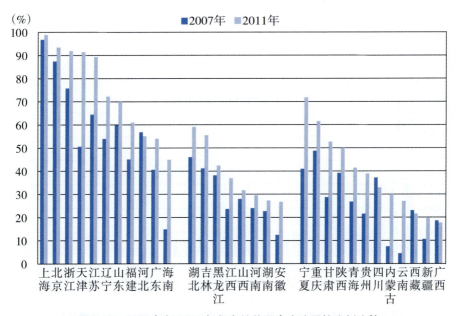

图 2.63　2007 年与 2011 年各省份普通高中建网校比例比较

【数据来源】全国教育事业发展简明统计分析［内部资料］. 2008，2011. 2009，2012.

4. 31 个省份中等职业学校生均校舍面积有增有减，但省际差距明显；中等职业学校生均仪器设备值普遍提高，但省际差距在加大

2011 年相比于 2007 年，19 个省份中等职业学校生均校舍面积有所增加，12 个省份有所减少。增幅最大的是天津、江苏、西藏，在 5 平方米以上。减幅最大的是广东、广西，在 4 平方米以上。

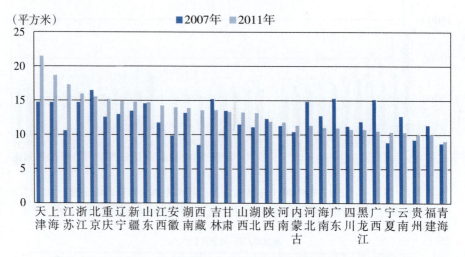

图 **2.64** **2007 年与 2011 年各省份中等职业学校生均校舍建筑面积比较**

【数据来源】全国教育事业发展简明统计分析［内部资料］．2008，2011. 2009，2012.

图 **2.65** **2007 年与 2011 年各省份中等职业学校生均仪器设备值比较**

【数据来源】全国教育事业发展简明统计分析［内部资料］．2008，2011. 2009，2012.

2011 年相比于 2007 年，29 个省份中等职业学校生均仪器设备值提高，2 个省份略下降。增幅最大的是西藏，从 2007 年的 750 元，提高到了 2011 年的 2522 元，增幅为 236.27%，安徽、江苏、天津增幅都在 100% 以上。吉林、广东降幅分别为 13.66%、16.10%。

5. 31 个省份普通高等学校生均校舍面积有增有减，省际差距缩小；普通高等学校生均仪器设备值普遍提高，省际差距扩大

2011 年相比于 2007 年，11 个省份普通高校生均校舍面积有所增加，20 个省份有所减少。增幅最大的是海南，从 2007 年的 25.34 平方米增加到 2011 年的 29.24 平方米，增加了 3.90 平方米。青海、江西也增加了 2 平方米以上。减幅最大的是西藏，从 2007 年的 37.15 平方米减少为 2011 年的 27.04 平方米，减少了 10.11 平方米。

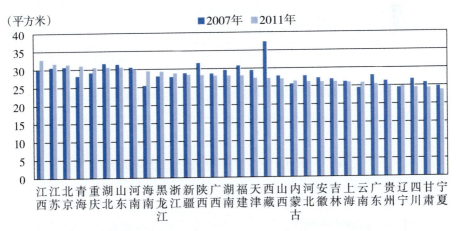

图 2.66　2007 年与 2011 年各省份普通高校生均校舍面积比较

【数据来源】全国教育事业发展简明统计分析［内部资料］. 2008，2011. 2009，2012.

2011 年相比于 2007 年，30 个省份普通高校生均仪器设备值提高，1 个省份下降。增幅最高的是北京，从 2007 年的 13465 元增加到 2011 年的 26560 元，增幅为 97.25%。上海、浙江、海南、江苏增幅都在 40% 以上。2007 年和 2011 年，普通高校生均设备值排名前 7 位都是北京、上海、浙江、江苏、天津、西藏、福建，只是名次略有不同。2011 年排第 1 位的是北京，北京的生均设备值是排在第 2 位的上海的 2.06 倍。

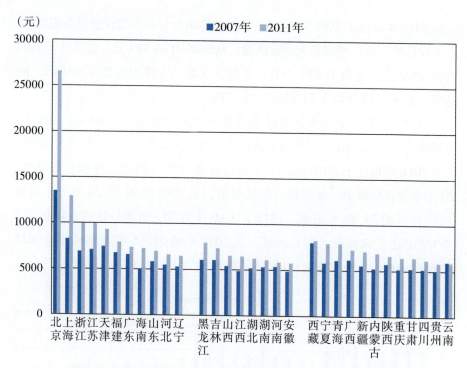

图 2.67　2007 年与 2011 年各省份普通高校生均仪器设备值比较

【数据来源】全国教育事业发展简明统计分析［内部资料］. 2007，2011. 2008，2012.

四、各地区教育质量水平比较

2011 年与 2007 年相比，31 个省份教育质量有所提高，但省际差距较为明显。具体表现在：过半省份义务教育巩固率超越全国平均水平；八成省份小学、初中升学率高位提升；近半数省份高校毕业生初次就业率未达到全国水平；多数省份人口受教育程度有所提升；31 个省份文盲率普遍下降，人口大省和西部一些省份下降幅度较大。

（一）过半省份义务教育巩固率超越会国平均水平，省际差异较大

2010 年，共有 17 个省份义务教育巩固率超越全国平均水平（89.7%），

依次为北京、湖北、吉林、江苏、浙江、山东、黑龙江、湖南、天津、福建、陕西、广东、河北、上海、辽宁、新疆和重庆，高于全国平均水平0.6—27.3个百分点不等。值得注意的是，北京、湖北、吉林、江苏、浙江和山东的义务教育巩固率均超过了100%，其中北京、湖北均高出了10个百分点，分别为116.85%、110.42%。但仍有14个省份义务教育巩固率未达到全国平均水平，低于全国平均水平1.4—31.4个百分点（见图2.68）。

（二）多数省份小学、初中升学率高位提升，省际差距明显

1. 小学升学率超全国水平的省份逐渐增加，吉林、江西、重庆等7个省份达100%

2011年，16个省份的小学升学率超过了全国水平98.31%。其中内蒙古、吉林、江苏、江西、山东、湖北、湖南、重庆、四川、新疆10个省份小学升学率达到了100%，河北、安徽、辽宁、黑龙江、山西、北京6个省份均达到99%以上（见图2.69）。

2. 多数省份初中升学率明显提升，东部增加幅度最大

2011年与2007年相比，25个省份初中毕业生升学率明显提升，其中北京、天津、上海、福建、山东、陕西6个省份的初中升学率达到100%（见图2.70）。

但也应看到，2011年与2007年相比，湖北、西藏、重庆、辽宁、江西和浙江6个省份初中升学率出现不同程度的降低。

（三）高校毕业生初次就业率省际差距明显，上海、河北最高，西藏、甘肃最低

2010年，随着高校毕业生就业制度和用人制度改革的深化，各地区高等学校进一步提高教育教学质量、办学水平，密切与社会联系，加强毕业生就业指导和服务工作，各地区高校毕业生初次就业率有所提升，但省际差距明显。

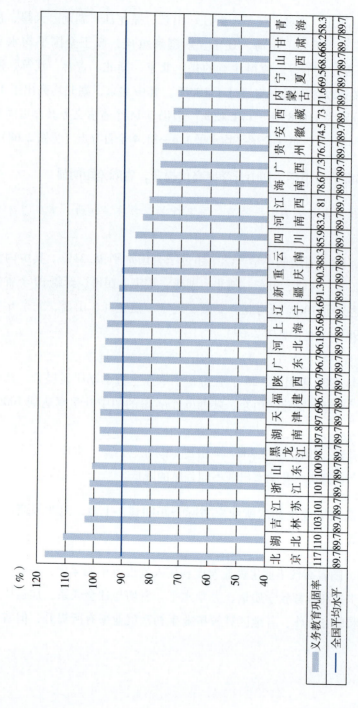

	北京	吉林	山东	黑龙江	天津	福建	广东	河北	上海	新疆	重庆	四川	河南	江西	广西	贵州	安徽	西藏	内蒙古	宁夏	山西	甘肃	青海
义务教育巩固率	117	110	103	101	101	100	98.1	97.8	97.6	97.6	96.7	96.7	95.6	94.6	91.3	90.3	88.3	85.9	83.2	81	78.6	77.3	76.7	74.5	73	71.6	69.5	68.6	68.2	58.3
全国平均水平	89.7	89.7	89.7	89.7	89.7	89.7	89.7	89.7	89.7	89.7	89.7	89.7	89.7	89.7	89.7	89.7	89.7	89.7	89.7	89.7	89.7	89.7	89.7

图2.68 2010年各省份义务教育巩固率

注：义务教育巩固率=2010年初三毕业班学生数/2002年小学一年级在校生数×100%。

【数据来源】中国教育统计年鉴［M］.2002，2010.北京:人民教育出版社，2003，2011.

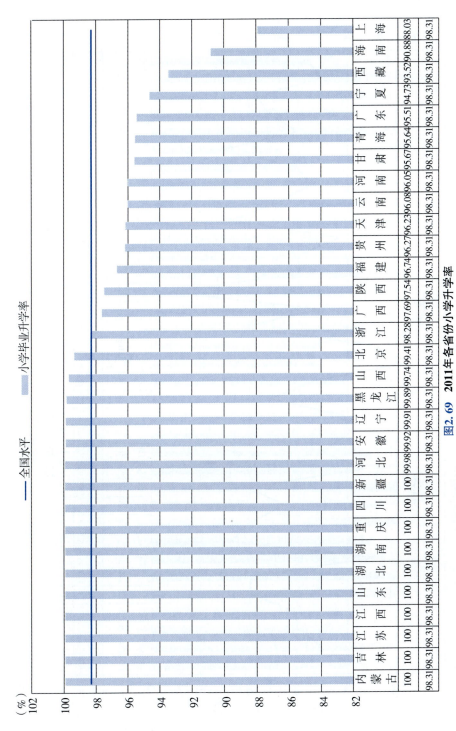

图2.69　2011年各省份小学升学率

[数据来源] 全国教育事业发展简明统计分析2011[内部资料]. 2012.

	内蒙古	吉林	江苏	江西	山东	湖北	湖南	重庆	四川	新疆	河北	安徽	辽宁	黑龙江	山西	北京	浙江	广西	陕西	福建	贵州	天津	云南	河南	甘肃	青海	广东	宁夏	西藏	海南	上海
小学毕业升学率	100	100	100	100	100	100	100	100	100	100	99.98	99.92	99.91	99.89	99.74	99.41	98.28	97.69	97.54	96.74	96.27	96.23	96.08	95.67	95.64	95.51	95.1	94.73	93.52	90.88	88.03
全国水平	98.31	98.31	98.31	98.31	98.31	98.31	98.31	98.31	98.31	98.31	98.31	98.31	98.31	98.31	98.31	98.31	98.31	98.31	98.31	98.31	98.31	98.31	98.31	98.31	98.31	98.31	98.31	98.31	98.31	98.31	98.31

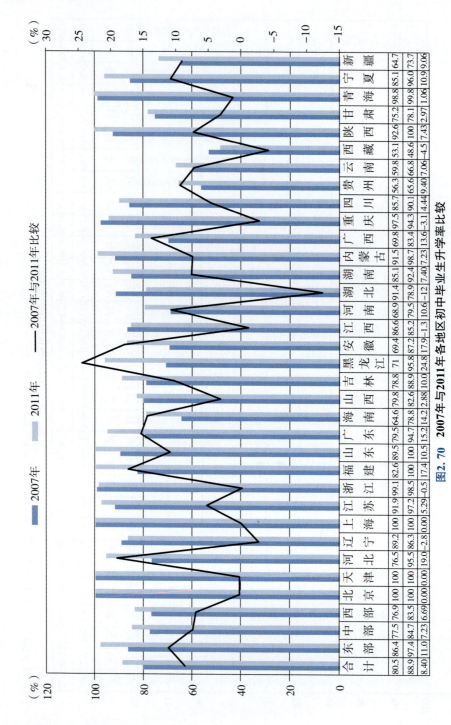

图2.70 **2007年与2011年各地区初中毕业生升学率比较**

	合计	东部	中部	西部	北京	天津	河北	辽宁	上海	江苏	浙江	福建	山东	广东	海南	山西	吉林	黑龙江	安徽	江西	河南	湖北	湖南	内蒙古	广西	重庆	四川	贵州	云南	西藏	陕西	甘肃	青海	宁夏	新疆
2007年	80.5	86.4	77.5	76.9	100	100	76.5	89.2	100	91.9	99.1	82.6	89.5	79.5	64.6	79.8	78.8	71	69.4	86.6	68.9	91.4	85.1	91.5	69.8	97.5	85.7	56.3	59.8	53.1	92.6	75.2	98.8	85.1	64.7
2011年	88.9	97.4	84.7	83.5	100	100	95.5	86.3	100	97.2	98.5	100	94.7	78.8	68.2	82.6	88.9	95.8	87.2	85.2	79.5	78.9	92.4	83.4	94.3	90.1	65.6	66.8	48.6	100	78.1	99.8	96.0	73.7
2007年与2011年比较	8.40	11.0	7.23	6.69	0.00	0.00	19.0	-2.8	0.00	5.29	-0.5	17.4	10.5	-0.7	3.6	2.88	10.0	24.8	17.9	-1.3	10.6	-12	7.40	13.6	-3.1	4.44	9.40	7.06	-4.5	7.43	2.97	1.06	10.9	9.06

【数据来源】全国教育事业发展简明统计分析[内部资料]. 2007，2011，2008，2012.

　　总的来看，2010 年，全国有 18 个省份高校毕业生初次就业率高于全国水平，分别是上海、河北、浙江、北京、广东、辽宁、天津、黑龙江、广西、安徽、重庆、湖北、海南、江苏、陕西、四川、江西、河南。但仍有 13 个省份低于全国水平，依次为福建、吉林、青海、内蒙古、云南、湖南、贵州、山东、宁夏、山西、新疆、西藏、甘肃（见图 2.71）。

（四）多数省份人口受教育程度有所提升，各省份发展水平仍有差距

　　建设人力资源强国是《教育规划纲要》提出的重要战略目标之一。各省份通过增加投入、提高教育质量不断提高人口受教育总体水平。2010 年与 2000 年相比，主要劳动年龄人口 6 岁以上人口平均受教育年限呈增加趋势。2011 年与 2007 年相比，6 岁以上人口中接受高等教育人口比例逐步提升，西部地区提升较为显著。半数省份新增劳动力平均受教育年限超越"十一五"规划目标。

　　1. 主要劳动年龄人口 6 岁以上人口平均受教育年限呈增加趋势，安徽、北京最为突出

　　2010 年与 2000 年相比，28 个省份主要劳动年龄人口 6 岁以上人口平均受教育年限增加，增幅为 0.54—4.46 年。其中安徽、北京、四川、辽宁、甘肃、湖南增加幅度明显，依次为 4.46、3.90、2.20、1.79、1.78、1.76 年。但仍有 3 个省份呈现下降趋势，分别是青海（－0.16 年）、江苏（－0.36 年）、西藏（－1.55 年）（见图 2.72）。

　　2. 6 岁以上人口中接受高等教育人口比例逐步提升

　　2011 年与 2007 年相比，31 个省份中有 30 个省份 6 岁以上人口中接受高等教育人口比例有所提升。其中福建、天津、内蒙古、新疆、贵州、甘肃 6 个省份 6 岁以上人口中接受高等教育人口比例提升幅度均在 5 个百分点以上。仅上海 6 岁以上人口中接受高等教育人口比例略有下降（见图 2.73）。

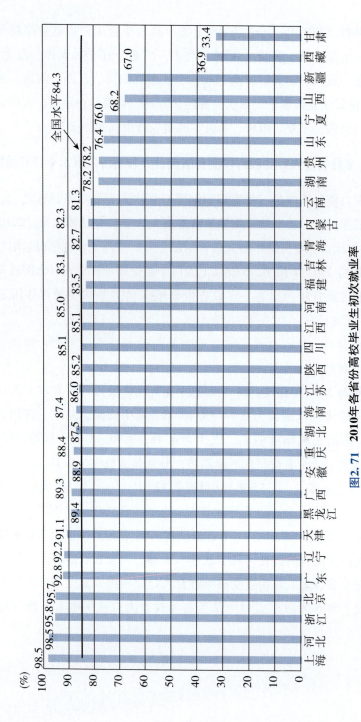

图2.71 2010年各省份高校毕业生初次就业率

【数据来源】全国高校毕业生就业状况（2009—2010）［M］.北京：北京大学出版社，2011.

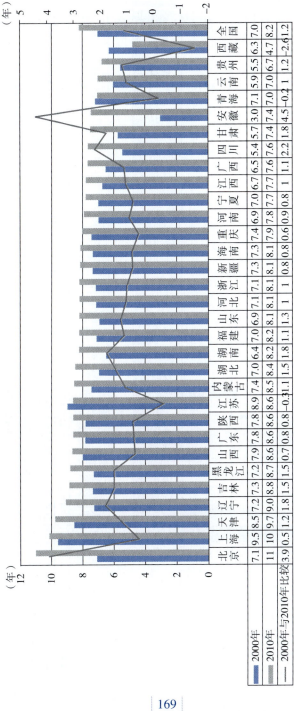

图2.72　2000年与2010年各省份主要劳动年龄人口中6岁以上人口平均受教育年限比较

【数据来源】中国统计年鉴［M］.2001，2011. 北京：中国统计出版社，2001，2011.

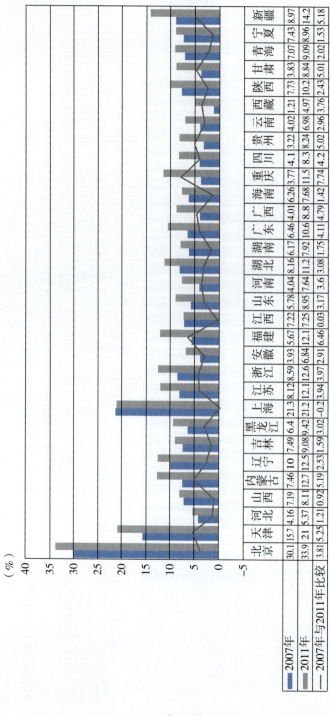

图2.73 2007年与2011年各省份6岁以上人口中具有高等教育文化程度的人口比例比较

【数据来源】中国统计年鉴［M］．2007，2011．北京：中国统计出版社．2008，2012．

	北京	天津	河北	山西	内蒙古	辽宁	吉林	黑龙江	上海	江苏	浙江	安徽	福建	江西	山东	河南	湖北	湖南	广东	广西	海南	重庆	四川	贵州	云南	西藏	陕西	甘肃	青海	宁夏	新疆
2007年	30.1	15.7	4.16	7.19	7.46	10	7.49	6.4	21.3	8.12	8.59	3.93	5.67	7.22	5.78	4.04	8.16	6.17	6.46	4.01	6.26	3.77	4.1	3.22	4.02	1.21	7.73	3.83	7.07	7.43	8.97
2011年	33.9	21	5.37	8.11	12.7	12.5	9.08	9.42	21.2	12.1	12.6	6.84	12.1	7.25	8.95	7.64	11.2	7.92	10.6	8.8	8.7	11.5	8.3	8.24	6.98	4.97	10.2	8.84	9.09	8.96	14.2
2007年与2011年比较	3.81	5.25	1.21	0.92	5.19	2.53	1.59	3.02	-0.23	3.94	3.97	2.91	6.46	0.03	3.17	3.6	3.08	1.75	4.11	4.79	1.42	7.74	4.2	5.02	2.96	3.76	2.43	5.01	2.02	1.53	5.18

3. 半数省份新增劳动力平均受教育年限超越"十一五"规划目标，天津、陕西、北京最高

2009 年，在 16 个可获得数据的省份中，有 8 个省份的新增劳动力平均受教育年限超越"十一五"规划目标（12.7 年），依次为天津、陕西、北京、上海、黑龙江、重庆、山东和湖北（见图 2.74）。

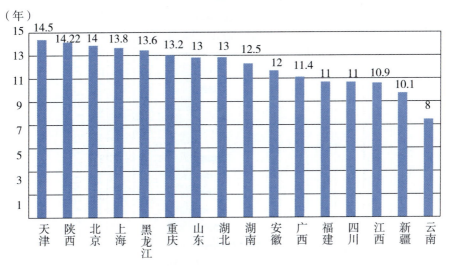

图 2.74　2009 年部分省份新增劳动力平均受教育年限

【数据来源】各省份教育发展规划纲要（2010—2020 年）。

（五）全国文盲率普遍下降，人口大省和西部一些省份下降幅度较大

2011 年与 2007 年相比，31 个省份文盲人口占 15 岁及以上人口的比重呈现普遍下降的趋势，其中甘肃、安徽、青海、云南和西藏等西部省份和人口大省下降幅度居全国前 5 位，分别下降了 9.56、8.40、7.80、7.42 和 7.13 个百分点（见图 2.75）。

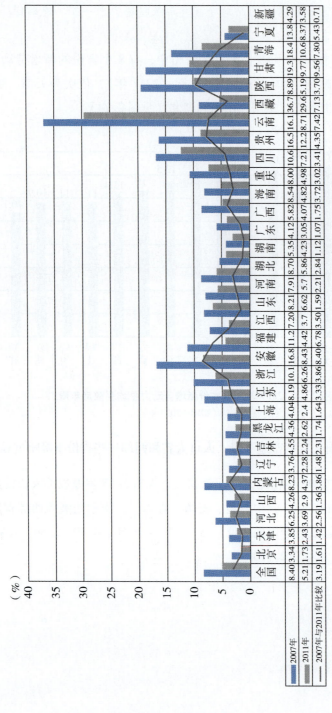

图2.75 2007年与2011年各省份文盲人口占15岁及以上人口比重比较

注：成人识字率=100-15-15岁以上人口中成人文盲率。

【数据来源】中国统计年鉴［M］．2008，2012．北京：中国统计出版社，2008，2012．

五、各地区教育公平水平比较

2011 年与 2007 年比较，多数省份内部教育机会和教师学历层次水平城乡差距逐步缩小，人力资源水平性别差距逐步缩小，教育信息化水平城乡差距缩小。尤其值得注意的是，在进行多项指标的比较时，西部地区与东中部地区差距明显，但差距的缩小幅度较大。

（一）多数省份教育机会公平取得重要进展

我们从小学新生中接受过学前教育比例的城乡差距和小学净入学率的性别差距两方面考察各省份教育机会公平状况，发现多数省份教育机会公平取得重要进展，西部地区最为突出。

1. 多数省份小学新生中接受过学前教育的比例城乡差距逐步缩小，西部地区缩小幅度最大

2010 年与 2006 年相比，全国 31 个省份中有 26 个省份城乡间小学招生中接受过学前教育比例的学生呈现加速发展趋势，西部地区的新疆、云南、宁夏 3 个省份城乡差距大幅缩小，缩小幅度在 10.26—27.21 个百分点。此外，2010 年和 2006 年相比，河北、上海、山西、湖南、青海 5 个省份城乡差距有所扩大。

在城乡差距不断缩小的发展趋势下，2011 年①小学新生中接受过学前教育比例的省际差距仍然明显。2011 年，西部地区城市小学新生中接受过学前教育的比例为 97.08%，农村小学新生中接受过学前教育的比例为 83.24%，仍相差 13.84 个百分点。说明西部地区一些省份仍需努力加大学前教育的发展力度。

---

① 因《全国教育事业发展简明统计分析 2011》调整城市、县镇和农村的分类，造成 2011 年城乡数据无法与往年进行比较，因此本部分用 2010 年的数据与 2006 年的数据进行比较，并单独报告 2011 年的数据供读者参考。

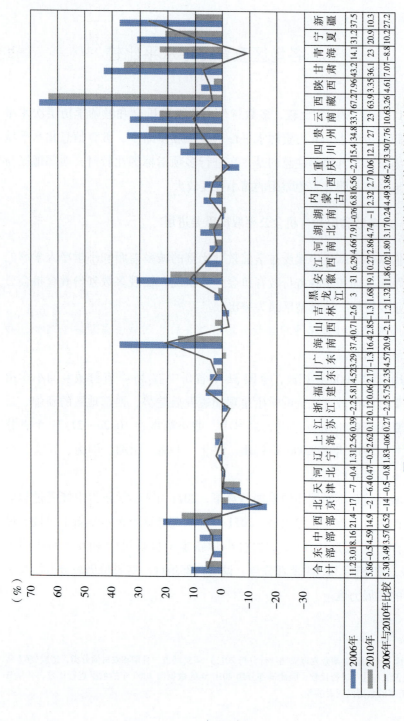

图2.76 2006年与2010年各省份小学新生接受过学前教育的比例城乡差距

	合计	东部	中西部	北京	天津	河北	辽宁	上海	江苏	浙江	福建	山东	广东	海南	山西	吉林	黑龙江	安徽	江西	河南	湖北	湖南	内蒙古	广西	重庆	四川	贵州	云南	西藏	陕西	甘肃	青海	宁夏	新疆
2006年	11.23	018.16	21.4	-17	-7	-0.4	1.31	2.56	0.39	-2	2.5	81	4.52	3.29	37.4	0.71	-2.6	3	6.29	4.66	7.91	-0.76	6.8	16.56	-2.71	5.4	34.8	33.7	67.2	7.96	43.2	14.1	31.2	37.5
2010年	5.86	-0.54	59	14.9	-2	-6.4	0.47	-0.52	6.2	0.06	2.17	-1.3	16.4	2.85	-1.3	1.68	19.1	31	0.27	2.86	4.74	-1	2.32	2.7	0.06	12.1	27	23	63.9	3.35	36.1	23	20.9	10.3
2006年与2010年比较	5.30	3.49	3.57	6.52	-14	-0.5	-0.8	1.83	-0.06	0.27	-2.2	5.75	2.35	4.57	20.9	-2.1	-1.2	1.32	11.86	0.21	1.80	3.17	0.24	4.49	3.86	-2.73	-3.07	7.76	10.63	26.4	6.61	7.07	-8.8	10.2	27.2

[数据来源] 全国教育事业发展简明统计分析 [内部资料] . 2007, 2011, 2008, 2012.

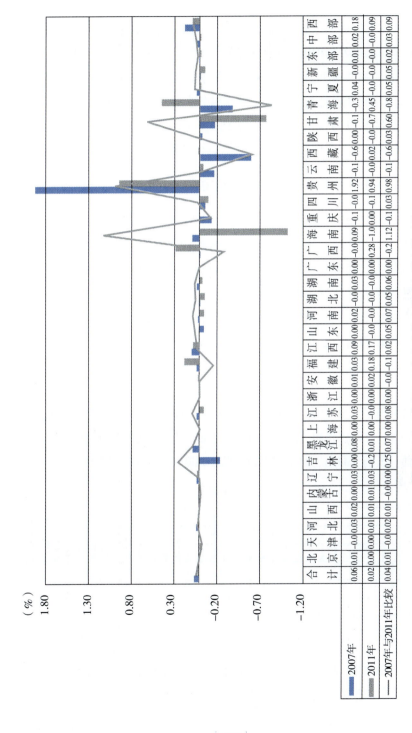

图2.77　2007年与2011年各省份小学净入学率性别差距

【数据来源】全国教育事业发展简明统计分析[内部资料]. 2007,2011. 2008, 2012.

2. 多数省份小学入学性别差距缩小，西部地区缩小幅度最大

2011 年与 2007 年相比，全国有 23 个省份小学净入学率性别差距缩小，其中西部地区缩小幅度最大。2007 年西部地区小学净入学率性别差距为 0.18%，2011 年西部地区小学净入学率性别差距降为 0.09%，下降了 0.09 个百分点。虽然有内蒙古、安徽、福建、广西、四川、甘肃、青海和新疆 8 个省份小学净入学率性别差距有所扩大，但幅度有限。

（二）31 个省份义务教育阶段学校基础设施和教育信息化城乡差距

2011 年与 2007 年相比，多数省份小学阶段学校基础设施建设城乡差距明显缩小，西部地区缩小最快；多数省份初中阶段教学仪器配置城乡差距却不断扩大，西部地区差距最大。教育信息化建设方面，多数省份小学和初中建网学校比例城乡差距逐步缩小，但西部地区小学阶段建网校比例城乡差距却略有增加，初中阶段建网校比例城乡差距明显扩大，因此西部地区初中阶段教育信息化建设成为教育公平改革的焦点。

1. 半数省份小学阶段教学仪器配置城乡差距明显缩小，西部地区缩小最快

2011 年相比于 2007 年，16 个省份小学生均仪器设备值城乡差异大幅减小，分别为湖南、江西、贵州、广东、重庆、上海、甘肃、浙江、广西、安徽、西藏、山西、云南、海南、北京和吉林，缩小幅度在 10.46%—82.97%。

图 2.78　2007 年与 2011 年各省份小学生均仪器设备值城乡差距

【数据来源】全国教育事业发展简明统计分析［内部资料］. 2007, 2011. 2008, 2012.

分地区来看，西部地区小学生均仪器设备值城乡差距缩小幅度最大，2011年比 2007 年缩小了 52.83%，中东部地区缩小幅度相应较小，分别为21.86%、11.92%。

2. 多数省份初中阶段教学仪器配置城乡差距有所扩大，西部地区差距最大

2011 年相比于 2007 年，安徽、山东、内蒙古等 20 个省份初中阶段教学仪器配置城乡差异有所增加，增幅在 14.04% — 1550.00%；湖北、宁夏和浙江等 11 个省份城乡差异有所减小，降幅在 0.41% — 81.01%。最突出的是陕西，2007 年农村比城市低 1 元，2011 年农村比城市高出了 220 元，体现出该省对农村学校投入力度加大。

分地区来看，西部地区初中阶段仪器设备值城乡差异增加幅度最大，为 35.34%，东部地区增幅为 14.83%，中部地区增幅为 33.73%。说明西部地区尤其要加强初中阶段教学仪器设备的发展，促进教学仪器设备的均衡配置。

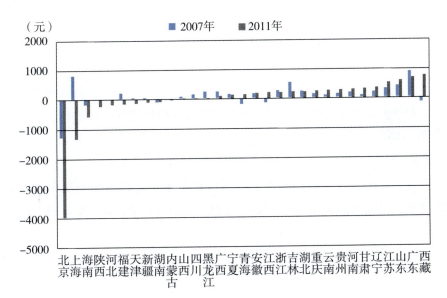

图 2.79　各省份初中生均仪器设备值城乡差距

【数据来源】全国教育事业发展简明统计分析［内部资料］. 2007, 2011. 2008, 2012.

3. 多数省份小学建网学校比例城乡差距逐步缩小，中部地区降幅最大

2011 年相比于 2007 年，23 个省份小学建网校比例城乡差距缩小，降幅较大的为北京、天津、浙江、河南、广西，降幅在 84.42%—52.92%。还有 8 个省份城乡差距有所增大。

分地区来看，中部地区小学建网学校比例城乡差距降幅最大，为 22.12%，东部地区降幅为 16.59%，而西部地区略有增大，增幅为 0.33%。

图 2.80　2007 年与 2011 年各省份小学建网学校比例城乡差距

【数据来源】全国教育事业发展简明统计分析［内部资料］. 2007, 2011. 2008, 2012.

4. 多数省份初中建网校比例城乡差距不断缩小，西部地区差距扩大

2011 年相比于 2007 年，20 个省份初中建网校比例城乡差距减小，西藏、天津、浙江、贵州、上海、宁夏、海南、黑龙江 8 个省份降幅最大，下降幅度在 86.34%—45.46%。另有 11 个省份城乡差距有所增大。

分地区来看，东部地区初中建网校比例城乡差距缩小幅度最大，为 26.50%，中部地区降幅为 20.34%，而西部地区有所增大，增幅为 13.36%。

图2.81 2007年与2011年各省份初中阶段建网学校比例城乡差距

【数据来源】全国教育事业发展简明统计分析［内部资料］. 2007，2011. 2008，2012.

（三）多数省份义务教育阶段教师学历层次城乡差距缩小，西部缩小幅度最大

2011年与2007年相比，义务教育教师学历合格率保持在较高水平，城乡差距已不明显。

1. 大多数省份小学大专及以上学历教师比例的城乡差距缩小，西部最为突出

2011年与2007年比较，28个省份小学大专及以上学历教师比例城乡差异缩小，缩小幅度最大的前6个省份为辽宁、河南、海南、甘肃、贵州、新疆，幅度在14.75%—11.05%。

分地区来看，2011年相比于2007年，西部地区小学大专及以上学历教师比例的城乡差距缩小幅度最大，减少了8.65个百分点，中东部地区次之，分别减少8.52和5.63个百分点。

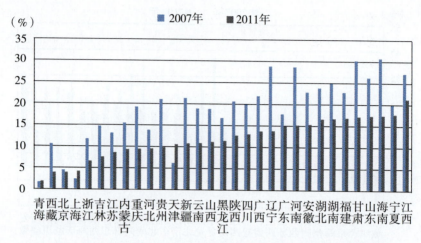

图 2.82 **2007 年与 2011 年分省份小学专科及以上学历教师比例城乡差距**

【数据来源】全国教育事业发展简明统计分析［内部资料］. 2007，2011. 2008，2012.

2. 大多数省份初中本科及以上学历教师比例的城乡差距缩小，西部缩小幅度最大

2011 年相比于 2007 年，29 个省份初中本科及以上学历教师比例的城乡差距有所缩小，缩小 10 个百分点以上的有 15 个省份，分别为广西、甘肃、海南、陕西、辽宁、贵州、云南、重庆、江苏、福建、山东、四川、黑龙江、河南、安徽，缩小幅度在 21.80%—10.59% 。

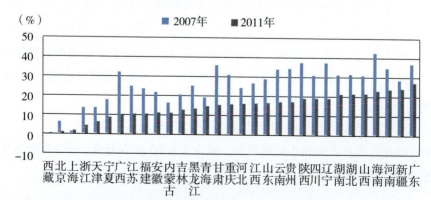

图 2.83 **2007 年与 2011 年分省份初中本科及以上学历教师比例城乡差距**

【数据来源】全国教育事业发展简明统计分析［内部资料］. 2007，2011. 2008，2012.

分地区来看，2011 年相比于 2007 年，西部地区初中本科及以上学历教师比例的城乡差距缩小幅度最大，为 13.88 个百分点，中东部地区则分别减少了 9.89 和 11.28 个百分点。

（四）多数省份人力资源水平性别差异缩小，省际差距明显

我们从接受过高等教育人口和文盲人口比例的性别差距来分析各省份人力资源水平的公平程度，多数省份呈现人力资源水平性别差异逐步缩小的发展趋势。

1. 多数省份接受过高等教育的人口比例的性别差距逐渐缩小，福建、浙江和广东 3 个省份最为突出

2011 年与 2007 年相比，19 个省份的 6 岁及以上人口中接受过高等教育的人口比例的性别差距逐渐缩小，福建、浙江 2 个省份缩小幅度最大，分别缩小了 0.95、0.86 个百分点。此外，广西、贵州、河南等 12 个省份 6 岁及以上人口中接受过高等教育的人口比例的性别差距有所扩大，扩大幅度为 0.01—0.61 个百分点。

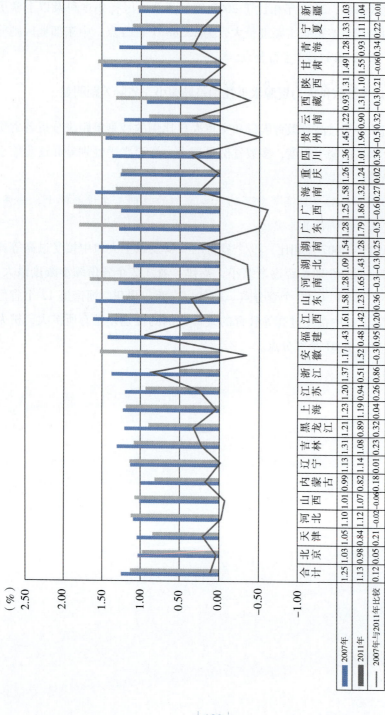

	合计	北京	天津	河北	山西	内蒙古	辽宁	吉林	黑龙江	上海	江苏	浙江	安徽	福建	江西	山东	河南	湖北	湖南	广东	广西	海南	重庆	四川	贵州	云南	西藏	陕西	甘肃	青海	宁夏	新疆
2007年	1.25	1.03	1.05	1.10	1.01	0.99	1.13	1.31	1.21	1.23	1.20	1.37	1.17	1.43	1.61	1.58	1.28	1.09	1.54	1.28	1.25	1.58	1.26	1.36	1.45	1.22	0.93	1.31	1.49	1.28	1.33	1.03
2011年	1.13	0.98	0.84	1.12	1.07	0.82	1.14	1.08	0.89	1.19	0.94	0.51	1.52	0.48	1.42	1.23	1.65	1.43	1.28	1.79	1.86	1.32	1.24	1.01	1.96	0.90	1.31	1.10	1.55	0.93	1.11	1.04
2007年与2011年比较	0.12	0.05	0.21	-0.02	-0.06	0.18	0.01	0.23	0.32	0.04	0.26	0.86	-0.3	0.95	0.20	0.36	-0.3	-0.3	0.25	-0.5	-0.6	0.27	0.02	0.36	-0.5	0.32	-0.3	0.21	-0.06	0.34	0.22	-0.01

图2.84 2007年与2011年各省省份接受过高等教育人口比例的性别差距

【数据来源】全国教育事业发展简明统计分析［内部资料］.2007，2011.2008，2012.

182

2. 多数省份文盲人口比例的性别差距缩小，广东、上海和山西 3 个省份缩小幅度最大

2011 年与 2007 年相比，23 个省份 15 岁及以上人口中文盲人口比例的性别差距有所缩小，其中广东、上海和山西 3 个省份缩小幅度最大，分别缩小了 0.88、0.77、0.61 个百分点。此外，福建、湖北和安徽等 8 个省份也出现了 15 岁及以上人口中文盲人口比例的性别差距有所扩大的趋势，扩大了 0.07—0.50 个百分点。

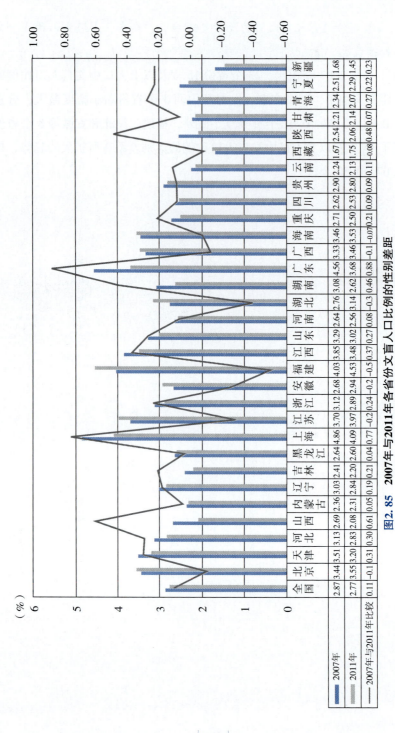

图2.85 2007年与2011年各省份文盲人口比例的性别差距

[数据来源] 全国教育事业发展简明统计分析 [内部资料]. 2007, 2011. 2008, 2012.

第三章

教育发展的国际比较

本章旨在通过对教育发展进行国际比较研究，描述并分析我国教育发展状况在国际上所处的位置，明确我国教育发展取得的成果，客观评价我国教育发展的保障条件，找出我国教育发展存在的差距，科学预测我国未来教育发展趋势及提出相应对策建议。

本章研究的主要内容包括 7 个相关指标：中国各级各类教育毛入学率的国际比较、中国义务教育年限的国际比较、成人与青年识字率的国际比较、25 岁以上人口受教育程度的国际比较、公共教育经费支出的国际比较、各级教育生师比的国际比较、各级各类教育班额的国际比较。

教育发展水平国际比较对象的选择主要考虑经济发展水平和人口 2 个因素。经济发展水平以 2010 年世界银行按人均国民总收入（GNI）对各经济体进行的划分为依据。考虑人口因素，我们选择了 9 个发展中人口大国进行比较。据此，形成中国教育发展水平国际比较的 5 个参照系：世界平均水平，同等收入国家（13 个，GNI 为 3740—4740 美元）[1]，中等收入国家（99 个，GNI 为 1006—12275 美元），其中又分为下中等收入国家（53 个，GNI 为 1006—3975 美元）、上中等收入国家（46 个，GNI 为 3976—

---

[1]　同等收入国家的划分依据为：以中国 2010 年人均国民总收入（GNI）4240 美元上下浮动 500 美元之内，包含 GNI 在 3740—4740 美元且人口在 100 万以上的国家。

12275 美元），高收入国家（47 个，GNI 高于 12276 美元），发展中人口大国（9 个）①。

数据来源及采用原则：（1）数据主要来源于联合国教科文组织的数据库（UNESCO Data Center），部分数据来源于世界银行（World Bank）、联合国教科文组织《全球教育概要》（Global Education Digest 2010）、《全民教育全球监测报告》（EFA Global Monitoring Report 2011）、联合国开发计划署《人类发展报告 2011》（Human Development Report 2011）、OECD《教育概览》（Education at a Glance）、中国官方公布数据；（2）主要采用 2010 年数据，缺失数据用 2005 年以来的数据就近填补。

一、中国义务教育毛入学率位于世界前列，学前和高等教育差距明显

毛入学率（gross enrollment ratio）是衡量一个国家各级教育入学机会总体水平的一项重要指标，其具体含义是指某一级教育在校学生总数与同年某一级教育学龄段人口总数的比例。用毛入学率衡量教育入学机会总体水平，其出发点是提高教育的办学效益，确保学龄段人口最大程度地获得入学机会。毛入学率高，说明国家为学龄段人口提供了较多的入学机会，随之办学效益就高；毛入学率低，说明国家为学龄段人口提供了较少的入学机会，随之办学效益就低。从理论上来讲，100% 应该是各级教育毛入学率的最佳状态，过高或过低都说明办学效益低下。中国各级教育毛入学率均达到或高于同等收入国家水平，其中义务教育毛入学率位于世界前列，高中教育毛入学率与上中等收入国家基本持平，与高收入国家尚有差距，学前、高等教育毛入学率处于中等偏下水平。

---

① 9 个发展中人口大国包括中国、尼日利亚、印度、巴西、墨西哥、巴基斯坦、孟加拉国、埃及和印度尼西亚。

（一）中国义务教育毛入学率位于世界前列，高中教育与上中等收入国家基本持平，与高收入国家尚有差距，学前和高等教育处于中等偏下水平

2010 年，中国各级教育毛入学率都达到或超过了同等收入国家平均水平。义务教育的参与程度已达到较高水平，与上中等收入国家和高收入国家同处于世界领先地位，说明我国义务教育发展在数量上取得了很大成绩。高中教育的参与程度（82.5%）高于同等收入国家（67.85%）、中等收入国家（67.75%）、下中等收入国家（56.38%）和发展中人口大国（51.77%），持平于上中等收入国家（81.53%），但与高收入国家（101.29%）还有一定差距。学前教育和高等教育的普及程度尚处于中等偏下水平，特别是与经济发达国家相比有一定距离，这将对我国人力资本积累和国民素质提高产生不利的影响（见图 3.1）。

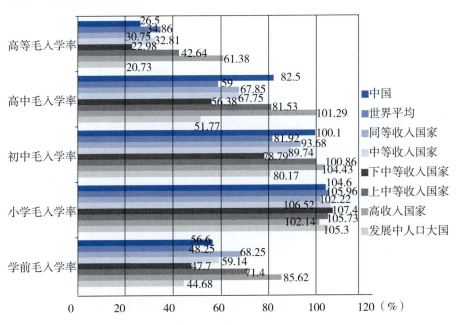

图 3.1　2010 年中国与世界各级教育毛入学率比较

【数据来源】UIS. Gross enrolment ratio［DB/OL］. http：//stats. uis. unesco. org/unesco/Table-

Viewer/document. aspx？ReportId＝136&IF_Language＝eng&BR_Topic＝0；全国教育事业发展简明统计分析 ［内部资料］. 2008－2011；中国教育统计年鉴 2010 ［M］. 北京：人民教育出版社，2011.

（二）中国学前教育毛入学率与中等收入国家基本持平，与高收入国家尚有一定差距

2010 年，中国学前教育毛入学率为 56.6%，与中等收入国家（59.14%）基本持平，高于世界平均水平（48.25%）、下中等收入国家（47.7%）和发展中人口大国（44.68%），在世界范围内基本处于中等偏上水平。2010 年，中国的人均 GNI 达到 4240 美元，按照世界银行对不同经济体国家的划分标准，已经跻身于上中等收入国家的行列。随着中国经济发展的提速，政府、社会对幼儿教育重视程度的逐步提升，3—6 岁的适龄儿童进入公办或私人创办幼儿园的总人数不断提升。但是从学前教育毛入学率与经济发展程度两者的关系看，学前教育毛入学率还落后于上中等收入国家平均水平（71.4%），甚至低于同等收入国家平均水平（68.25%），说明政府对学前教育阶段的重视程度及在教育投入等方面还需达到与其经济发展相应的水平。

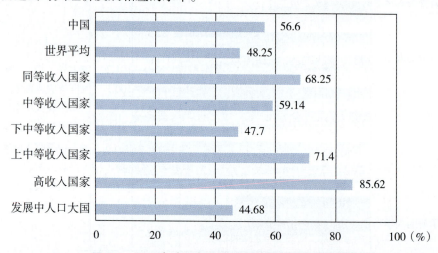

图 3.2　**2010 年中国与世界学前教育毛入学率比较**

【数据来源】UIS. Gross enrolment ratio ［DB/OL］. http：//stats. uis. unesco. org/unesco/TableViewer/document. aspx？ReportId＝136&IF_Language＝eng&BR_Topic＝0；全国教育事业发展简明统计分析 ［内部资料］. 2008－2011.

2010 年，中国学前教育毛入学率在发展中人口大国中位于中等偏上水平。中国学前教育毛入学率（56.6%）高于发展中人口大国平均水平（44.68%），以较大的差距高于尼日利亚（13.91%）、孟加拉国（13.42%）及埃及（29.05%），略高于印度（54.84%）和印度尼西亚（43.43%），同时又低于墨西哥（101.48%）（见图3.3）。

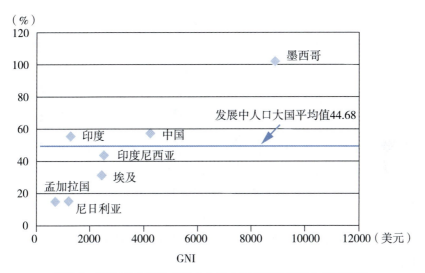

图 3.3　**2010 年中国与发展中人口大国学前教育毛入学率比较**

【数据来源】UIS. Gross enrolment ratio［DB/OL］. http：//stats. uis. unesco. org/unesco/Table-Viewer/document. aspx？ReportId＝136&IF_Language＝eng&BR_Topic＝0；全国教育事业发展简明统计分析［内部资料］. 2008－2011.

中国 2010 年学前教育毛入学率在同等收入国家中位于中等偏下水平。2010 年中国学前教育毛入学率（56.6%）略低于同等收入国家平均水平（68.25%），以较大的差距高于波黑（16.75%）、马其顿（25.47%）、约旦（32.41%）和纳米比亚（29.91%），同时又低于牙买加（112.97%）、阿尔及利亚（77.37%）、泰国（99.18%）（见图3.4）。

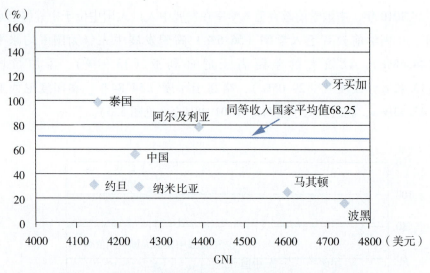

图3.4　2010年中国与同等收入国家学前教育毛入学率比较

【数据来源】UIS. Gross enrolment ratio［DB/OL］. http：//stats. uis. unesco. org/unesco/Table-
Viewer/document. aspx？ReportId＝136&IF_Language＝eng&BR_Topic＝0；全国教育事业发展简明统
计分析［内部资料］. 2008－2011.

（三）中国小学阶段毛入学率接近同等收入国家和高收入国家，好于其他国家

2010年，中国小学阶段毛入学率为104.60％，低于世界平均水平
（105.96％）、发展中人口大国（105.30％）、中等收入国家（106.52％）、
下中等收入国家（107.40％）、上中等收入国家（105.73％），高于同等收
入国家（102.22％）、高收入国家（102.14％）（见图3.5）。

小学阶段毛入学率的计算公式中，分子包括了年龄低于或高于政府规
定学龄段的儿童。过高的毛入学率一般源于两种原因：一是有大量的儿童
在政府规定的入学年龄之前或之后入学；二是有大量的儿童复读。因此过
高的毛入学率与过低的毛入学率一样，都不是好现象，至少说明教育系统
效率较低或入学机会较差。从理论上讲，小学阶段毛入学率达到100％是
最佳状态，也是初等教育发展的最高目标。因此数据表明中国小学阶段的
入学水平相对而言好于世界平均水平、中等收入国家和发展中人口大国，
与同等收入国家和高收入国家基本持平。

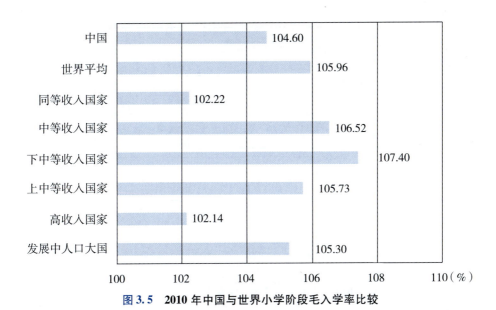

图3.5 **2010 年中国与世界小学阶段毛入学率比较**

【数据来源】UIS. Gross enrolment ratio 〔DB/OL〕. http：//stats. uis. unesco. org/unesco/Table-Viewer/document. aspx？ ReportId = 136&IF_Language = eng&BR_Topic = 0；中国教育统计年鉴 2010〔M〕. 北京：人民教育出版社，2011.

在同等收入国家中，中国的小学阶段毛入学率（104.60%）低于所有超过 100% 的国家——安哥拉（124.47%）、厄瓜多尔（119.07%）、突尼斯（110.15%）、阿尔及利亚（110.07%）、纳米比亚（106.84%）。小学阶段毛入学率低于 100% 的国家中，约旦（91.99）、泰国（90.68）、马其顿（90.07）、牙买加（88.72）、波黑（87.63）均比 100% 低 8 个百分点以上，教育效率较低。说明在同等收入国家中，中国小学阶段入学处于最好水平。

在发展中人口大国中，2010 年中国小学阶段毛入学率（104.60%）低于发展中人口大国平均水平（105.30%），低于印度（116.00%）、印度尼西亚（118.12%）、墨西哥（114.1%）、埃及（106.07%），高于巴基斯坦（94.94%）、尼日利亚（83.2%）。中国最接近 100% 的最佳状态，说明在发展中人口大国中，中国小学阶段入学水平好于其他国家。

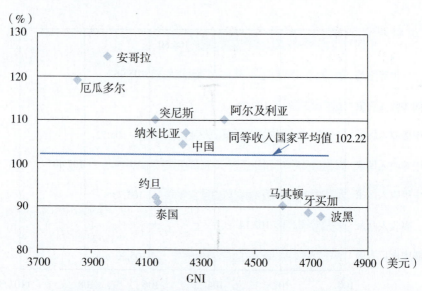

图 3.6 2010 年中国与同等收入国家小学阶段毛入学率比较

【数据来源】UIS. Gross enrolment ratio［DB/OL］. http：//stats. uis. unesco. org/unesco/Table-Viewer/document. aspx? ReportId = 136&IF_Language = eng&BR_Topic = 0；中国教育统计年鉴 2010［M］. 北京：人民教育出版社，2011.

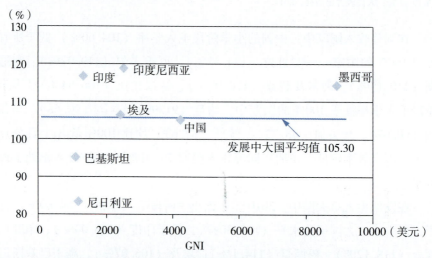

图 3.7 2010 年中国与发展中人口大国小学阶段毛入学率比较

注：巴西、孟加拉国数据缺失。

【数据来源】UIS. Gross enrolment ratio［DB/OL］. http：//stats. uis. unesco. org/unesco/Table-Viewer/document. aspx? ReportId = 136&IF_Language = eng&BR_Topic = 0；中国教育统计年鉴 2010［M］. 北京：人民教育出版社，2011.

（四）中国初中阶段毛入学率与上中等收入国家和高收入国家同处高位，好于同等收入国家和发展中人口大国

2010 年，中国初中阶段毛入学率为 100.10%，高于同等收入国家（93.68%）、中等收入国家（89.74%）、发展中人口大国（80.17%），与上中等收入国家（100.86%）、高收入国家（104.13%）同处高位（见图3.8）。

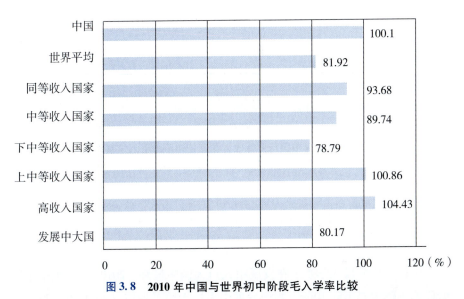

图 3.8　**2010 年中国与世界初中阶段毛入学率比较**

【数据来源】 UIS. Gross enrolment ratio ［DB/OL］. http://stats. uis. unesco. org/unesco/Table-Viewer/document. aspx？ ReportId = 136&IF_Language = eng&BR_Topic = 0；中国教育统计年鉴 2010 ［M］. 北京：人民教育出版社，2011.

中国初中阶段毛入学率在同等收入国家中处于前列。2010 年，中国初中阶段毛入学率是 100.10%，高出同等收入国家平均值（93.68%）6.42 个百分点。在初中阶段毛入学率高于 100% 的国家中，中国最接近 100%，远远低于阿尔及利亚（132.61%）、突尼斯（113.63%）。同时，中国初中阶段毛入学率优于所有低于 100% 的国家，如波黑（98.62%）、厄瓜多尔（97.95%）、泰国（91.04%）等其余 8 个国家，总体上说明中国初中阶段入学水平处于同等收入国家前列（见图 3.9）。

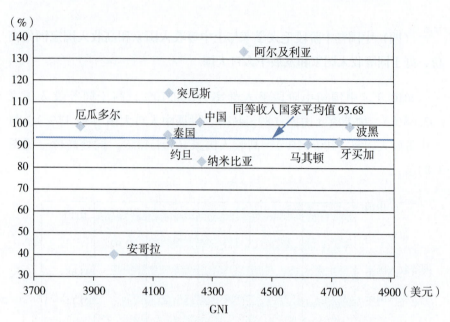

图 3.9　2010 年中国与同等收入国家初中阶段毛入学率比较

注：阿尔巴尼亚、土库曼斯坦的数据缺失，阿尔及利亚、纳米比亚的数据分别采用的是 2009 年、2007 年数据。

【数据来源】UIS. Gross enrolment ratio［DB/OL］. http：//stats. uis. unesco. org/unesco/Table-Viewer/document. aspx？ReportId＝136&IF_Language＝eng&BR_Topic＝0；中国教育统计年鉴 2010［M］. 北京：人民教育出版社，2011.

中国初中阶段入学水平在发展中人口大国中最好。2010 年，中国初中阶段毛入学率是 100.10%，高出发展中人口大国平均值（80.17%）19.93 个百分点。中国初中阶段毛入学率高于埃及（93.98%）、印度尼西亚（91.72%）、印度（80.80%）、孟加拉国（66.31%）、尼日利亚（46.74%）、巴基斯坦（44.45%）6 个国家。在发展中人口大国中，只有墨西哥初中阶段毛入学率（117.20%）高于中国，但过高的毛入学率往往说明其教育效率较低，因此表明中国初中阶段入学水平位于发展中人口大国的前列（见图 3.10）。

如前所述，2010 年中国小学和初中阶段入学水平总体较好，这是多年来中国政府和社会各界共同努力的结果。但随着"两基"的全面完成，中国政府宣布下一步义务教育发展重在提高质量、促进均衡，以期逐步实现基本教育公共服务均等化。

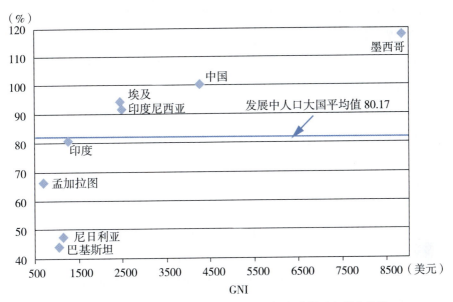

图 3.10 **2010 年中国与发展中人口大国初中阶段毛入学率比较**

注：巴西数据缺失。

【数据来源】 UIS. Gross enrolment ratio ［DB/OL］. http：//stats. uis. unesco. org/unesco/Table-Viewer/document. aspx？ ReportId = 136&IF_Language = eng&BR_Topic = 0；中国教育统计年鉴 2010 ［M］. 北京：人民教育出版社，2011.

（五）中国高中阶段毛入学率高于同等收入国家、中等收入国家、发展中人口大国，与高收入国家差距明显

中国高中阶段毛入学率为 82.50%，超过世界平均水平（59.00%）23.5 个百分点，超过中等收入国家（67.75%）14.75 个百分点，超过上中等收入国家（81.53%）0.97 个百分点，超过下中等收入国家（56.38%）26.12 个百分点，超过发展中人口大国（51.77%）30.73 个百分点，但与高收入国家（101.29%）还相差 18.79 个百分点。

13 个同等收入国家中，中国高中毛入学率排在第 2 位。第 1 位是牙买加，为 94.94%，中国与之相差 12.44 个百分点。同等收入国家的高中毛入学率平均值是 67.85%，中国高过其 14.65 个百分点。同等收入国家中，

高中毛入学率最低的是安哥拉 22.14%，中国高过其 60.36 个百分点。

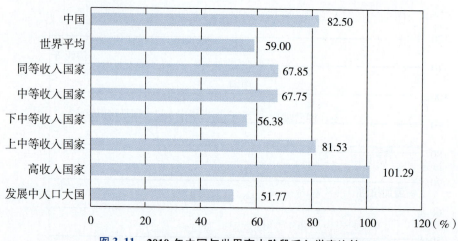

图 3.11　**2010 年中国与世界高中阶段毛入学率比较**

【数据来源】UIS. Gross enrolment ratio［DB/OL］. http：//stats. uis. unesco. org/unesco/Table-Viewer/document. aspx？ ReportId ＝136&IF_Language ＝ eng&BR_Topic ＝0；中国教育统计年鉴 2010［M］. 北京：人民教育出版社，2011.

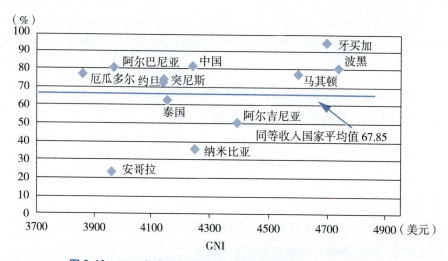

图 3.12　**2010 年中国与同等收入国家高中阶段毛入学率比较**

【数据来源】UIS. Gross enrolment ratio［DB/OL］. http：//stats. uis. unesco. org/unesco/Table-Viewer/document. aspx？ ReportId ＝136&IF_Language ＝ eng&BR_Topic ＝0；中国教育统计年鉴 2010［M］. 北京：人民教育出版社，2011.

在 9 个发展中人口大国中，中国高中阶段毛入学率排在第 1 位。具体而言，中国高中毛入学率高于第 2 位印度尼西亚（62.77%）19.73 个百分点，高过发展中人口大国平均值（51.77%）30.73 个百分点，高过最低的巴基斯坦（26.09% ）56.41 个百分点。

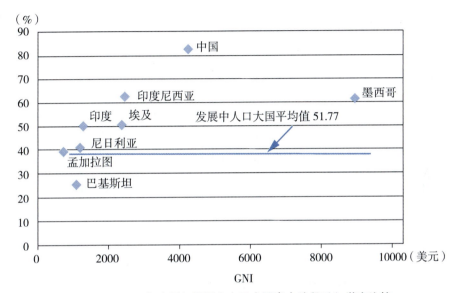

图 3.13　2010 年中国与发展中人口大国高中阶段毛入学率比较

【数据来源】UIS. Gross enrolment ratio ［DB/OL］. http://stats. uis. unesco. org/unesco/TableViewer/document. aspx? ReportId = 136&IF_Language = eng&BR_Topic = 0；中国教育统计年鉴 2010［M］. 北京：人民教育出版社，2011.

（六）中国高等教育毛入学率高于发展中人口大国，低于世界平均水平、同等收入国家、中等收入国家，与上中等收入国家和高收入国家差距较大

2010 年中国高等教育阶段毛入学率为 26.5%，比发展中人口大国平均值（20.73%）高出近 6 个百分点，比下中等收入国家平均值（22.98%）高出 3.5 个百分点；但比同等收入国家平均值（30.75%）低 4.3 个百分点，比中等收入国家平均值（32.81%）低 6.3 个百分点，远低于上中等收入国家平均值（42.64%）16.1 个百分点、高收入国家平均值

（61.38%）34.9 个百分点（见图 3.14）。

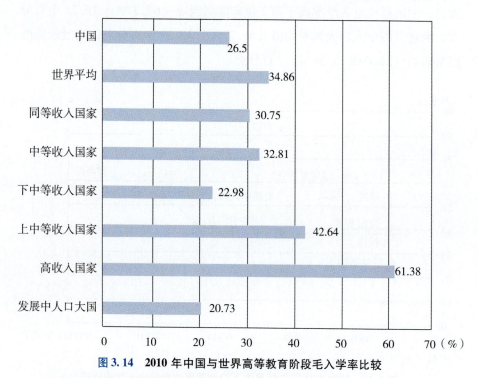

图 3.14　2010 年中国与世界高等教育阶段毛入学率比较

【数据来源】UIS. Gross enrolment ratio［DB/OL］. http：//stats. uis. unesco. org/unesco/Table-Viewer/document. aspx？ReportId＝136&IF_Language＝eng&BR_Topic＝0；中国教育统计年鉴 2010［M］. 北京：人民教育出版社，2011.

2010 年，中国高等教育毛入学率与发展中人口大国相比处于领先地位。具体而言，在发展中人口大国中，中国高等教育毛入学率高于印度、孟加拉、印度尼西亚等发展中人口大国，略低于墨西哥，与埃及尚有较大差距（见图 3.15）。

中国高等教育毛入学率略低于同等收入国家平均水平，仅高于安哥拉、纳米比亚和牙买加 3 国，远低于泰国、约旦、阿尔及利亚等国家。说明在现有经济发展水平下，中国仍需加大对高等教育的支持力度，进一步提高高等教育入学率（见图 3.16）。

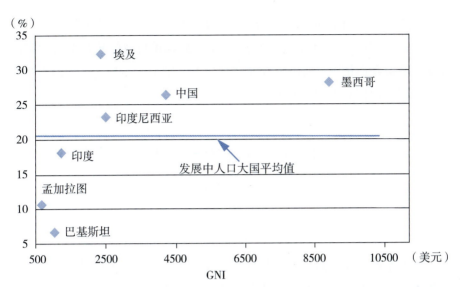

图 3.15　2010 年中国与发展中人口大国高等教育阶段毛入学率比较

【数据来源】UIS. Gross enrolment ratio［DB/OL］. http：//stats. uis. unesco. org/unesco/Table-Viewer/document. aspx？ReportId＝136&IF_Language＝eng&BR_Topic＝0；中国教育统计年鉴 2010［M］. 北京：人民教育出版社，2011.

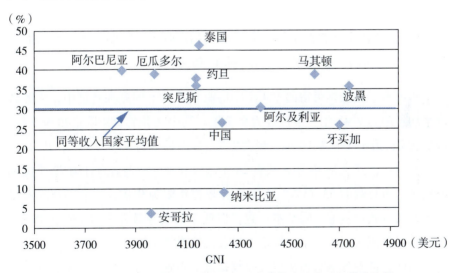

图 3.16　2010 年中国与同等收入国家高等教育阶段毛入学率比较

【数据来源】UIS. Gross enrolment ratio［DB/OL］. http：//stats. uis. unesco. org/unesco/Table-Viewer/document. aspx？ReportId＝136&IF_Language＝eng&BR_Topic＝0；中国教育统计年鉴 2010［M］. 北京：人民教育出版社，2011.

与同等收入国家相比，中国高等教育毛入学率还有较大差距，其差距为 4—5 个百分点。借鉴上中等和高收入国家 GNI 与高等教育毛入学率的相关关系，我们预测，若中国 GNI 持续上升，则经济的发展将带动高等教育的发展，中国高等教育毛入学率将持续上升。

二、中国义务教育年限与中等收入国家基本持平，与高收入国家仍有差距

义务教育年限（the length of compulsory education）是体现一个国家教育发展水平的重要方面。当今下中等收入及以上的绝大多数国家和地区都实施了 5 年以上（包括 5 年）年限不等的义务教育，9 年义务教育最为普遍。中国义务教育年限与中等收入国家和高收入国家的义务教育基准年限（9 年）趋于一致，超过同等收入国家、下中等收入国家和发展中人口大国，但与高收入国家还存在一定差距。

（一）中国义务教育年限与中等收入和高收入国家的义务教育基准年限①一致，但低于其义务教育平均年限 0.48 年

2010 年，在数据可得的 134 个中等收入及以上国家和地区中，义务教育平均年限为 9.48 年，中位数为 9.5 年。其中义务教育年限最短为 5 年，频次为 2；最长年限为 14 年，频次为 2；频次最多的年限为 9 年，共 46 个国家和地区，其次是 10 年，共有 26 个国家和地区，两者合计为 72 个国家和地区，占总数的 53.73%。中国义务教育年限为 9 年，与中等收入及以上国家义务教育基准年限基本一致，但低于其义务教育平均年限 0.48 年，高于年限最短的国家 4 年，低于年限最长的国家 5 年。

当前，世界各国实施 9 年义务教育最为普遍，许多发达国家仍只将小学和初中纳入义务教育范围。在数据可得的 134 个国家和地区中，实施

---

① 指在一定时段内显示国家和地区频次最多的义务教育年限。

5—9 年义务教育的国家和地区有 72 个，占总数的 53.73%；实施 10—14 年义务教育的国家和地区有 62 个，占总数的 46.27%。实施 12 年及以上义务教育的国家仅有 20 个，主要为少数发达国家及少数经济条件好的小型国家（见表 3.1）。

表3.1　**2010 年中等收入及以上 134 个国家和地区实施义务教育概况**

	年限	国家频次	百分比
	5	2	1.49
	6	14	10.44
	7	2	1.49
	8	8	5.97
	9	46	34.33
	10	26	19.40
	11	16	11.94
	12	13	9.7
	13	5	3.73
	14	2	1.49
总计		134	
平均年限	9.48		
中位数	9.5		

注：上表义务教育年限数据来源于 2012 年《全球教育概要》TABLE 2。

【数据来源】UNESCO. Global Education Digest 2012［M/OL］. Montreal：UNESCO Institute for Statistics. http：//www. uis. unesco. org/Education/Pages/global-education-digest. aspx .

2010 年，中国义务教育年限超过同等收入国家、下中等收入国家、发展中人口大国，接近中等收入国家，但与高收入国家还存在一定差距。

经济因素对义务教育年限的长短有着决定性影响。在数据可得的 134 个国家和地区中，下中等收入国家、上中等收入国家、高收入国家的平均人均国民总收入依次为 2270 美元、6920 美元、34440 美元，其平均义务教育年限依次为 8.61 年、9.75 年、10.07 年。上述数据表明，下中等收入国家、上中等收入国家、高收入国家的平均人均国民总收入是依次递增的，其平均义务教育年限也依次递增，平均人均国民总收入层次越高，平均义务教育年限的层次也越高。但是，经济因素并非唯一影响义务教育年限长短的因素。上述数据也表明，平均人均国民总收入与平均义务教育年限并非按比例递增，只是大体相关。从同等收入国家的数据亦能看出，在人均国民总收入相当的情况下，各国实施义务教育年限的长短却各有殊异，最短年限为6年，最长年限为10年。由此表明，除了经济因素，必定还有其他因素对义务教育年限的长短产生着重要影响。一般来说，各国政府对义务教育的重视程度及其文化教育水平对于决定其义务教育年限的长短具有举足轻重的作用（见图3.17）。

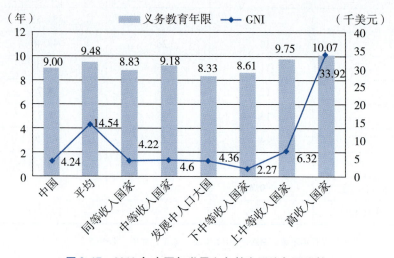

图3.17 2010年中国与世界义务教育平均年限比较

注：图中义务教育年限数据来源于2012年《全球教育概要》TABLE 2。

【数据来源】 UNESCO. Global Education Digest 2012 ［M/OL］. Montreal：UNESCO Institute for Statistics. http：//www. uis. unesco. org/Education/Pages/global-education-digest. aspx.

（二）中国义务教育年限高于同等收入国家平均年限0.17年

同等收入国家中（包括中国共13个国家，其中波黑数据缺失），义务教育平均年限为8.83年。其中义务教育年限最短为6年，频次为1；最长年限为10年，频次为4；频次最多的年限为9年，共有6个国家和地区。

与同等收入国家相比较，中国义务教育年限与其义务教育基准年限一致，高于其平均年限 0.17 年，高于年限最短的国家 3 年，低于年限最长的国家 1 年。这与中国政府高度重视义务教育的实施及中国优良的教育传统密切相关（见图 3.18）。

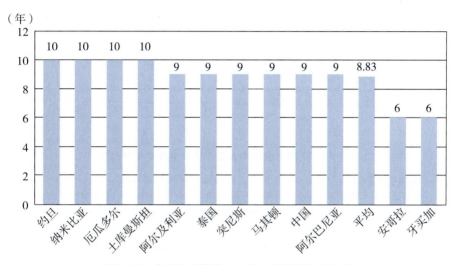

图 3.18　中国与同等收入国家义务教育年限比较

注：图中义务教育年限数据来源于 2012 年《全球教育概要》TABLE 2。

【数据来源】UNESCO. Global Education Digest 2012 ［M/OL］. Montreal：UNESCO Institute for Statistics. http：//www. uis. unesco. org/Education/Pages/global-education-digest. aspx.

（三）中国义务教育年限高于发展中人口大国平均年限 0.67 年

9 个发展中人口大国义务教育平均年限为 8.33 年。其中义务教育年限最短为 5 年，频次为 2；最长年限为 11 年，频次为 1；频次最多的年限为 9 年，共有 6 个国家和地区。在发展中人口大国中，中国的人口数仍然遥遥领先，但人均国民总收入并未领先，而是居于中等水平。与发展中人口大国相比较，中国义务教育年限与其义务教育基准年限一致，高于其平均年限 0.67 年，高于年限最短的国家 4 年，低于年限最长的国家 3 年（见图3.19）。

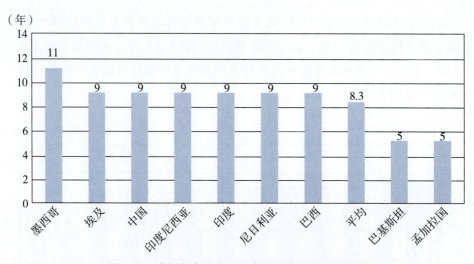

图 3.19　中国与发展中人口大国义务教育年限比较

注：图中义务教育年限数据来源于 2012 年《全球教育概要》TABLE 2。

【**数据来源**】UNESCO. Global Education Digest 2012 ［M/OL］. Montreal：UNESCO Institute for Statistics. http：//www. uis. unesco. org/Education/Pages/global-education-digest. aspx.

（四）中国义务教育年限高于下中等收入国家平均年限 0.39 年

下中等收入国家共 54 个（其中有 10 个国家数据缺失），义务教育平均年限为 8.61 年。其中义务教育年限最短为 5 年，频次为 2；最长年限为 12 年，频次为 1；频次最多的年限为 9 年，共有 19 个国家和地区。下中等收入国家的人均国民总收入均在 4000 美元以下。这一类国家政府都很重视义务教育，义务教育平均年限达到 8.61 年，基准年限 9 年。加纳、乌兹别克斯坦的人均国民总收入不足 2000 美元，其义务教育年限达到 11 年和 12 年。乌克兰的人均国民总收入不足 3000 美元，其义务教育年限达到 11 年。与下中等收入国家相比较，中国的人均国民总收入略高，中国的义务教育年限超越其平均水平 0.39 年，与其基准年限一致（见图 3.20）。

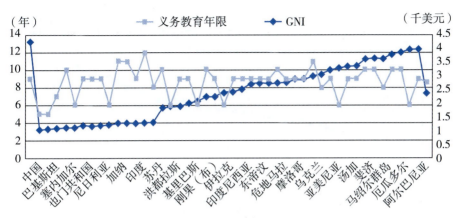

图 3. 20　中国与下中等收入国家义务教育年限比较

注：图中义务教育年限数据来源于 2012 年《全球教育概要》TABLE 2。

【数据来源】UNESCO. Global Education Digest 2012 ［M/OL］. Montreal：UNESCO Institute for Statistics. http：//www. uis. unesco. org/Education/Pages/global-education-digest. aspx.

（五）中国义务教育年限低于上中等收入国家平均年限 0.75 年

上中等收入国家（包括中国）共 45 个（其中有 1 个国家数据缺失），义务教育平均年限为 9.75 年。其中义务教育年限最短为 6 年，频次为 3；最长年限为 14 年，频次为 2；频次最多的年限为 9 年，共有 14 个国家和地区（见图 3.21）。上中等收入国家的人均国民总收入为 4000—12000 美元，属于比较富裕的国家群体。由于这些国家经济条件比较优越，政府也比较重视教育，其义务教育平均年限达到 9.75 年，其义务教育基准年限仍为 9 年。虽然 2010 年中国人均国民总收入已达到上中等收入国家的水平，但只是达到其下限水平。与上中等收入国家的平均水平相比较，中国义务教育年限与其基准年限一致，但低于其平均年限 0.75 年（见图 3.21）。

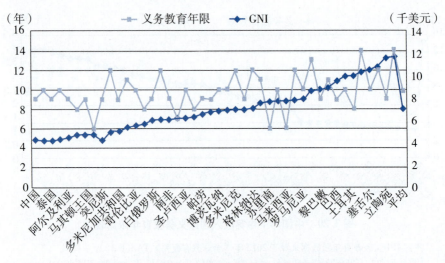

图 3.21　中国与上中等收入国家义务教育年限比较

注：图中义务教育年限数据来源于 2012 年《全球教育概要》TABLE 2。

【数据来源】UNESCO. Global Education Digest 2012 ［M/OL］. Montreal：UNESCO Institute for Statistics. http：//www. uis. unesco. org/Education/Pages/global-education-digest. aspx.

（六）中国义务教育年限低于高收入国家平均年限 1.07 年

高收入国家共 49 个（其中有 3 个国家数据缺失），其义务教育平均年限为 10.07 年，基准年限为 9 年。高收入国家义务教育年限最短为 6 年，频次为 4；最长年限为 13 年，频次为 4；频次最多的年限为 9 年，共有 13 个国家和地区。高收入国家人均国民总收入在 12000 美元以上，各国政府均很重视义务教育的普及与提高，对义务教育的投入相对较为充足。与高收入国家的平均水平相比较，中国义务教育年限与其基准年限一致，但低于其平均年限 1.07 年。说明中国义务教育年限与高收入国家尚有一定差距（见图 3.22）。

各国义务教育年限一旦确立，相对比较稳定，但也并非一成不变，一般都呈现出逐渐延长的趋势。在义务教育制度确立之初，各国对义务教育年限的规定为 3—8 年不等，但随着社会发展对劳动者受教育水平要求的提高，各国义务教育年限逐步延长至 9—12 年，个别国家甚至达到 14 年。目前，世界义务教育年限已从 10 年前的 9 年基准年限向 10 年基准年限逐步

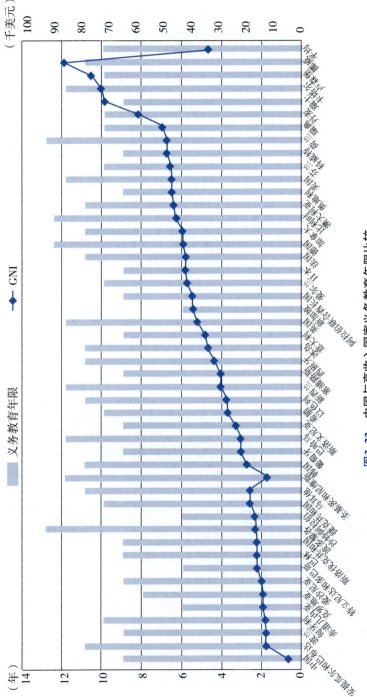

图3.22 中国与高收入国家义务教育年限比较

注：图中义务教育年限数据来源于2012年《全球教育概要》TABLE 2。

【数据来源】UNESCO. Global Education Digest 2012［M/OL］.Montreal: UNESCO Institute for Statistres. http://www.uis.unesco.org/Education/Pages/global_education_digest.aspx.

过渡，延长的方向是学前1—2年教育或高中阶段教育。世界各国实施义务教育年限的长短，大体是由该国的经济发展水平、政府的重视程度和文化教育水平所决定的。

我国自1986年以法律形式确立9年义务教育制度以来，截至2011年全国31个省（区、市）和新疆生产建设兵团全部实现"两基"，领先于其他发展中人口大国，达到或超过世界中等收入国家的平均水平。随着经济的发展和国力的提升，国内"延长义务教育至12年"的呼声日渐高涨，部分人主张将学前教育纳入义务教育范畴，另一部分人则主张将义务教育延长至高中阶段。但我国广大农村地区义务教育的普及是在较低的起点上和较短的时间内实现的，存在着基础薄弱、发展不平衡、质量有待提高等突出问题。综合考虑国情国力，目前我国尚不具备延长义务教育年限的条件。按照《教育规划纲要》精神，我国2020年前将仍然实行9年义务教育，主要目标在于巩固提高9年义务教育水平。与此同时，我国将积极发展学前教育、加快普及高中阶段教育，并为家庭经济困难的学生提供资助。有条件的地方还可以在全面实现城乡免费义务教育的基础上，探索实行学前和高中阶段的免费教育。

三、中国15岁及以上成人识字率处于世界
领先水平，与高收入国家基本持平

15岁及以上成人识字率是国际上衡量一个国家教育普及和扫除青壮年文盲成效的一个通用指标。本部分将分别分析15岁及以上成人识字率和15—24岁青年识字率这两项指标。其中，15岁及以上成人识字率〔Adult（15＋）literacy rate（%）.Total〕是指可以读写并理解自己日常生活的15岁及以上的人口比例。一般情况下，识字还包括算术的能力，即简单的算术计算。事实上，何谓识字、何谓会算术的具体标准，国际上并不统一。中国15岁及以上成人识字率显著高于发展中人口大国，接近高收入国家；15—24岁青年识字率显著高于下中等收入国家，略高于高收入国家。

（一）中国成人识字率显著高于世界平均水平，与高收入国家基本持平

截至 2010 年，我国 15 岁及以上成人识字率为 94.27%，15—24 岁青年识字率为 99.40%，两者比较接近。这表明我国上一阶段落实"两基"工作卓有成效。

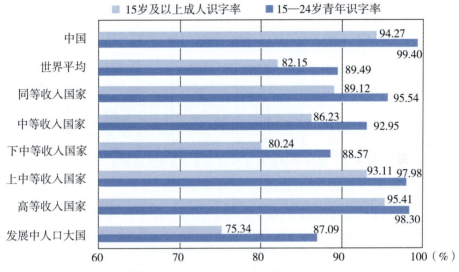

图 3.23　2010 年中国与世界识字率比较

注：由课题组根据收集的数据计算得出各类国家的平均值。

【数据来源】1. UNESCO Database Center. ［DB/OL］. http：//stats. uis. unesco. org/unesco/TableViewer/tableView. aspx？ReportId＝210.

2. 15 岁及以上成人识字率中多米尼克、丹麦数据来自：UNESCO. EFA Global Monitoring Report 2011［M/OL］. Paris：UNESCO，2011. http：//www. unesco. org/new/en/education/themes/leading-the-international-agenda/efareport/reports/2011-conflict/.

3. 15—24 岁青年识字率中科特迪瓦、安提瓜和巴布达数据来自：世界银行. 数据［DB/OL］. http：//data. worldbank. org. cn/indicator/SE. ADT. 1524. LT. ZS/countries.

（二）中国 15 岁及以上成人识字率显著高于发展中人口大国，接近高收入国家

在 15 岁及以上成人识字率方面，中国比世界平均水平（82.15%）高出 12.12 个百分点，比同等收入国家平均水平（89.12%）高出 5.15 个百分点，比中等收入国家平均水平（86.23%）高出 8.04 个百分点。其中，

中国比下中等收入国家平均水平（80.24%）高出 14.03 个百分点，比上中等收入国家平均水平（93.11%）高出 1.16 个百分点。中国仅比高收入国家平均水平（95.41%）低 1.14 个百分点，比发展中人口大国平均水平（75.34%）高出 18.93 个百分点。

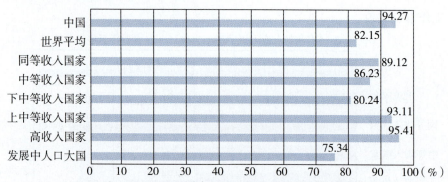

图 3.24　2010 年中国与世界 15 岁及以上成人识字率比较

注：1. 由课题组根据收集的数据计算得出各类国家的平均值。

2. 数据参考年份为 2010 年，保加利亚为 2011 年数据，塞内加尔、马达加斯加、柬埔寨、多哥、摩洛哥、越南、委内瑞拉玻利瓦尔共和国、印度尼西亚、玻利维亚、吉尔吉斯斯坦、白俄罗斯、智利、土耳其、巴西、科特迪瓦为 2009 年数据，菲律宾、阿尔巴尼亚、韩国、阿曼、多米尼克、科威特、突尼斯、丹麦为 2008 年的数据，布基纳法索、埃塞俄比亚、喀麦隆、黎巴嫩、南非、秘鲁为 2007 年的数据，印度、汤加、马尔代夫、阿尔及利亚、海地为 2006 年数据，尼日尔、老挝、尼加拉瓜、不丹、泰国、阿塞拜疆、阿拉伯联合酋长国、马耳他为 2005 年的数据。

【数据来源】1. UNESCO Database Center.［DB/OL］. http：//stats. uis. unesco. org/unesco/Table-Viewer/tableView. aspx? ReportId＝210.

2. 多米尼克、丹麦数据来自：UNESCO. EFA Global Monitoring Report 2011［M/OL］. Paris：UNESCO，2011. http：//www. unesco. org/new/en/education/themes/leading-the-international-agenda/efa-report/.

我国比同等收入国家平均水平高出 5.15 个百分点，排名第 5。同等收入国家的 15 岁及以上成人识字率整体水平较高，低于 80% 的国家仅有安哥拉、阿尔及利亚、突尼斯，就连最低的安哥拉也已超过 70%。同等收入国家中，情况最为理想的是阿尔巴尼亚、马其顿、波黑、土库曼斯坦，分别为 95.94%、97.27%、97.88% 和 99.58%。这些国家的 15 岁及以上成人文盲率最低，但中国与他们差距不大。

中国 15 岁及以上成人识字率在发展中人口大国中处于较高水平。2010 年，中国的 15 岁及以上成人识字率为 94.27%，比发展中人口大国平均水平（75.34%）高18.93个百分点，排名第1。发展中人口大国15岁及以上成人识字率略微有两极分化的趋势。巴西（90.30%）、印度尼西亚（92.58%）、墨西哥（93.07%）的识字率都高于发展中人口大国平均水平，与中国差距不大。巴基斯坦（54.89%）、孟加拉国（56.78%）、尼日利亚（61.34%）、印度（62.75%）的识字率都低于发展中人口大国平均水平，这些国家的15岁及以上成人识字率相对较低。

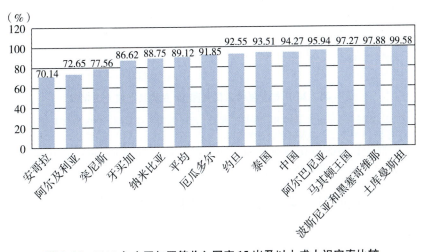

图3.25　2010年中国与同等收入国家15岁及以上成人识字率比较

注：1. 数据参考年份为2010年，阿尔巴尼亚、突尼斯为2008年数据，阿尔及利亚为2006年数据，泰国为2005年数据。

2. 按照15岁及以上成人识字率升序排列。

【数据来源】UNESCO Database Center ［DB/OL］. http：//stats. uis. unesco. org/unesco/Table-Viewer/tableView. aspx? ReportId =210.

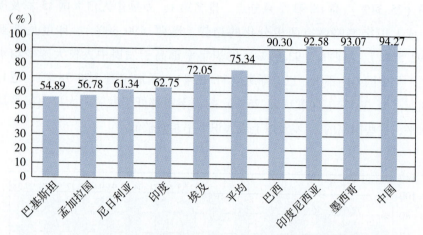

图 3.26 **2010 年发展中人口大国 15 岁及以上成人识字率**

注：1. 数据参考年份为 2010 年，印度尼西亚、巴西为 2009 年数据，印度为 2006 年数据。
2. 按照 15 岁及以上成人识字率升序排列。

【数据来源】UNESCO Database Center. ［DB/OL］. http：//stats. uis. unesco. org/unesco/Table-
Viewer/tableView. aspx？ReportId＝210.

（三）中国 15—24 岁青年识字率显著高于下中等收入国家，略高于高收入国家

在 15—24 岁青年识字率方面，中国比世界平均水平（89.49%）高出 10 个百分点，比同等收入国家平均水平（95.54%）高出 3.86 个百分点，比中等收入国家平均水平（92.95%）高出 6.45 个百分点。其中，中国比下中等收入国家平均水平（88.57%）高出 10.83 个百分点，比上中等收入国家平均水平（97.98%）高出 1.41 个百分点。即使与高收入国家平均水平（98.30%）相比，中国仍然高出 1.10 个百分点。同时，中国比发展中人口大国平均水平（87.09%）高出 12.31 个百分点。

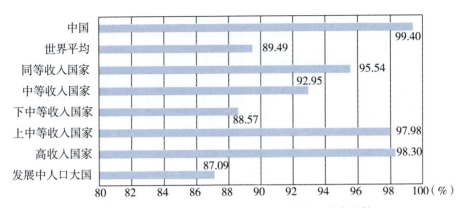

图 3.27　2010 年中国与世界 15—24 岁青年识字率比较

注：1. 由课题组根据收集的数据计算得出各类国家的平均值。

2. 数据参考年份为 2010 年，保加利亚为 2011 年数据，塞内加尔、马达加斯加、巴基斯坦、柬埔寨、多哥、摩洛哥、委内瑞拉玻利瓦尔共和国、印度尼西亚、玻利维亚、吉尔吉斯斯坦、白俄罗斯、智利、土耳其、巴西、科特迪瓦、新加坡为 2009 年数据，菲律宾、阿尔巴尼亚、韩国、阿曼、多米尼克、科威特、突尼斯、丹麦、安提瓜和巴布达为 2008 年数据，布基纳法索、埃塞俄比亚、喀麦隆、黎巴嫩、南非、秘鲁为 2007 年数据，印度、汤加、马尔代夫、阿尔及利亚、海地为 2006 年数据，尼日尔、刚果（金）、老挝、尼加拉瓜、不丹、泰国、阿塞拜疆、阿拉伯联合酋长国、马耳他为 2005 年数据。

【数据来源】1. UNESCO Database Center［DB/OL］. http：//stats. uis. unesco. org/unesco/Table-Viewer/tableView. aspx？ ReportId = 210.

2. 科特迪瓦、安提瓜和巴布达数据来自：世界银行. 数据［DB/OL］. http：//data. worldbank. org. cn/indicator/SE. ADT. 1524. LT. ZS/countries.

3. 丹麦、多米尼克数据来自：UNESCO. EFA Global Monitoring Report 2011［M/OL］. Paris：UNESCO， 2011. http：//www. unesco. org/new/en/education/themes/leading-the-international-agenda/efareport/.

　　中国的 15—24 岁青年识字率比同等收入国家平均水平（95.54%）高 3.86 个百分点，排名第 3。同等收入国家的 15—24 岁青年识字率整体水平很高，低于 90% 的仅有安哥拉一个国家。同等收入国家中情况最为理想的是中国、波黑和土库曼斯坦，这些国家的 15—24 岁青年识字率分别为 99.40%、99.71% 和 99.83%，略好于其他同等收入国家。

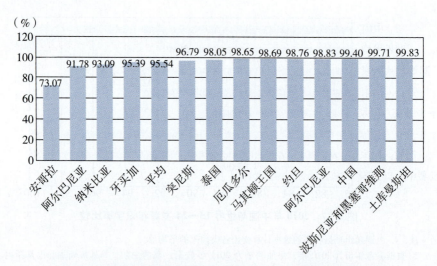

图 3. 28　2010 年中国与同等收入国家 15—24 岁青年识字率比较

注：1. 数据参考年份为 2010 年，阿尔巴尼亚、突尼斯为 2008 年数据，阿尔及利亚为 2006 年数据，泰国为 2005 年数据。

2. 按照 15—24 岁青年识字率升序排列。

【数据来源】UNESCO Database Center ［DB/OL］. http：//stats. uis. unesco. org/unesco/Table-Viewer/tableView. aspx？ ReportId = 210.

　　2010 年，中国 15—24 岁青年识字率比发展中人口大国平均水平（87. 09 %）高 12. 31 个百分点，分别比发展中人口大国 15—24 岁青年识字率最低的国家巴基斯坦、尼日利亚和孟加拉国高出 28. 72、27. 27、22. 44 个百分点，仅低于最高的印度尼西亚（99. 47%）不到 0. 1 个百分点。总体来说，中国的 15—24 岁青年识字率水平已比较理想。

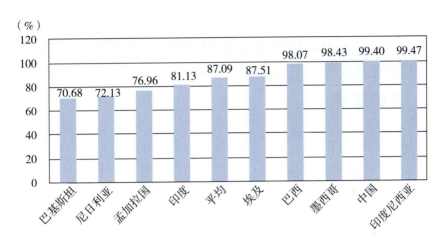

图 3.29 2010 年发展中人口大国 15—24 岁青年识字率

注：1. 数据参考年份为 2010 年，印度尼西亚、巴西、巴基斯坦为 2009 年数据，印度为 2006 年数据。

2. 按照 15—24 岁青年识字率升序排列。

【数据来源】 UNESCO Database Center ［DB/OL］. http：//stats. uis. unesco. org/unesco/Table-Viewer/tableView. aspx？ ReportId＝210.

　　总之，我国 15 岁及以上成人识字率、15—24 岁青年识字率均处于世界领先水平。虽然今后扫除文盲、提高成人识字率不再是我国教育普及工作的重中之重，但这一任务仍须持续而不可间断，只是工作的重点转移至提高义务教育的质量和高中教育的普及工作，以此避免新文盲的产生。随着现代科技的发展，文盲标准会做出相应的修订，如果仅仅是懂得阅读和计算，还不足以适应现代科学技术的迅速发展。因此，学会现代信息技术手段、提高生存和发展能力将成为避免未来文盲产生的重要预防途径。

四、中国 25 岁以上受过中等教育的人口比例与同等收入国家接近，受过高等教育的人口比例与高收入国家差距明显

人们的受教育程度是以学历来衡量的。学历是指求学的经历，指曾在哪些学校肄业或毕业。国际上公认的学历有初等教育（小学）、中等教育（包括初中、高中、中等职业学校）、高等教育（包括专科、本科、硕士研究生、博士研究生、高职教育）几个层次。中国 25 岁以上至少接受过中等教育的人口与同等收入国家基本持平，与高收入国家仍有差距；中国主要劳动年龄人口中持有高等教育学历的比例与高收入国家有明显差距。

（一）中国 25 岁以上受过中等教育的人口比例与同等收入国家基本持平，与高收入国家仍有差距

"接受过中等教育的人口"指接受过初中、高中（包括中等职业学校）教育的人口。联合国开发计划署发布的《人类发展报告 2010》（Human Development Report 2010）中的数据表明，近年来中国 25 岁以上接受过中等教育的人口比例有明显提升，2010 年这一比例是 38.4%，比发展中人口大国（27.40%）高 11 个百分点，比下中等收入国家（33.73%）高 4.67 个百分点，与同等收入国家（39.63%）基本持平；但与上中等收入国家（46.33%）特别是高收入国家（66.64%）还存在明显差距（见图 3.30）。

1. 中国 25 岁以上受过中等教育的人口比例与同等收入国家基本持平

同等收入国家（包括中国共 13 个国家，有 5 个国家数据缺失）25 岁以上人口接受过中等教育的平均比例为 39.63%，最高比例为 75.7%，最低比例为 20.6%。与同等收入国家相比较，中国 25 岁以上接受过中等教育的人口比例与其平均水平的差距仅 1.23 个百分点。虽然中国与同等收入国家人均国民总收入差距不大，但中国背负着沉重的人口负担，再加上一些特殊的历史原因，在较短时期内能取得这样的教育成就，与多年来党和政府把教育摆在优先发展的战略位置密切相关（见图 3.31）。

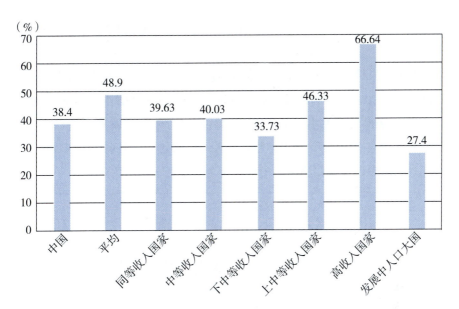

图 3.30 2010 年中国与世界 25 岁以上至少受过中等教育的人口比较

【数据来源】UNDP. Human Development Report 2010 ［R/OL］. http：//hdr. undp. org/en/reports/global/hdr2010/chapters/cn/.

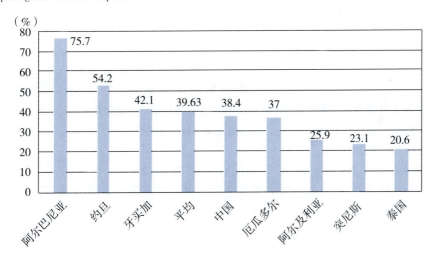

图 3.31 2010 年中国与同等收入国家 25 岁以上接受过中等教育的人口比较

【数据来源】UNDP. Human Development Report 2010 ［R/OL］. http：//hdr. undp. org/en/reports/global/hdr2010/chapters/cn/.

2. 中国 25 岁以上受过中等教育的人口比例比发展中人口大国高 11 个百分点

发展中人口大国（有 2 个国家数据缺失）人均国民总收入都在 1 万美元以下。发展中人口大国 25 岁人口以上接受过中等教育的平均比例为 27.40%，最高比例为 40.3%，最低比例为 16.7%。与发展中人口大国相比，中国 25 岁以上接受过中等教育的人口比例处于领先水平。在数据可得的这些国家中，仅墨西哥高出中国 1.9 个百分点（见图 3.32）。

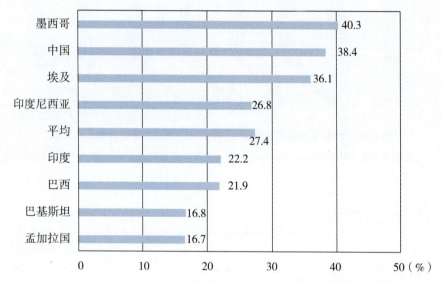

图 3.32 **2010 年中国与发展中人口大国 25 岁以上接受过中等教育的人口比例比较**

【数据来源】UNDP. Human Development Report 2010 ［R/OL］. http：//hdr. undp. org/en/reports/global/hdr2010/chapters/cn/.

3. 中国 25 岁以上受过中等教育的人口比例比下中等收入国家高 4.67 个百分点

下中等收入国家共 53 个（有 23 个国家数据缺失），下中等收入国家 25 岁以上人口接受过中等教育的平均比例为 33.73%，最高比例为 91%，最低比例为 8.3%。与下中等收入国家相比，中国 25 岁以上接受过中等教育的人口比例较其平均水平略有超越，比其平均水平（33.73%）高 4.67 个百分点（见图 3.33）。

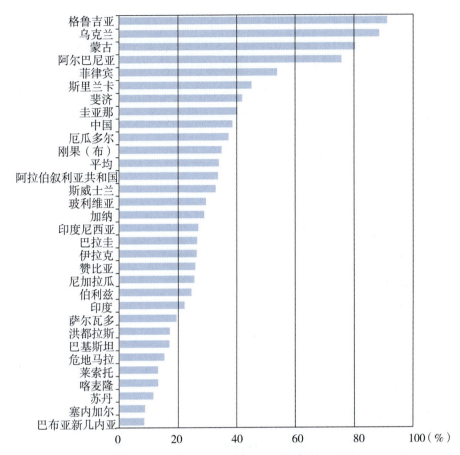

图 3.33　2010 年中国与下中等收入国家 25 岁以上
受过中等教育的人口比例比较

【数据来源】UNDP. Human Development Report 2010 ［R/OL］. http：//hdr. undp. org/en/reports/global/hdr2010/chapters/cn/.

4. 中国 25 岁以上受过中等教育的人口比例比上中等收入国家低 9.2 个百分点

上中等收入国家（包括中国）共 45 个（有 14 个国家数据缺失），上中等收入国家 25 岁以上人口接受过中等教育的平均比例为 47.6%，最高比例为 98.2%，最低比例为 20.6%。与上中等收入国家相比，中国 25 岁以上接受过中等教育的人口比例较其平均水平（47.6%）要低 9.2 个百分点。上中等收入国家的人均国民总收入通常为 4000—12000 美元，属于比较富裕的国家，虽然中国 2010 年的人均国民总收入（4240 美元）已跃于上中等收入国家的行列，但中国 2010 年以前的人均国民总收入一直在4000 美元以下，且中国公共教育经费占 GDP 比重多年来不足 4%，教育投入结构相对不平衡，由此导致中国 25 岁以上接受过中等教育的人口比例相对偏低（见图 3.34）。

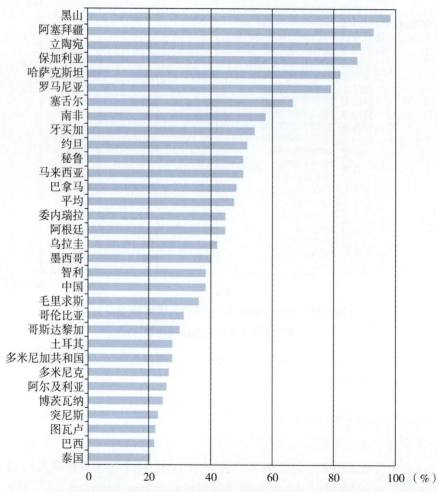

图 3.34　**2010 年中国与上中等收入国家 25 岁以上受过中等教育的人口比例比较**

【数据来源】UNDP. Human Development Report 2010 ［R/OL］. http://hdr.undp.org/en/reports/global/hdr2010/chapters/cn/.

5. 中国25岁以上受过中等教育的人口比例比高收入国家低28.24个百分点

高收入国家共49个（其中有6个国家数据缺失），高收入国家25岁以上人口接受过中等教育的平均比例为66.64%，最高比例为99.8%，最低比例为27.5%。与高收入国家相比，中国25岁以上接受过中等教育的人口比例较其平均水平低28.24个百分点，比最高的捷克低61.7个百分点，仅高于最低的葡萄牙。说明中国25岁以上接受过中等教育的人口比例与高收入国家差距较大，要赶超高收入国家的教育发展水平可谓任重而道远（见图3.35）。

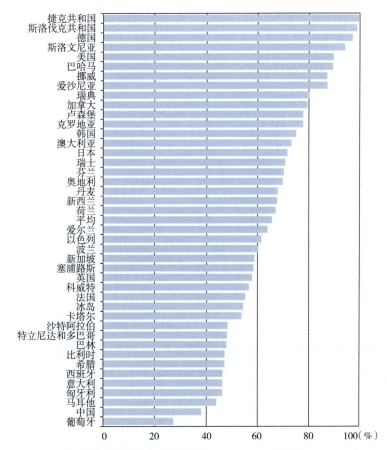

图3.35　2010年中国与高收入国家25岁以上受过中等教育的人口比例比较

【数据来源】UNDP. Human Development Report 2010 ［R/OL］. http：//hdr. undp. org/en/reports/global/hdr2010/chapters/cn/.

（二）中国主要劳动年龄人口受过高等教育的比例与高收入国家差距较大

我国把 20—59 岁人口作为主要劳动年龄人口，OECD 国家把 25—64 岁人口作为主要劳动年龄人口。中国通过不懈努力，使近年来中国成年人的学历水平有了显著提高。2010 年中国主要劳动年龄人口受过高等教育的比例已达到 10.5%，但由于政治、经济、人口、历史等诸多特殊原因，中国主要劳动年龄人口拥有高等教育学历的比例依然明显低于高收入国家。具体而言，中国主要劳动年龄人口受过高等教育的比例分别低于 OECD 国家（30%）19.5 个百分点、欧盟 21 国（28%）17.5 个百分点、G20 国家（26%）15.5 个百分点（见图 3.36）。

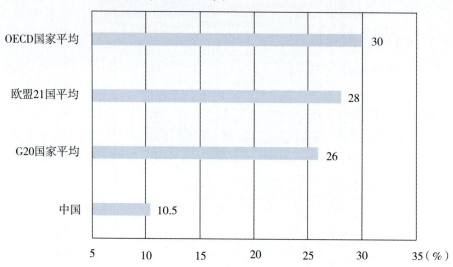

图 3.36 **2010 年中国与高收入国家主要劳动年龄人口受过高等教育的比例比较**

【数据来源】经济合作与发展组织. 教育概览 2012：OECD 指标［M］. 北京：教育科学出版社，2012；中国数据来源于中国教育部发展规划司编发的《2012 年教育统计分析资料汇编》，第 52 页。

总之，中国 25 岁以上至少接受过中等教育的人口占全国总人口的 38.4%，在国际上居于中等水平。2010 年我国主要劳动年龄人口中受过高等教育的人口比例已达到 10.5%，虽然低于高收入国家的平均水平，但近年来中国成年人的学历水平有了显著提高，目前从业人员中持有高等教育学历的人数已位居世界前列，我国正从人口大国转向人力资源强国。

与高收入国家相比较，我国高等教育的规模与质量均存在较大差距，今后还须进一步扩大规模、提高质量。职业教育和培训（包括职前和在职培训）在很多国家是国民学历的主要构成要素，在奥地利、捷克、德国、匈牙利、斯洛伐克和斯洛文尼亚，超过 50％ 的 25—64 岁人口的最高学历是职业高中或中等后非高等教育。因而，进一步扩大和加强职业教育及培训是我国未来教育发展的重要方向之一。

五、中国公共教育经费占 GDP 比例低于世界平均水平，教育投入结构不够合理

教育投入是保障及提升教育条件及环境的决定性因素，是支撑国家长远发展的基础性、战略性投资，是公共财政的重要职能。中国 2010 年人均国民总收入的数值达到 4240 美元，已经跃于上中等收入国家行列，意味着中国将会有更大的能力加强对教育的投入，优化教育投入的结构，提高教育投入的效益。本部分从公共教育经费投入方面对中国及世界不同经济体国家的教育投入保障情况进行对比分析，显示中国 2010 年度在教育条件和环境方面的新进展，确定中国在国际格局中的处境和相对位置，比较中国在教育条件及环境保障方面与其他国家的差别与差距，分析并预测中国在教育条件及保障方面的发展趋势。中国公共教育经费占 GDP 比例低于世界平均水平，公共教育经费占政府财政支出比例与高收入国家基本持平，但低于其他类型国家。中国公共教育经费支出结构和各级生均教育经费投入结构与各类型国家相比轻基教、重高教。

（一）中国教育投入总量逐年增长，但公共教育经费占 GDP 比重低于世界平均水平

公共教育支出占国内生产总值比重指标是联合国教科文组织评价一国教育经费投入情况的重要指标，反映一个国家和政府对教育的重视程度以

及全社会发展教育的努力程度。鉴于我国现有统计数据中没有与国际"公共教育支出"指标统计口径完全一致的指标数据，故用"国家财政性教育经费/GDP"作为替代指标（王善迈，袁连生，2011）。根据我国国情，1988 年教育部课题研究小组与财政部多次讨论后，将该指标的分子"公共教育支出"扩大为"财政性教育经费支出"，即"除了政府预算内经费拨款，还包括城乡教育费附加、办学支出和校办产业减免税收中用于教育方面的支出"。因此，严格意义上说，相同情况下"国家财政性教育经费/GDP"比值将大于"公共教育支出/GDP"比值。

1. 中国公共教育经费占 GDP 比重与发展中人口大国持平，低于其他类型国家

中国国内生产总值逐年增长，公共教育经费占 GDP 比例随之上升。2006—2010 年中国国内生产总值总体保持了理想的增长态势，经济总量跃于世界前列，并稳步提升，为公共教育经费支出打下了坚实的基础。2010 年，中国国内生产总值达到 401202 亿元，比 2006 年增长了 184887.6 亿元，比 2007 年增长了 135391.7 亿元，说明中国经济实现了快速增长，并呈现出逐年递增的趋势。

与此相应，2006—2010 年，中国公共教育经费支出占 GDP 的比例呈逐年增加趋势。2010 年，中国公共教育经费总投入达到 14670 亿元，比 2006 年的 6348 亿元增长了 8322 亿元，年均增长 23%。2010 年，中国公共教育经费支出占 GDP 的比例达到 3.66%，比 2009 年提高了 0.07 个百分点，达到历史最高点，说明近 5 年中国对公共教育经费的投入力度逐年加大，已经接近《教育规划纲要》所提出的"到 2012 年国家财政性教育经费支出占国内生产总值的比例达到 4%"的目标。

2010 年世界主要国家公共教育支出占 GDP 的比例大多超过 4%，世界平均水平是 4.83%，中国公共教育经费总体支出规模只达到 3.66%。中国公共教育经费支出占 GDP 的比例与发展中人口大国（3.66%）相同，在世界 204 个国家中位于第 109 位，居于中等偏下位置，与同等收入国家（5.10%）、世界平均水平（4.83%）、中等收入国家（4.97%）、高收入国家（5.42%）都有一定差距。具体而言，在同等收入国家（13 个）中，中国教育公共经

费投入低于多数国家，如阿尔及利亚（4.34%）、纳米比亚（8.30%）、牙买加（6.14%），接近于安哥拉（3.47%）、泰国（3.75%）等国。中国教育公共经费投入比重与部分高收入国家，如英国（5.63%）、法国（5.90%）、美国（5.44%）等国家差距较为明显。但另一面，也可看到，部分下中等收入国家，例如尼加拉瓜（5.96%）、乌克兰（5.28%），甚至是低收入国家，例如肯尼亚（6.66%）、卢旺达（5.00%），虽然在经济水平和 GNI 方面低于中国，但教育公共经费投入所占 GDP 的比重却高于中国，说明教育公共经费支出比例与一国经济发展水平相关，但也与政府投入的努力程度关系密切。近年来，中国政府在逐步加强对教育公共经费的投入，但还需进一步提高公共教育支出占 GDP 的比例（见图 3.37）。

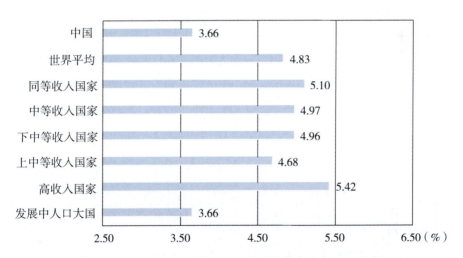

图 3.37　2010 年世界范围内公共教育经费支出占 GDP 比例

【数据来源】UIS. Percentage of GDP / GNP［DB/OL］. http://stats. uis. unesco. org/unesco/TableViewer/document. aspx? ReportId = 136&IF_Language = eng&BR_Topic = 0；教育部、国家统计局、财政部关于 2010 年全国教育经费执行情况统计公告［EB/OL］. http://www. moe. edu. cn/public-files/business/htmlfiles/moe/s3040/201112/xxgk_128871. html.

2. 中国公共教育经费支出占 GDP 比重在上中等收入国家中排名偏后

虽然中国 2010 年度国内生产总值超过日本成为世界第 2 大经济体，GNI 也已超过 4000 美元，进入上中等经济体国家行列，但公共教育经费支出占 GDP 的比重在上中等收入国家和地区中①排名较为落后。具体而言，中国公共教育经费支出占 GDP 的比重在数据可得的上中等收入国家和地区中，处于第 25 位，仅高于多米尼克（3.49%）、土耳其（2.86%）、黎巴嫩（1.59%）等国，排名较为偏后，说明相对于经济程度的提升，政府在公共教育经费投入上还需加大努力（见表 3.2）。

表 3.2　2010 年中国与上中等经济体国家公共教育经费支出比例比较

序号	国家	GNI（美元）	教育公共经费（%）	序号	国家	GNI（美元）	教育公共经费（%）
1	纳米比亚	4250	8.30	17	保加利亚	6320	4.58
2	博茨瓦纳	6750	7.84	18	圣卢西亚	6200	4.42
3	马尔代夫	6150	7.81	19	阿尔及利亚	4390	4.34
4	哥斯达黎加	6860	6.28	20	罗马尼亚	7850	4.33
5	突尼斯	4140	6.27	21	智利	10750	4.20
6	马来西亚	7760	6.26	22	俄罗斯	9880	4.10
7	牙买加	4700	6.14	23	巴拿马	7010	3.83
8	阿根廷	8620	6.03	24	泰国	4150	3.75
9	南非	6090	5.98	25	中国	4240	3.66
10	立陶宛	11620	5.67	26	毛里求斯	7780	3.66
11	巴西	9540	5.62	27	委内瑞拉	11660	3.63
12	白俄罗斯	5990	5.41	28	多米尼克	6900	3.49
13	墨西哥	8930	5.29	29	哈萨克斯坦	7500	3.06
14	圣文森特和格林纳丁斯	6030	5.13	30	乌拉圭	10290	2.88
15	哥伦比亚	5520	4.80	31	土耳其	9890	2.86
16	塞舌尔	10460	4.75	32	阿塞拜疆	5380	2.78

---

① 按照世界银行的标准划分共有 47 个国家，数据可得的有 35 个国家。

续表

序号	国家	GNI（美元）	教育公共经费（%）	序号	国家	GNI（美元）	教育公共经费（%）
33	秘鲁	4900	2.75	35	黎巴嫩	8750	1.59
34	多米尼加	5020	2.19				

【数据来源】UIS. Percentage of GDP / GNP［DB/OL］. http：//stats. uis. unesco. org/unesco/TableViewer/document. aspx？ ReportId = 136&IF-Language = eng&BR-Topic = 0；世界银行按图表集法衡量的人均国民总收入（GNI）数据库，GNI per capita, Atlas method（current US＄）［DB/OL］. http：//data. worldbank. org/indicator/NY. GNP. PCAP. CD？ display = default；教育部、国家统计局、财政部关于 2010 年全国教育经费执行情况统计公告［EB/OL］. http：//www. moe. edu. cn/publicfiles/business/htmlfiles/moe/s3040/201112/xxgk_128871. html.

3. 中国公共教育经费占 GDP 比重在发展中人口大国中排名居中

2010 年，中国公共教育经费支出占 GDP 比重在发展中人口大国中处于中间位置。在数据可得的 8 个发展中人口大国中，中国教育公共经费投入比重仅次于巴西（5.62%）、墨西哥（5.29%）和埃及（3.76%），位于第 4 位，领先于印度（3.33%）、印度尼西亚（2.99%）、巴基斯坦（2.37%）和孟加拉国（2.23%）（见图 3.38）。

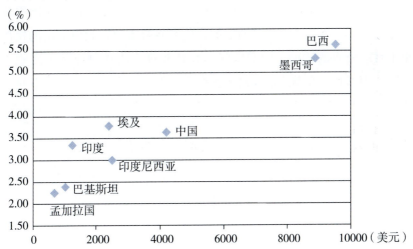

图 3.38　**2010 年中国与发展中国家公共教育经费支出占 GDP 比例比较**

【数据来源】UIS. Percentage of GDP / GNP［DB/OL］. http：//stats. uis. unesco. org/unesco/TableViewer/document. aspx？ ReportId＝136&IF_Language＝eng&BR_Topic＝0；教育部、国家统计局、财政部关于2010年全国教育经费执行情况统计公告［EB/OL］. http：//www. moe. edu. cn/public-files/business/htmlfiles/moe/s3040/201112/xxgk_128871. html.

（二）中国公共教育经费占政府财政支出比例与高收入国家基本持平，低于其他类型国家

政府支出是政府可以控制的支出，与公共教育支出占 GDP 的比例相比，公共教育支出占政府支出的比例更能衡量一个政府对教育投入的努力程度。按照中国中央政府和地方财政主要支出项目统计，2010 年中国政府对公共教育经费投入 12550. 02 亿元，占国家财政总支出 89874. 16 亿元的 13. 96％。中国公共教育经费占政府支出比例仅仅高于高收入国家（13. 78％），低于世界平均（15. 35％）、同等收入国家（18. 11％）、中等收入国家（15. 72％）、下中等收入国家（16. 37％）、上中等收入国家（14. 98％）和发展中人口大国（14. 50％）的水平，说明中国公共教育经费占政府财政支出的比例与经济发展水平之间没有表现出明显的关系。需要说明的是，国际通用的计算口径是政府支出（government expenditure），中国的计算口径是财政支出（fiscal expenditure），中国有大量的政府支出游离于预算内管理之外，如果把政府的预算外支出考虑在内，中国的政府支出比例将大大高于目前公布的数据，公共教育支出占政府支出的比例还要小于目前公布的比例，中国实际的公共教育支出比例应低于高收入国家，因此中国政府在继续加强对教育投入的努力程度上尚有一定空间（见图 3. 39）。

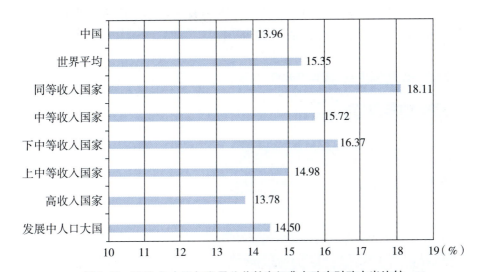

图3.39 2010年中国与世界公共教育经费占政府财政支出比较

【数据来源】UIS. Percentage of GDP / GNP ［DB/OL］. http：//stats. uis. unesco. org/unesco/TableViewer/document. aspx？ReportId = 136&IF _ Language = eng&BR _ Topic = 0；中国统计年鉴2011 ［M］. 北京：中国统计出版社，2011.

（三）中国公共教育经费支出结构与各类型国家相比，轻基教、重高教

政府公共教育支出规模是否适当，公共教育支出结构是否合理，直接决定了一个国家公民的受教育水平和人力资源素质。中国公共教育经费在支出结构上重心偏移，学前、初等和中等教育支出均小于其他收入类型国家，唯有高等教育支出大于其他收入类型国家。2010年，中国学前教育支出占公共教育总支出比例（3.72%）均低于其他类型国家；初等教育支出占公共教育总支出比例（24.98%）与其他类型国家均有一定差距；中等教育支出占公共教育总支出比例（34.65%）以微弱的差距小于其他类型国家；高等教育支出占公共教育总支出比例（28.78%），大于其他类型国家。这说明我国教育公共支出的比例结构失衡，学前教育、初等教育支出比例处于较低水平，高等教育支出比例偏高。从国际经验看，一般情况下初等教育支出占整个公共教育经费的一半，中等教育占三分之一，而高等教育只占到五分之一，这种公共教育经费的分配情形是比较合理与稳定

的。相对而言，我国初等教育支出占公共教育支出的比例约为四分之一，与二分之一的比重有明显差距（见图3.40）。

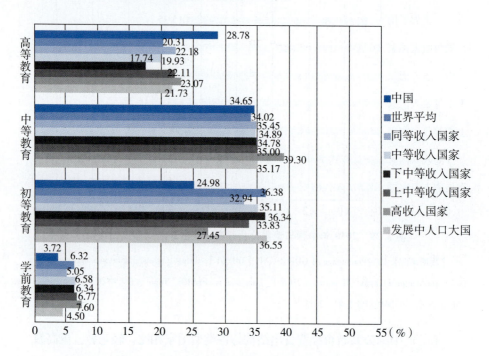

图3.40 **2010年中国与世界各级教育支出占公共教育总支出的比例比较**

【数据来源】UIS. Percentage of GDP／GNP［DB/OL］. http：//stats. uis. unesco. org/unesco/TableViewer/document. aspx？ ReportId＝136&IF_Language＝eng&BR_Topic＝0.

（四）中国各级生均教育经费与部分高收入国家存在差异，投入结构不够平衡

中国各级生均教育经费支出呈现出大幅增长趋势，但在投入结构上呈现出不平衡状况。2010年，中国初等教育、中等教育和高等教育生均公共教育支出占人均GDP的比例分别为13.66%、17.06%和33.59%。其中，初等教育和中等教育生均教育经费占人均GDP的比重明显低于高等教育。具体而言，2010年，中国高等学校生均教育经费支出为19952.96亿元，普通高校学校生均教育经费支出为20497.92亿元，高等学校生均教育经费

占人均 GDP 的 33.59%，高于部分高收入国家的水平。例如，英国高等教育阶段为 20.55%，美国为 19.55%，新加坡为 27.47%，日本为 25.25%，澳大利亚为 20.66%。中国中等教育阶段生均教育经费由 2006 年的 3329.75 元增长为 2010 年的 7024.56 元，其中，全国普通高中生均教育经费为 8120.05 元，比 2006 年增长近 1.5 倍。中国中等教育生均教育经费占人均 GDP 的比重为 17.06%，低于部分高收入国家。例如，英国中等教育生均教育经费占人均 GDP 的比重为 31.12%，美国为 25.33%，新加坡为 18.78%，日本为 24.32%，澳大利亚为 18.77%。2010 年，中国初等教育生均教育经费达到 4932.02 元，较 2006 年的 2121.73 元，增长了 1.32 倍。中国初等教育生均公共教育支出占人均 GDP 的比例为 13.66%，低于部分高收入国家，例如，英国初等教育生均经费占人均 GDP 的比例为 25.80%，美国为 21.78%，新加坡为 12.32%，日本为 22.80%，澳大利亚为 20.24%（见图 3.41）。

　　总之，中国作为一个发展中人口大国，面临着世界其他国家所未有的特殊国情。伴随着中国经济总量的增长，以及政府对教育公共支出的努力程度的逐步提高，中国将进一步加大对教育的投入力度，力求实现投入的增长速度与规模同步发展，投入结构达到效率与公平统一。根据《教育规划纲要》，未来 10 年，要制定尤其针对义务教育阶段的统一标准，减少甚至消除校际差距；要进一步加大对基础教育的投入力度，尤其是加大对薄弱地区和弱势群体的基础教育经费投入力度。

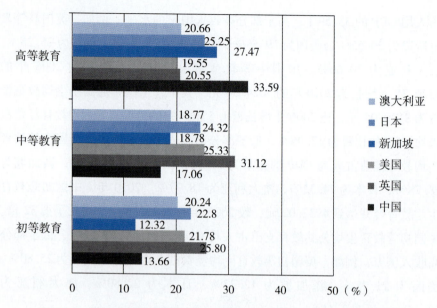

图 3.41　**2010 年中国与部分高收入国家生均教育经费支出的比例比较**

【数据来源】UIS. Percentage of GDP / GNP ［DB/OL］. http：//stats. uis. unesco. org/unesco/Ta-bleViewer/document. aspx？ReportId = 136&IF_Language = eng&BR_Topic = 0.

六、中国基础教育生师比与上中等收入国家和高收入国家存在差距

生师比（pupil-teacher ratio）是衡量一个国家教育条件和发展水平的重要指标，其计算方法是学校或系统的学生总数除以学校或系统的全职教师与兼职教师（包括特殊教育的教师、音乐教师、体育教师等）的人数。在学生人数既定的情况下，考察生师比可以了解不同国家对不同阶段教师的投入情况，也是了解不同国家教育条件的重要指标之一。中国基础教育生师比与上中等收入国家和高收入国家存在差距。学前教育生师比仅小于发展中人口大国，与其他收入类型国家尚有一定差距。中国基础教育阶段教师结构呈倒三角形，与高收入国家具有明显差异。

（一）中国基础教育生师比与上中等收入国家和高收入国家尚有一定差距

2010 年，中国小学、初中、高中阶段生师比分别为 19.91、16.84、16.20，低于世界平均水平（28.61、21.04、17.53），同等收入国家（24.95、18.00、18.63），中等收入国家（23.81、19.15、16.70），发展中人口大国（28.94、22.14、18.67），但与上中等收入国家（18.73、16.13、14.78）和高收入国家（14.3、11.64、11.10）还有一定差距。中国学前教育生师比（24.04）仅低于发展中人口大国（25.28），高于其他收入类型国家（见图 3.42）。

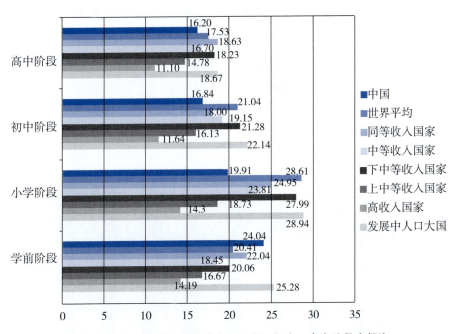

图 3.42　2010 年世界范围学前、小学、初中、高中阶段生师比

【数据来源】UIS. Pupil-teacher ratio ［DB/OL］. http：//stats. uis. unesco. org/unesco/TableViewer/document. aspx? ReportId＝136&IF_Language＝eng&BR_Topic＝0.

生师比与国家的经济发展水平、GNI 之间存在明显的相关性。一般而言，GNI 越高，公共教育经费支出就越多，从教育经费中投入教师的经费就越多，意味着中国将会有更多的教育经费投入到各个阶段的专任教师保障领域。从国际经验看，一般越是基础阶段的教育，教师投入保障力度就越大，但是从中国当前教师投入结构的实际情况看，以高考为主要出口的导向的现象，使得基础教育阶段的教师投入存在向更高的教育阶段倾斜的趋势，这与其他收入类型国家相比，具有较明显的国情特征。

（二）中国学前教育阶段生师比略好于发展中人口大国，与其他类型国家均有差距

2010 年，中国学前教育阶段的生师比为 24.04，低于发展中人口大国（25.28）。我国一个专任幼儿教师所负担的学生人数，比同等收入国家一名幼儿教师所负担的学生数（22.04）多出 2 个，比中等收入国家（18.45）多出 6 个，比上中等收入国家（16.67）多出 8 个，比下中等收入国家（20.06）多出 4 个，比高收入国家（14.19）多出 10 个，同时比世界平均水平（20.41）也多出近 4 人，说明中国在学前教育阶段的教师投入较为欠缺，在师资保障方面还有很大的努力空间（见图 3.43）。

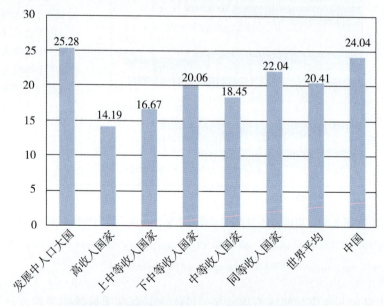

图 3.43 **2010 年中国与世界学前教育生师比比较**

【数据来源】 UIS. Pupil-teacher ratio ［DB/OL］. http：//stats. uis. unesco. org/unesco/TableViewer/document. aspx？ ReportId＝136&IF_Language＝eng&BR_Topic＝0.

（三）中国小学阶段生师比优于同等收入国家、发展中人口大国，与上中等收入国家和高收入国家存在一定差距

2010 年，中国小学阶段生师比为 19.91，即小学阶段每个全日制教师负担的学生数接近 20 人，低于世界平均水平（28.61）、同等收入国家（24.95）、中等收入国家（23.81）、发展中人口大国（28.94），说明中国小学阶段的教师相对而言还是比较充足的，但相对于高收入国家一位小学全日制教师仅仅负担约 14 名学生的情况，中国还有较大的差距（见图3.44）。

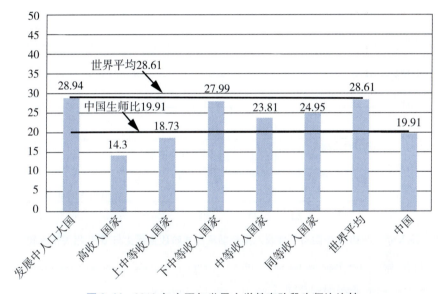

图3.44　2010 年中国与世界小学教育阶段生师比比较

【数据来源】UIS. Pupil-teacher ratio ［DB/OL］. http：//stats. uis. unesco. org/unesco/TableViewer/document. aspx？ ReportId = 136&IF_Language = eng&BR_Topic = 0.

中国小学阶段的生师比与国家的经济发展程度呈现出一定的相关性。在小学阶段，高等收入国家 GNI 最高（34239 美元），在基础教育阶段投入专任教师的经费最高，反映在生师比上，就是在教师数量上的充足保障，教师的工作量有较为充分的保障，平均每一全日制小学教师所负担的学生人数为 14 人。低收入国家、发展中人口大国、下中等收入国家 GNI

排名最后，在基础教育阶段投入专任教师的经费相对不足，反映在生师比上，就是国家在教师数量上保障不够，平均每一全日制小学教师所负担的学生人数均超过 25 人。中国 GNI 在世界已经跃入上中等收入水平，国家在基础教育阶段投入专任教师的经费大大加强，平均每一全日制小学教师所负担的学生人数为 20 人，优于同等收入、中等收入国家、发展中人口大国，但与高收入国家有显著差距（见图 3.45）。

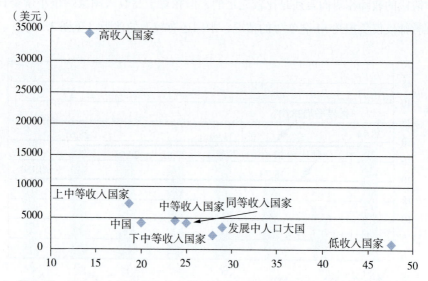

图 3.45　**2010 年中国与其他收入类型国家小学阶段生师比与 GNI 相关性比较**

【数据来源】UIS. Pupil-teacher ratio［DB/OL］. http：//stats. uis. unesco. org/unesco/TableViewer/document. aspx？ReportId = 136&IF_Language = eng&BR_Topic = 0.

（四）中国初中阶段生师比与上中等收入国家基本持平，与高收入国家有显著差距

2010 年，中国初中阶段生师比为 16.84，平均一名初中教师所负担的学生人数少于世界平均水平（21.04 人）、同等收入国家（18 人）、中等收入国家（19.15 人）、发展中人口大国（22.14 人）。说明中国对初中阶段专任教师的投入力度相对优越于以上所及收入类型国家，教师的工作量和工作时间有较大的保障，保障了其教育活动的可持续发展。但与高收入国

家相比，中国一名初中教师所负担的学生数要多出 5 个，工作任务较为繁重（见图 3.46）。

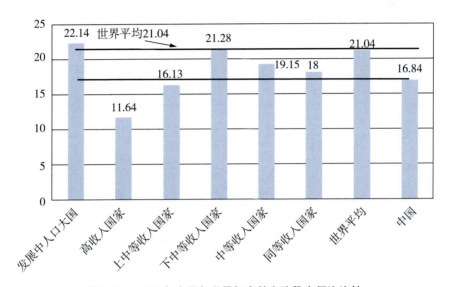

图 3.46 2010 年中国与世界初中教育阶段生师比比较

【数据来源】UIS. Pupil-teacher ratio［DB/OL］. http：//stats. uis. unesco. org/unesco/TableViewer/document. aspx？ ReportId = 136&IF_Language = eng&BR_Topic = 0.

2010 年高收入国家 GNI 为 34239 美元，其初中阶段的生师比为 11.64。中国 2010 年 GNI 为 4240 美元，介于上中等收入国家（6925 美元）和下中等收入国家（2297 美元）之间，初中阶段的生师比（16.84）也介于以上二者之间，显示出与经济发展水平相一致的特点（见图 3.47）。

（五）中国高中阶段生师比优于世界平均水平，与上中等收入国家和高收入国家存在一定差距

2010 年，中国高中阶段生师比是 16.2，略低于世界平均水平（17.53）、同等收入国家（18.63）、中等收入国家（16.7）、发展中人口大国（18.67），但相对于高收入国家一个高中教师负担约 11 个学生的水平，中国高中阶段的师资配置还有待加强（见图 3.48）。

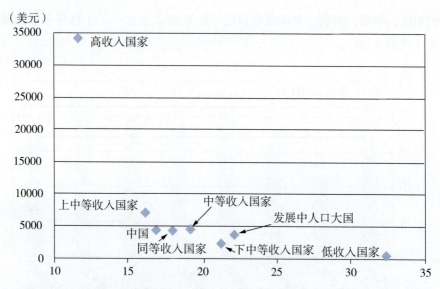

图3.47　2010年中国与其他收入类型国家初中阶段生师比与GNI相关性比较

【数据来源】 UIS. Pupil-teacher ratio ［DB/OL］. http：//stats. uis. unesco. org/unesco/TableViewer/document. aspx？ ReportId＝136&IF_Language＝eng&BR_Topic＝0.

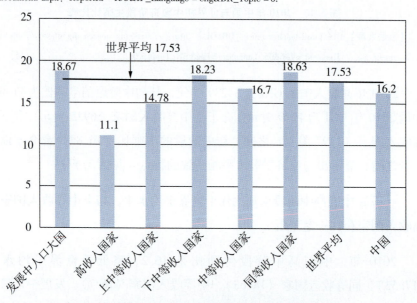

图3.48　2010年中国与世界高中教育阶段生师比比较

【数据来源】 UIS. Pupil-teacher ratio ［DB/OL］. http：//stats. uis. unesco. org/unesco/TableViewer/document. aspx？ ReportId＝136&IF_Language＝eng&BR_Topic＝0.

在世界范围内，高收入国家2010年高中阶段的生师比为11.1。中国2010年GNI为4240美元，介于上中等收入国家（6925美元）和下中等收入国家（2297美元）之间，高中阶段的生师比（16.2）也介于上中等收入国家和下中等收入国家之间，但明显高于高收入国家（见图3.49）。

（美元）

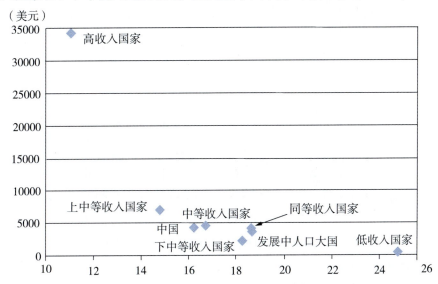

图3.49 **2010年中国与其他收入类型国家高中阶段生师比与GNI相关性比较**

【数据来源】 UIS. Pupil-teacher ratio ［DB/OL］. http：//stats. uis. unesco. org/unesco/TableViewer/document. aspx？ ReportId = 136&IF_Language = eng&BR_Topic = 0.

（六）中国基础教育阶段教师结构呈倒三角形，与高收入国家具有明显差异

中国学前教育阶段的生师比为24.04，高于小学、初中和高中阶段的生师比。国家为每16个高中学生投入一名专任教师，而只为24个学前教育阶段的学生投入一名教师，说明中国政府在教师投入方面对高中阶段有所偏重，初中和小学阶段次之，学前教育阶段教师投入明显不足，教师结构呈现倒三角形。而高收入国家学前、小学、初中和高中阶段的生师比只有极其微弱的差距，分别是14.2、14.3、11.6、11.1，说明高收入国家对基础教育阶段的教师资源的投入相对均衡，中国基础教育阶段教师结构与

高收入国家具有明显差异（见图 3.50）。

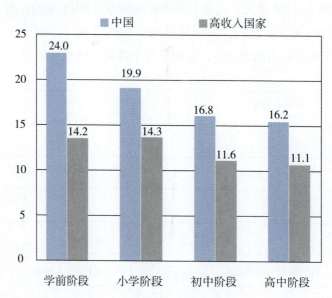

图 **3.50** **2010 年中国与高收入国家各级教育生师比比较**

【数据来源】 UIS. Pupil-teacher ratio ［DB/OL］. http：//stats. uis. unesco. org/unesco/TableViewer/document. aspx？ ReportId=136&IF_Language=eng&BR_Topic=0.

综上所述，中国在小学、初中、高中阶段的生师比好于世界平均水平、同等收入国家、中等收入国家、发展中人口大国，但与上中等收入国家和高收入国家尚有一定差距。学前教育阶段生师比仅略好于发展中人口大国，但与其他收入类型国家均有差距，学前阶段的教师投入及师资保障是中国教育投入的薄弱领域。生师比与一个国家的经济发展程度关系密切，不同经济体国家或地区在基础教育阶段的生师比存在很大的差异。中国的小学教育、初中教育和高中教育的教师投入相对比较充足，与经济发展的趋势基本一致，学前教育阶段相对悬殊的差距表明，鉴于我国目前的经济发展程度，政府对学前教育阶段的教师投入及师资保障，更多的是是否"愿为"的问题，而非是否"能为"的问题，要改善学前教育阶段的生师比，需要政府付出更大的决心和行动。

七、中国中小学班额与高收入国家差异显著，初中大班额现象突出

班额（class size）指的是在一位特定教师指导下的一个特定班级或一个教学团体的学生人数。一般而言，班额只用来反映小学和初中教育情况，因为对于较高层次的教育来说，由于教学科目的不同，学生经常选择几个班级，班级规模很难界定，因此本部分班额数据仅限定于小学和初中阶段。从其他国家的班额标准看，美国政府规定小学 1—3 年级的班额为 18 人，4—6 年级班额为 22 人，初中和高中班额为 28 人。德国规定小学班额不能超过 30 人，中学为 25 人左右。日本文部省规定，中小学一个教学班的标准人数为 40 人。澳大利亚规定，1 年级班额为 25 人，2—10 年级为 30 人，11—12 年级为 25 人。受限于数据可得的途径和范围，本部分采用数据主要来源于经济合作与发展组织（OECD）主要成员国 2010 年有关班额的调查数据。

（一）中国小学班额明显大于 OECD 主要国家

2010 年，中国小学阶段公立、私立学校合计的平均班额为 37.1 人，比 OECD 国家班额平均值（21.4 人）多出 15.7 人，高于日本（每班 28 人）、美国（每班 23.3 人）、墨西哥（每班 19.9 人）、丹麦和瑞士（每班 19.4 人），比 OECD 成员国中班额最小的俄罗斯（每班 16.2 人）多 21 人，比班额最大的韩国也多出 8.5 人，说明中国在小学阶段的教育需求大于教育供给，政府对小学阶段的资源投入仍然不够（见图 3.51）。

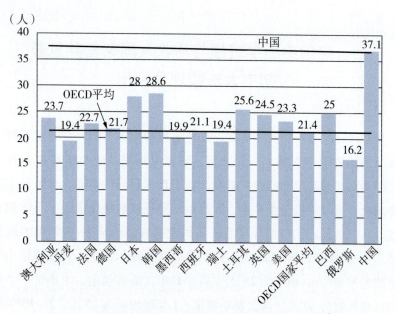

（人）

图3.51　2010年中国与主要OECD国家小学阶段班额比较

【数据来源】OECD. Education at a Glance 2011：OECD Indicatiors［M］. Paris：OECD：402；全国教育事业发展简明统计分析2010［内部资料］. 2011.

（二）与主要OECD国家相比，中国初中大班额现象突出

2010年，中国初中阶段班额远远超过国家规定的班额标准，为平均每班54.6人，比OECD主要国家班额平均值（每班23.7人）多出30.9人，高于巴西（每班29.5人）、澳大利亚（每班23.7人）、丹麦（每班19.9人）、英国（每班19.6人）。中国初中阶段平均班额比经合组织成员国班额最小的俄罗斯（每班17.9人）多36.7人，比班额最大的韩国也多19.5人。说明中国初中阶段的大班额现象比小学阶段更为严重，需要政府加大力度对初中阶段配置师资（见图3.52）。

保持适宜的班额是基础教育均衡发展的重要体现，是提升教育质量的必然要求。中国基础教育班额与发达国家，特别是OECD主要国家相比差异显著，初中大班额现象突出。近年来，虽然中国采取了一系列措施治理和改善学校班额过大问题，并取得了明显成效，但大班额现象依然严峻。

人口规模变化加速、教育发展不均衡等因素是影响当前学校规模和班额过大的主要原因。在当前形势下改善大班额现象，教育主管部门和机构要进一步明确控制学校规模和班额的目标和要求，认真落实控制学校规模和班额的工作措施；科学规划普通中小学校布局，制定科学合理的学校布局和建设规划；建立控制基础教育学校规模和班额的制度，完善学校规模和班额信息采集报送及基础教育学籍管理信息系统等工作。

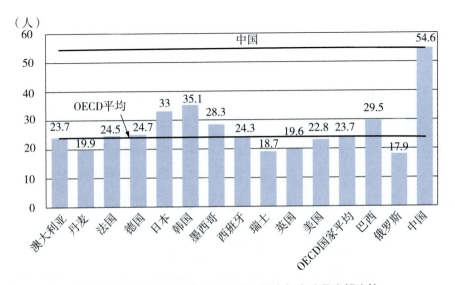

图 3.52　2010 年中国与主要 OECD 国家初中阶段班额比较

【数据来源】OECD. Education at a Glance 2011：OECD Indicatiors［M］. Paris：OECD：402；全国教育事业发展简明统计分析 2010［内部资料］. 2011.

第四章

破解教育热点难点问题的重要进展

随着《教育规划纲要》的全面实施，我国教育改革稳步推进，教育事业迅速发展。教育改革与发展正在逐渐深入涉及敏感、牵系复杂的攻坚地带，仍存在不少热点难点问题，还不能满足人民群众对多样优质公平教育的需求。例如，有的大城市义务教育阶段择校现象依然突出，一些城镇"大班额"问题比较严重，进城务工人员随迁子女和农村留守儿童教育仍面临不少困难，乱办班、乱收费现象在一些地方不同程度存在，校园安全事件、校车事故时有发生，异地高考还存在问题，中小学生课业负担过重，学龄前儿童入园难，德育实效性不高，高校毕业生就业难等。

为了办好人民满意的教育，党和政府着力破解上述涉及群众切身利益的基础教育热点难点问题，强化制度建设，完善政策措施，狠抓工作落实，取得了重要进展。本年度报告着重聚焦以下社会关注度较高的6大热点难点问题，力图全面梳理党和政府出台的相关政策举措、各地实施的成效和成功经验、存在的问题和对策建议，充分反映在破解这些教育热点难点问题方面所取得的进展。

一、"入园难"问题显著缓解，学前教育普及与质量提高仍需努力

改革开放以来，特别是进入 21 世纪后，我国学前教育取得长足发展，但总体上看，在各级各类教育中仍是一个十分薄弱的环节。据统计，到 2009 年，全国学前三年毛入园率仅为 50.9%，学前一年毛入园率也只有 74%。近年来，学前儿童"入园难""入园贵"成为人民群众反映强烈、社会高度关注的一大教育热点问题。2010 年 8 月，《小康》杂志社中国全面小康研究中心联合清华大学媒介调查实验室进行的一项调查评选出了"最受关注的十大教育问题"，"入园难""入园贵"排在了第一位（张旭，2010）。

大力推动学前教育普及，并坚持科学保教，成为党和政府回应群众关切、缓解"入园难""入园贵"问题的必然选择。2010 年以来，国家出台一系列重大政策和措施，强力推动学前教育发展，各地政府和教育部门深入贯彻落实《教育规划纲要》，积极采取有效行动，着力解决"入园难"问题，取得显著成绩。

（一）系统规划，强力推动学前教育发展

儿童"入园难""入园贵"问题矛盾突出，主要表现为：一是学前教育资源短缺、投入不足；二是区域发展不平衡，城乡差别大；三是幼儿教师数量不足，整体素质有待提高，待遇保障问题亟待解决；四是收费不规范；五是体制机制不完善，管理体制、办园体制、投入体制需进一步理顺。为了破解"入园难""入园贵"问题，《教育规划纲要》把学前教育专列一章，提出到 2020 年基本普及学前教育的战略目标：普及学前一年教育，基本普及学前两年教育，有条件的地区普及学前三年教育，学前三年毛入学率要达到 75%，学前一年毛入学率达到 95%。《教育规划纲要》还对政府职责、办园体制、投入机制、管理制度等做出了明确规定，并明确

了重点发展农村学前教育的思路，推进农村学前教育被列入重大项目。

2010 年 11 月，国务院下发《国务院关于当前发展学前教育的若干意见》（以下简称《若干意见》），提出了加快学前教育发展的 10 条政策措施，并随即召开全国学前教育工作电视电话会议，专题部署学前教育发展。国务委员刘延东在会上强调，要把贯彻《若干意见》和落实《教育规划纲要》紧密结合起来，把解决"入园难"作为实施纲要的起步之举和重点任务，以更大的决心、更实的举措，努力开创学前教育工作的新局面。

《若干意见》指出，学前教育是国民教育体系的重要组成部分，是重要的社会公益事业。办好学前教育，关系亿万儿童的健康成长，关系千家万户的切身利益，关系国家和民族的未来。提出发展学前教育，必须坚持公益性和普惠性，努力构建覆盖城乡、布局合理的学前教育公共服务体系，保障适龄儿童接受基本的、有质量的学前教育；必须坚持政府主导，社会参与，公办民办并举，落实各级政府责任，充分调动各方面积极性；必须坚持改革创新，着力破除制约学前教育科学发展的体制机制障碍；必须坚持因地制宜，从实际出发，为幼儿和家长提供方便就近、灵活多样、多种层次的学前教育服务；必须坚持科学育儿，遵循幼儿身心发展规律，促进幼儿健康快乐成长。

《若干意见》对通过多种形式扩大学前教育资源、多种途径加强幼儿教师队伍建设、多种渠道加大学前教育投入等进行了详细阐述，并明确指出地方政府是发展学前教育、解决"入园难"问题的责任主体，要求各省（区、市）政府要深入调查，准确掌握当地学前教育基本状况和存在的突出问题，结合本区域经济社会发展状况和适龄人口分布、变化趋势，科学测算入园需求和供需缺口，确定发展目标，分解年度任务，落实经费，以县为单位编制学前教育三年行动计划，有效缓解"入园难"。

2011 年 9 月 5 日，全国学前教育三年行动计划现场推进会在陕西召开，全国 31 个省份以县为单位编制实施学前教育三年行动计划，采取多种形式扩大学前教育资源。9 月 28 日，教育部召开新闻通气会，宣布各地学前教育三年行动计划的编制工作全面结束，已进入全面实施阶段。

各省份的学前教育三年行动计划，一是明确了未来三年学前教育发展目标，逐年落实了建设任务；二是围绕扩大学前教育资源、加强幼儿园教师培养培训等内容安排了一批工程项目，纳入了为民办实事的重要工程予以保障；三是围绕幼儿园教职工编制标准、加强幼师培养培训、规范小区配套幼儿园管理、提高保教质量等，制定了一系列政策措施。为更好地实施三年行动计划，地方各级政府普遍建立了由政府分管领导牵头的学前教育联席会议制度或三年行动计划领导小组，完善了督促检查和问责机制，健全了工作推进机制。据不完全统计，通过学前三年行动计划的实施，未来三年各地将新建、改扩建幼儿园 9 万多所，可新增园位 500 多万个，学前三年毛入园率将提高 10 个百分点。

2012 年 2 月，教育部制定下发《学前教育督导评估暂行办法》，有力地促进了地方人民政府及相关部门切实履行发展学前教育的职责，全面实施学前教育三年行动计划，满足适龄儿童入园需求，推进学前教育事业加快发展，以有效缓解"入园难"问题。

（二）多措并举，协力解决儿童"入园难"

2010 年起，国家启动实施一系列重大项目，支持各地实施好学前教育三年行动计划，重点支持中西部地区发展农村学前教育。各级地方政府也积极采取措施，推动学前教育普及。一系列规章文件的出台，为解决儿童"入园难"问题、不断提高学前教育质量提供了保障。

1. 中央财政支持重大项目工程

2010 年，教育部、国家发改委联合启动了农村学前教育推进工程。通过中央和地方的共同努力，有计划、分步骤地在全国农村地区新建和改扩建一批布局合理、安全适用、办园规范、面向区域内适龄儿童的普惠性幼儿园，提供基本的、有一定质量的农村学前教育服务，为加快发展农村学前教育，提高农村学前教育普及程度，努力构建覆盖城乡、布局合理的学前教育公共服务体系奠定基础。

专栏 4.1

农村学前教育推进工程

项目实施范围主要为中西部 23 个省（区、市）、新疆生产建设兵团以及黑龙江省农垦总局，同时适当支持东部地区的贫困地区。中央专项资金将主要支持乡镇建设中心幼儿园，发挥辐射指导作用；同时支持人口较多的行政村建设幼儿园和人口较少的村联建幼儿园。2010—2012 年共批复下达中央专项投资 56 亿元，累计新建、改扩建项目幼儿园 3163 所。

[资料来源] 农村学前教育推进工程 [EB/OL]. http://www. moe. gov. cn/pablicfiles/business/htmlfiles/moe/s6811/201209/141498. html.

专栏 4.2

四大类重大项目

一是"校舍改建类"，包括 3 个项目：利用农村闲置校舍和其他富余公共资源改建幼儿园，在不具备独立办园条件的行政村利用农村小学富余校舍资源增设附属幼儿园，在人口分散的农村偏远地区开展学前教育巡回支教。二是"综合奖补类"，包括 2 个项目：支持地方扶持普惠性、低收费民办幼儿园发展，扶持城市集体、企事业单位和部门办园和解决进城务工人员随迁子女入园。三是"幼师培训项目"，主要是实施幼儿园教师国家级培训计划，对中西部农村幼儿园园长和骨干教师进行培训。四是"幼儿资助项目"，重点是支持地方建立学前教育资助制度，对家庭经济困难儿童、孤儿和残疾儿童入园给予资助。

"校舍改建类"项目资金由中央和地方分地区、按比例分担。"综合奖补类"和"幼儿资助类"由地方先行实施，中央财政根据各省（区、市）实施情况给予相应奖补。2011 年中央财政下达专项经费 97 亿元，2012 年扶持资金达 156 亿元。

[资料来源] 中央财政支持学前教育发展重大项目 [EB/OL]. http://www.moe.gov.cn/publicfiles/business/htmlfiles/moe/s6811/201209/141496. html.

2011 年 9 月，财政部、教育部印发《关于加大财政投入支持学前教育发展的通知》和《支持中西部地区利用农村闲置校舍改建幼儿园的实施方案》等 7 个项目方案。"十二五"期间，中央财政将安排 500 亿元，实施 4 大类 7 个项目，重点支持中西部地区和东部困难地区发展农村学前教育。

为适应学前教育快速发展的需要，中央财政拨款实施幼儿教师国培计划，加大对中西部地区农村幼儿园园长、骨干教师和转岗教师培训的支持力度，提高农村学前教育师资的整体素质。项目根据幼儿教师不同培训需求，开展有针对性的专业培训。针对农村骨干幼儿教师开展短期集中培训或置换脱产研修，针对从中小学转岗来的教师和新招聘的非学前教育专业毕业生进行岗位适应性培训等。各地政府进行公办幼儿园教职工编制核定工作，及时补充了一批合格教师，同时加大幼儿教师培训力度。

2. 狠抓落实推动学前教育普及

各地积极贯彻落实国务院文件精神，加大工作力度，创新体制机制，落实政策措施，加快推进学前教育发展。

天津市 2010 年在全国率先启动学前教育三年行动计划，实施公办幼儿园新建改扩建、农村幼儿园提升建设、民办幼儿园规范扶持、"阳光乐园"建设和幼儿园园长教师全员培训等 5 项工程，加快推进学前教育发展。经过 3 年努力，截至 2012 年底，全市实际新建、改扩建公办幼儿园 145 所，提升改造农村乡镇中心幼儿园 152 所、村办标准化幼儿园 509 所，在环城四区和滨海新区建设面向低收入家庭和进城务工人员随迁子女的"阳光乐园" 20 所，对 318 所民办学前教育机构进行了分类规范管理，对 3000 名幼儿教师进行了培训，三年行动计划的目标任务全部超额完成。(教育部，2013b)

2011 年初，山东省教育厅等 8 部门联合下发了《山东省学前教育普及计划（2011—2015 年）》，提出构建学前教育公共服务体系，加快普及学前三年教育，为适龄儿童提供公平的学前教育机会，到 2015 年，学前三年儿童入园率达到 75%，公办及公办性质的幼儿园、在园幼儿达到总数的 70%。据统计，2012 年山东全省学前三年儿童入园率为 76.2%，提前 3 年完成了学前三年教育普及目标。(山东省教育厅，2012)

与此同时，各地还因地制宜，积极探索学前教育发展和改革的新举措。如河北省充分利用农村中小学布局调整的富余校舍和教师资源推进农村规范化幼儿园建设，建立了以公办园为主的农村学前教育新体制，短时期内实现了全省幼教事业的跨越式发展；辽宁省把农村乡镇中心幼儿园列入事业单位管理，统筹解决农村幼儿教师编制，切实解决农村学前教育发展面临的问题。

在各方共同努力下，学前教育取得了快速发展。《2011 年全国教育事业发展统计公报》显示，全国共有幼儿园 16.68 万所，在园幼儿 3424.45 万人。与 2009 年相比，幼儿园总数增加了 2.8 万所，在园幼儿总数增加了 766 万人，2 年的增长量超过前 10 年增量的 2 倍。全国学前三年毛入园率达到 62.3%，提前 4 年实现 2015 年 60% 的规划目标。《2012 年全国教育事业发展统计公报》显示，全国幼儿园又增加了 1.45 万所，达 18.13 万所，学前三年毛入园率达 64.5%，较上年提高了 2.2 个百分点。儿童"入园难"问题得到有效缓解。

（三）科学保教，促进幼儿健康成长

在加快学前教育发展的同时，国家重视不断促进幼儿园保育教育质量的提高。2011 年末，教育部发出《关于规范幼儿园保育教育工作防止和纠正"小学化"现象的通知》，积极规范办园行为，防止和纠正"小学化"现象，保障幼儿健康快乐成长。国家发改委、教育部、财政部联合下发《幼儿园收费管理暂行办法》，努力规范幼儿园收费行为，保障受教育者和幼儿园的合法权益。

满足人民群众对学前教育的热切需求，不仅意味着提高入园率，更要保证幼儿园的保教质量，其中的关键在于提升教师队伍质量。2012 年 9月，《幼儿园教师专业标准（试行）》正式公布。这为促进幼儿园教师专业发展，建设高素质幼儿园教师队伍提供了重要保障。

2012 年 10 月，教育部印发《3—6 岁儿童学习与发展指南》。这一举措对有效转变公众的教育观念，提高广大幼儿园教师的专业素质和家长的科学育儿能力，防止和克服"小学化"倾向，全面提高学前教育质量具有

重要意义。

在肯定成绩的同时，我们必须清醒地认识到，虽然我国学前教育规模发展与普及水平有较大提高，教师学历水平不断提升，但城乡、区域仍存在较大差距，仍不能完全满足适龄儿童的入园需要。党的第十八次全国代表大会要求"办好学前教育"，意味着学前教育既要积极发展，提高普及程度，又要科学保教，办出水平，促进儿童快乐生活、健康成长。今后，应继续做好以下工作。一是扩大资源。进一步推动各地落实三年行动计划，通过新建、改扩建等措施，加快园舍建设，加大幼儿教师培养培训力度，提供更多入园机会。二是专项扶持。组织实施好学前教育重大项目，加大对中西部地区、农村地区的支持力度，对家庭经济困难幼儿入园给予补助，提高入园率。三是加强管理。对各地三年行动计划和重大项目实施进展情况进行督促检查，确保各项政策措施落到实处、取得实效。同时注重学前教育质量提高，遵循幼儿身心发展规律，坚持科学保教方法，保障幼儿快乐健康成长。四是推动立法。加快学前教育立法进程，抓紧研究制定《学前教育法》，通过立法把发展学前教育纳入法制轨道，促进学前教育事业健康可持续发展。

二、"择校热"现象得到有效遏制，均衡发展9年义务教育仍需强力推进

我国《义务教育法》明确规定，"适龄儿童、少年免试入学。地方各级人民政府应当保障适龄儿童、少年在户籍所在地学校就近入学"。但由于学校之间办学条件、教育质量存在差距，优质教育资源不能完全满足社会需求，自20世纪90年代显现的义务教育阶段"择校热"现象愈演愈烈，且从"小升初"蔓延至"幼升小"。与之相伴而生的择校乱收费、教育寻租以及"奥数热""占坑班""学区房"等问题，在一些大中城市尤为突出，成为群众反映强烈的一大热点问题。2011年8月，《小康》杂志社中国全面小康研究中心联合清华大学媒介调查实验室，在全国范围内开

展了"中国公众眼中的中国教育"调查。调查显示，超过八成的家长表示，所在城市"择校"现象严重。"择校问题"位列"2011 年中国公众最关注的十大教育问题"之首（欧阳海燕，2011）。

近年来，党和政府大力推进均衡发展，从源头破解"择校热"。一些地方通过加快薄弱学校改造、推动县域内教师校长合理流动、将优质高中招生名额分配到区域内初中、优化学校资源配置等办法，取得了明显成效。

（一）大力推进均衡发展，从源头破解"择校热"

造成"择校热"问题的根本原因是学校发展不均衡，优质教育资源不足。2005 年，教育部印发《关于进一步推进义务教育均衡发展的若干意见》，要求各地把推进义务教育均衡发展作为实现"两基"之后义务教育发展的一项重要任务，研究制定本地区推进义务教育均衡发展的目标任务、实施步骤和政策措施。2009 年，教育部在河北省邯郸市召开全国推进义务教育均衡发展现场经验交流会，提出力争到 2012 年实现区域内义务教育初步均衡，到 2020 年实现区域内义务教育基本均衡的阶段性目标。

2010 年，《教育规划纲要》明确指出，义务教育是教育工作的重中之重，均衡发展是义务教育的战略性任务。在实现义务教育全面普及后，深入推进义务教育实现均衡发展，成为解决义务教育阶段择校难题的根本出路。同年，教育部印发《关于贯彻落实科学发展观进一步推进义务教育均衡发展的意见》，明确提出了义务教育均衡发展的目标。2011 年，根据《教育规划纲要》的要求，教育部制定了义务教育分规划、教师队伍建设分规划，与有关部门一起启动了义务教育学校标准化建设工程，深化了义务教育经费保障机制，实施了中小学教师特岗计划、教师国培计划、农村薄弱学校改造计划、中小学校舍安全工程，加大了对各地义务教育均衡发展的支持力度。

2011 年 3 月—2012 年 9 月，教育部先后分三批与 31 个省（区、市）和新疆生产建设兵团签署了义务教育均衡发展备忘录。在备忘录中，各省结合本地实际，绘制了基本实现均衡发展的蓝图，承诺在教育部的支持下，按年度逐步实现县域义务教育基本均衡发展，从而构建起省部共同推进义务教育均衡发展的新机制。统筹城乡教育发展，均衡配置教育资源，缩小区域内校际办学差距，整体提高学校办学水平，从而有效破解"择校热"难题，由此明确了时间表、路线图和任务书。如：

天津——全面落实将50%优质高中招生指标分配到初中的改革措施，积极探索解决中心城区"小升初"择校问题的有效途径，力争在"十二五"末基本解决择校问题，使人民群众对义务教育的满意度进一步提高。

北京——探索建立均等配置义务教育资源、减轻学生课业负担的体制机制，力争在全国发挥示范作用。加强学校管理，规范办学行为，明显缓解择校现象。

陕西——"十二五"期间，基本解决大班额问题，突出抓好教师队伍建设，开展校长、教师县域内交流，努力缩小在办学条件、师资水平、教学质量等方面的校际差距，明显缓解择校现象，切实减轻学生过重课业负担和心理压力。

黑龙江——重视义务教育内涵提升，加强学校科学管理。深化教研教学模式改革，减轻学生过重课业负担，降低中考难度，不向教育部门和学校下达升学指标，全面推行综合素质评价和优质高中招生指标定校配额制度，基本解决择校和大班额。形成以优秀校长和骨干教师为主体的交流制度。（佚名，2011）

2012年9月，国务院印发《关于深入推进义务教育均衡发展的意见》（以下简称《意见》），对均衡发展做出了全面部署。

一是要推进学校标准化建设，改造薄弱学校，使每一所学校都能达到国家办学标准，成为合格学校。

二是均衡配置校舍、图书、仪器等办学资源，合理配置教师资源，实现区域内公办学校教师校长合理流动。

三是扩大优质教育资源覆盖面，实施学区化管理，鼓励集团化办学。发挥优质学校辐射带动作用，提升各校教育教学整体水平。

四是办好一批优质民办学校，为家长提供多样化的选择，满足家长和学生的多样性需求。

五是规范办学行为。落实好免费就近入学政策，严格禁止以奥数成绩等特长和收取费用等办法作为义务教育阶段升学与入学的依据。从根本上取消以奥数或者别的竞赛作为入学条件。

《国家十二五教育规划》中也特别提出，"推进义务教育均衡发展，多种途径解决择校问题改革试点"。

（二）多管齐下，促进均衡遏制择校

1. 优化教师资源配置

教师是教育的第一资源，有高水平的教师，才能有高水平的教育。各地各学校办学之间的差距也主要体现在教师的差距上，"择校"很大程度上是在"择师"。要使义务教育均衡发展制度化，就必须合理配置教师资源，通过教师资源的相对均衡来促进义务教育均衡发展。在学校办学条件达到基本均衡后，师资均衡成为促进学校均衡发展、破解择校难题的关键。2012 年，政府出台了一系列优化教师资源配置的政策。一是改善教师资源的初次配置，采取各种有效措施，吸引优秀高校毕业生和志愿者到农村学校或薄弱学校任教。各地逐步实行城乡统一的中小学编制标准，并对村小学和教学点予以倾斜。二是实行县域内公办学校校长、教师交流制度。各地要逐步实行县级教育部门统一聘任校长，推行校长聘期制。建立和完善鼓励城镇学校校长、教师到农村学校或城市薄弱学校任职任教机制，完善促进县域内校长、教师交流的政策措施，建设农村艰苦边远地区教师周转宿舍，城镇学校教师评聘高级职称原则上要有 1 年以上在农村学校任教经历。三是对农村中小学教师采取倾斜政策，切实增强农村教师职业吸引力，激励更多优秀人才到农村从教。

一些地方进行了有益的探索，经验颇值得借鉴。如福建从源头上破解义务教育择校难题，以均衡发展为根本，切实缩小校际差距，同时抓住管理、流动、提升这 3 个关键，有效促进县域内义务教育师资均衡配置，具体做法如下。

构建"以县为主"的教师管理体制。将农村、县镇义务教育的学校编制标准提高到城市水平，县域内公办学校教职工人事关系收归县管，推行

"县管校用"管理方式，捆绑使用片区内人员编制数、岗位数，编制互补余缺，实行义务教育学校教师工资待遇、编制标准、岗位结构比例、招考聘用、考核办法、退休教职工的管理和服务"六个统一"，将教师由"学校人"变为"区域人"。

推进县域内教师校际交流试点。以优质学校为龙头，联合周边农村学校、薄弱学校形成若干个片区，开展教师校际交流。把组织选派与个人自愿结合起来，通过指导性交流、岗位竞聘交流、校际协作交流、自愿申请交流等形式，重点引导优秀校长、骨干教师向薄弱学校、农村学校流动，超编学校教师向缺编学校流动。2011 年，11 个试点县参与交流的教师均达到应交流人数的 10% 以上。2013 年，全省将全面推行义务教育学校教师校际交流。

着力提高师资队伍水平。全面实施中小学师德"一票否决"制度，提高中小学教师津补贴，全面实施中小学绩效工资改革，率先实施中小学新任教师全省统一公开招聘工作，建立健全 5 年一周期的教师全员培训制度。实施农村紧缺师资代偿学费计划、经济困难县补充农村学校教师资助计划等，将长期在农村任教的教师住房纳入当地保障性住房建设体系，加大薄弱地区和紧缺学科师资补充力度。2012 年全省计划招聘 5300 名教师，其中农村教师占 73%，紧缺学科教师占 40%。（教育部，2012d）

2. 重拳治理择校乱收费

2010 年，教育部印发《关于治理义务教育阶段择校乱收费问题的指导意见》，提出力争经过 3—5 年的努力，使义务教育阶段择校乱收费得到明显缓解，使义务教育阶段择校乱收费不再成为群众反映强烈的问题的工作目标。

2012 年 2 月，教育部、国家发改委、审计署印发《治理义务教育阶段择校乱收费的八条措施》，继续重拳治理择校高收费乱收费。这 8 条措施是：第一，制止通过办升学培训班方式招生和收费的行为；第二，制止跨区域招生和收费的行为；第三，制止通过任何考试方式招生和收费的行为；第四，规范特长生招生，制止通过招收特长生方式收费的行为；第五，严禁收取与入学挂钩的捐资助学款；第六，制止公办学校以民办名义招生和收费的行为；第七，加强招生信息和学籍管理；第八，加大查处力度。

教育部等七部门《关于 2012 年治理教育乱收费规范教育收费工作的

实施意见》进而提出，要把义务教育均衡发展战略性目标同当前治理择校乱收费的阶段性任务结合起来，建立健全推进义务教育均衡发展的责任机制，对中心城市的择校热点地区和学校要个别指导、跟踪监督，进一步加大对困难地区和城乡薄弱学校的扶持，均衡配置义务教育资源。

3. 强化教育督导功能

2012 年初，为推动义务教育均衡发展，教育部建立县域义务教育均衡发展督导评估制度，开展对义务教育发展基本均衡县（市、区）的督导检查和评估认定工作，印发《县域义务教育均衡发展督导评估暂行办法》。"义务教育阶段不存在重点学校和重点班，公办义务教育择校现象得到基本遏制"成为其中一项重要指标。

2012 年 10 月 1 日，新中国第一部专门的教育督导法规《教育督导条例》正式实施。10 月 11 日，新中国最高规格的教育督导机构国务院教育督导委员会成立，首批聘任 171 位国家督学。《教育督导条例》对教育督导的适用范围、原则、机构、队伍、实施及法律责任等做出了明确规定。从此，教育督导有法可依，对于推动教育健康和谐发展，督促义务教育阶段"择校热"等热点难点问题的解决，具有深远意义。

（三）破解择校难题典型经验

在深入推进义务教育均衡发展、破解择校难题过程中，各地积极创新工作思路和工作机制，大胆探索实践，涌现出一大批生动的典型案例。

山西省晋中市积极推动高中招生制度改革，把优质高中招生指标到校政策作为推进义务教育均衡发展的重要措施之一，改革取得了显著成效。

一是依据各初中学校的中考学生数与县级教育部门对初中学校教育质量和整体办学水平的评价结果，对农村和山区薄弱初中予以适度倾斜，把全市 16 所优质高中招生计划指标合理分配到所属初中学校。规定享受到校指标的学生必须同时具备 4 个条件，即在招生划片范围学校就读、具有正式学籍、就读 3 年和必须是应届初中毕业生。择校借读的学生，不能享受优惠政策。

二是坚持阳光操作、政策公开、公平和公正原则。指标到校的政策、各学校的名额、操作方法等均通过一定形式公布公示，自觉接受当地纪检监察、纠风部门和社会群众的监督。

三是出台配套鼓励"回流"政策。规定 2010 年 10 月底以前，在城区学校借读的学生返回户籍所在地所属农村学校，可以享受优质高中到校招生指标。政策出台后，在规定时间之前，晋中市从城区学校"回流"到农村学校的借读生达 2308 人。

从 2001 年起，该市开始探索实行优质高中招生指标到校政策，比例从最初的5% 逐步提高，2010 年提高到60% ，2011 年和 2012 年分别为80% ，2013 年达到100% 。按此计划，全市 2010 年秋季及之后入学的初中新生将享受到优质高中招生指标 100% 到校的新政。在该政策驱动下，许多进城借读的农村学生纷纷回到户籍所在地学校就读，"择校热"现象在晋中已经悄然冷却，在晋中大地，许多县区都实现了真正的"零择校"。（教育部，2012e）

此外，如上海市的"新优质"学校建设、北京市海淀区海淀学区的"携手工程"、浙江省嘉善县的"教师流动"机制等，其经验给人以颇多启示。

解决择校顽疾的根本出路在于实现义务教育均衡发展。目前，教育部门加大治理择校难题的力度，一些地方取得了明显成效，但有些地方尚未根本好转。今后，应继续大力推进义务教育学校标准化建设，加快薄弱学校改造，推动实现教师、校长合理流动，完善招生政策，促进优质教育资源共享，发展民办教育，提供多样选择，实现义务教育均衡发展，从而真正解决择校问题，实现教育公平。

三、进城务工人员随迁子女受教育权利得到进一步保障，农村留守儿童关爱服务体系逐步建立

随着我国工业化的迅速发展和城镇化进程的加快，大量农业劳动力向非农产业和城镇转移，大量农民工在城乡之间流动就业。据统计，2011 年全国农民工总量约 2.5 亿人，其中外出农民工数量超过 1.5 亿人。与之相伴随，形成了进城务工人员随迁子女与农村留守儿童 2 个特殊群体，他们

的教育问题已成为现阶段我国社会发展中的重大问题，也是社会广泛关注的教育热点问题。

《教育规划纲要》明确提出，要确保进城务工人员随迁子女平等接受义务教育，建立健全政府主导、社会参与的农村留守儿童关爱服务体系和动态监测机制，加快农村寄宿制学校建设，优先满足留守儿童住宿需求。在全社会共同关心和努力下，在一系列重大政策有力推动下，随迁子女就学和留守儿童教育问题的解决得以不断深入。

（一）随迁子女在城市接受义务教育问题基本解决

改革开放以来，我国城市化进程突飞猛进，进城务工人员随迁子女数量持续增长，成为城市中一个特殊而庞大的受教育群体。2001年，为解决流动儿童少年接受义务教育问题，《国务院关于基础教育改革与发展的决定》要求，以流入地区政府管理为主，以全日制公办中小学为主，采取多种形式，依法保障流动儿童少年接受义务教育的权利，初步提出了"两为主"的政策思路。

2003年，国务院办公厅转发教育部等部门《关于进一步做好进城务工就业农民子女义务教育工作的意见》，进一步明确并细化了"两为主"的政策措施。2006年，《国务院关于解决农民工问题的若干意见》再次强调，输入地政府要承担起农民工同住子女义务教育的责任，将农民工子女义务教育纳入当地教育发展规划，列入教育经费预算，以全日制公办中小学为主接收农民工子女入学，并按照实际在校人数拨付学校公用经费。

保障农民工子女接受义务教育作为坚持教育优先发展、促进教育公平的重要举措，在若干重要文件中得到反映，并体现在新修订的《中华人民共和国义务教育法》中，以法律的形式加以确认。

2012年，针对"两为主"政策还不能全面覆盖进城务工人员随迁子女的问题，教育部提出将"两为主"深化为"两个全部纳入"，将常住人口全部纳入区域教育发展规划，将随迁子女全部纳入财政保障范围，推动将随迁子女纳入电子学籍管理系统，简化入学手续，支持规范民办随迁子女学校发展，保障随迁子女平等接受义务教育，帮助他们融入城市生活。

《国家十二五教育规划》也提出，将采取系列政策措施，进一步保障进城务工人员随迁子女享受基本公共教育服务权利。

新世纪以来，各级政府和教育部门认真贯彻国务院提出的以流入地政府管理为主、以全日制公办中小学为主的"两为主"政策精神，基本满足了随迁子女在当地接受义务教育的需求。《2012年全国教育事业发展统计公报》显示，2010年全国义务教育阶段在校生中进城务工人员随迁子女数为1167.17万人，2011年增至1260.97万人。到2012年，其数量达1393.87万人，其中在小学就读的有1035.54万人，在初中就读的有358.33万人。我国进城务工人员随迁子女在公办学校就读的已达80.2%（国务院新闻办公室，2013），初步解决了随迁子女在城市接受义务教育的问题。

各地政府深入落实"两为主"政策，千方百计为务工人员随迁子女打开教育通道。如北京市"十一五"以来每年为随迁子女教育投入经费超过10亿元，2012年义务教育阶段来京务工人员随迁子女49万人，其中公办学校接收比例达到74.7%。（杜燕，2012）

天津市制定政策，让所有在津务工人员随迁子女都能进入公办中小学就读，并在免收学杂费、免费提供教科书、评优奖励、入队入团、考试竞赛、毕业颁证等方面与天津市学生一视同仁。在大力满足随迁子女平等接受义务教育需求的同时，天津市还努力向非义务教育延伸，做到了义务教育全面保障，职业教育率先放开，高中教育有序推进。（张宝敏，2012）

江苏省2012年财政投入3000万元用于各地吸纳外来人员子女入学。目前全省有82.5万流动儿童在流入地接受义务教育，入学率达99%以上，其中公办学校就读率达85.7%，确保流动儿童享受"同城同地同待遇"的优质教育。（仲伟春，2012）

（二）随迁子女升学考试政策取得突破性进展

随着进城务工人员规模不断扩大，随迁子女完成义务教育人数不断增多，随迁子女升学考试问题日益突出。进一步做好随迁子女升学考试工作，是坚持以人为本、保障进城务工人员随迁子女受教育权利、促进教育公平的客观要求，对于保障和改善民生、加强和创新社会管理、维护社会和谐具有重要意义。

2012 年 8 月 30 日，国务院办公厅转发教育部等部门《关于做好进城务工人员随迁子女接受义务教育后在当地参加升学考试工作的意见》，提出因地制宜制定随迁子女升学考试具体政策。要求各省、自治区、直辖市人民政府要根据城市功能定位、产业结构布局和城市资源承载能力，根据进城务工人员在当地的合法稳定职业、合法稳定住所（含租赁）和按照国家规定参加社会保险年限，以及随迁子女在当地连续就学年限等情况，确定随迁子女在当地参加升学考试的具体条件，制定具体办法。各省、自治区、直辖市有关随迁子女升学考试的方案原则上应于 2012 年年底前出台。北京、上海等人口流入集中的地区要进一步摸清底数，掌握非本地户籍人口变动和随迁子女就学等情况，抓紧建立健全进城务工人员管理制度，制定出台有关随迁子女升学考试的方案。同时，要统筹做好随迁子女和流入地学生升学考试工作，严格规范、公开透明地执行随迁子女升学考试政策，防止"高考移民"。

专栏 4.3

山东省新规

2012 年 2 月，山东省出台《山东省普通高校考试招生制度改革实施意见》，规定：

允许非户籍考生在我省参加高考。从 2014 年起，凡在我省高中段有完整学习经历的非户籍考生均可在我省就地（所就学的高中段学校所在地）报名参加高考，并与我省考生享受同等的录取政策。

［资料来源］关于印发《山东省普通高校考试招生制度改革实施意见》的通知［EB/OL］. http://www.sdedu.gov.cn/sdedu_zxwj/201202/t20120229_105577.htm.

2012 年 9 月 6 日，教育部召开座谈会，邀请北京、上海、广东、福建、山东、湖北、黑龙江、安徽、云南等 9 个省（市）有关方面负责同志研讨"异地高考"政策。强调要尽快明确解决进城务工人员随迁子女升学

考试问题的时间表和路线图，制定好实施方案。一要进一步摸清底数，掌握非本地户籍人口变动和随迁子女就学等情况，为方案的制定提供可靠依据。二要按"三个根据"要求，即根据城市功能定位、产业结构布局和城市资源承载能力，根据进城务工人员在当地的合法稳定职业、合法稳定住所（含租赁）和按照国家规定参加社会保险年限，根据随迁子女在当地连续就学年限等情况，进一步细化准入条件，确定操作办法。三要严格落实文件要求，确保各地实施方案2012年底前出台。

此前，一些省份已制定出台关于"异地高考"的实施意见。山东、福建等省教育部门提出，从2014年起，在本省高中段有完整学习经历的非户籍考生均可就地报名参加高考。

截至2012年末，31个省份除西藏外都按照国务院要求出台了具体实施方案。各地一般对考生学籍、在该省份就读时间、合法稳定住所，父母合法稳定工作、社保证明等条件有所限制。由于各地现实情况不同，方案具体限制条件相差比较大。虽然一些地区的方案不免受到质疑，但是毕竟坚冰已经开始打破。进城务工人员随迁子女义务教育后教育问题正得到逐步解决，随迁子女平等受教育权将进一步得到保障，国家促进教育公平的脚步将更加坚实。

（三）大力关爱农村留守儿童健康成长

与进城务工人员随迁子女相比，农村留守儿童的数量更为庞大，其教育问题也更为突出。据2008年全国妇联发布的《全国农村留守儿童研究报告》估算，全国农村留守儿童约5800万人，其中14周岁以下的农村留守儿童约4000万人。（研究将农村留守儿童界定为父母双方或一方从农村流动到其他地区，孩子留在户籍所在地农村，并因此不能和父母双方共同生活的17周岁及以下的未成年人。）统计显示，2012年全国义务教育阶段在校生中农村留守儿童有2271.07万人，较2011年增加70.74万人。其中，在小学就读的农村留守儿童有1517.88万人，比2011年增加80.07万人，增长5.34%；在初中就读的农村留守儿童有753.19万人，比2011年减少10.33万人，减少了1.37%。

留守儿童与父母长期分离，面临亲情缺失、生活抚育、教育监护、安全保护等多方面的问题。义务教育阶段许多留守儿童在心理上、学习上、生活上和行为习惯等方面也暴露出诸多问题。如何关爱留守儿童，呵护他们健康成长，成为社会广泛关注、人民群众十分关心的热点问题。

1. 充分发挥政府主导作用，关爱留守儿童教育、成长

党中央、国务院高度重视农村留守儿童群体的教育、成长。近年来，国家将农村义务教育全面纳入财政保障范围，并通过实施农村寄宿制学校建设工程、农村中小学现代远程教育工程、国家贫困地区义务教育工程、农村义务教育薄弱学校改造计划、农村中小学危房改造工程、农村义务教育阶段学校教师特设岗位计划、中小学教师国家级培训计划、边远艰苦地区农村学校教师周转宿舍建设试点项目等一系列重大政策和举措，有力推动了农村教育的发展。农村学校的校舍、教学装备、师资队伍等软硬件条件都发生了巨大的变化，广大留守儿童从中受益。

2010年颁布的《国家中长期教育改革和发展规划纲要（2010—2020年)》中设计了"义务教育学校标准化建设"重大项目，提出了"改扩建劳务输出大省和特殊困难地区农村学校寄宿设施，改善农村学生特别是留守儿童寄宿条件，基本满足需要"的措施要求。

2011年秋，国家启动农村义务教育学生营养改善计划。2012年，中央财政已累计安排专项资金150.53亿元，用于支持实施农村义务教育学生营养改善计划。不仅直接惠及2600多万名农村义务教育阶段学生，而且带动了地方试点工作的深入开展。5月，教育部等15个部门印发《农村义务教育学生营养改善计划实施细则》等5个配套文件，进一步规范对农村义务教育学生营养改善计划实施工作的管理，切实有效地改善农村学生营养健康状况。

2012年，国务院印发《关于加强教师队伍建设的意见》《关于推进义务教育均衡发展的意见》，对提高农村教师水平、提高农村教育质量、推进城乡义务教育均衡、关爱农村留守儿童等问题提出了指导意见。

各地加大对农村留守儿童关爱工作的力度，一些地方已初步建立起关爱留守儿童的服务体系，不断探索工作新模式，在改善留守儿童生活、学

习环境，促进留守儿童健康成长中发挥了重要作用。如安徽省从 2010 年开始，将建设农村留守儿童活动室纳入政府民生工程，财政设立 6000 万专项经费，用 3 年时间依托农村中小学校，建设 2 万个农村留守儿童之家，为每个留守儿童之家配置 3000 元的电视机、电话、电脑或图书等有关设施设备，3 年内覆盖所有农村中小学校，努力做到留守儿童校内有监管、课余有去处。2011 年又启动"亲情电话工程"，免费为农村留守儿童安装"亲情电话"，留守儿童可以通过拨打"亲情号码"与远在他乡的父母联系。（刘美子，鲍晓菁，2012）

山东省高密市 2012 年结合全员育人导师制的实施，组织 1100 多名女教师当起了"爱心妈妈"，并通过家长委员会招募 800 多名家长志愿者组建"爱心家庭"，认领留守儿童。"爱心妈妈"负责对认领的留守儿童进行生活指导、亲情关爱和安全监护，全面关照孩子每天的生活、情绪、安全等问题。该市还组织"手拉手共成长"活动，组织同村（小区）的孩子结成快乐伙伴组，孩子们一起读书学习、实践探究、娱乐玩耍，让留守儿童不再形单影只。（魏海政，孙世杰，2012）

广西壮族自治区建立留守儿童信息卡、定期登记卡、结对帮扶合账档案，创建"留守儿童服务中心"，并开设图书馆、电脑室、活动室、心理健康咨询室，安装家校亲情电话、网络视频电话等，保证留守儿童在校在家期间管理无盲区、时间无空档、空间无缺位、生活无差错。各级妇联还在全区建立家庭教育指导服务机构 110 个，农村留守儿童家长学校 5064 个，开办爷爷奶奶、代理妈妈、临时托管亲属家教培训班，让"第二家长"了解和掌握科学教子的方法。未来全区将建立农村留守儿童数量、基本情况的统计、登记制度，还将探索更多新方式新途径来开展关爱农村留守儿童行动，如引进并加大公益项目向农村留守儿童的倾斜力度，突出对农村留守儿童的助学扶持和技能培训等。（欧乾恒，2012）

2. 广泛动员社会参与，建立健全留守儿童关爱服务体系

做好农村留守儿童工作的核心，是要把建立健全农村留守儿童关爱服务体系纳入地方经济社会发展和民生改善的总体规划中，关键是要以政府为主导建立健全农村留守儿童关爱服务体系，重点是要根据当地实际创造

性地形成农村留守儿童的教育关爱模式，特别是要依托社会力量构建家庭和社会各界广泛参与的立体关爱网络。

目前，在全国活跃着一批"代理家长""爱心妈妈"等志愿者队伍，志愿者多达 300 余万名。专门为农村留守儿童服务的托管中心有 6500 多所，农村留守儿童家庭教育服务机构达 3 万多个。各部门齐抓共管、全社会共同关注合力推动关爱农村留守儿童的社会氛围正在形成。

学校在关爱和服务农村留守儿童工作中发挥着主阵地作用。2011 年 12 月召开的全国农村留守儿童工作经验交流现场会上，教育部副部长刘利民强调，教育部门要以推进义务教育均衡发展为契机，统筹协调农村留守儿童的教育管理工作。要尽力满足农村留守儿童上寄宿制学校的需求，保障不能寄宿的农村留守儿童就近上学，加强农村教师关爱农村留守儿童的力量，特别关注留守儿童中的"特殊群体"。

学校要关注每个农村留守儿童的学习生活状况，在学校工作的每个环节关心他们。要实行农村留守儿童的普查登记制度，实行教职工结对帮扶农村留守儿童制度，营造有利于农村留守儿童健康成长的校园文化氛围，加强对农村留守儿童的心理咨询工作。

教育部门和学校要与妇联等团体和组织密切配合，形成关爱农村留守儿童的工作体系。要建立家长、学校、社会联络机制，建立农村留守儿童安全保护预警与应急机制，充分发挥社区的特殊作用，大力营造全社会关爱农村留守儿童的氛围。

进城务工人员随迁子女和农村留守儿童的教育问题，是我国城市化进程中一个复杂的社会问题，涉及教育内外诸多方面。政府高度重视进城流动人口接受教育问题，坚持"两为主"政策，确保进城务工人员随迁子女接受义务教育。随着各地异地高考方案的陆续出台，随迁子女义务教育后教育问题正在得到有序解决。同时，国家大力发展农村教育，并充分发挥政府主导作用，建立健全留守儿童关爱服务体系，动员社会广泛参与，关爱留守儿童教育成长。

另一方面也应看到，随着我国城镇化、工业化深入发展，随迁子女基本按照每年近百万人的速度增加，保障随迁子女平等享受义务教育的任务依然十分艰巨，而随迁子女升学问题也涉及城市管理、社会保障、外来人口与本地居民教育资源配置问题和户籍制度改革等，情况十分复杂，需要通盘考虑、谨慎处理。农村留守儿童教育问题，不仅关系到留守儿童的健康成长、家庭的和睦稳定，从长远来看，更关系到社会主义新农村建设和整个社会的可持续发展。

党的十八大报告提出，要努力办好人民满意的教育，大力促进教育公平，要积极推动农民工子女平等接受教育，让每个孩子都能成为有用之才。这对我国教育事业发展提出了新的更高的要求，也为切实解决随迁子女和农村留守儿童教育问题指明了方向。应充分发挥政府主导作用，以推进基本公共教育服务均等化为目标，在已有工作的基础上，合理配置教育资源，着力加强薄弱环节，重点扶持困难群体，加快缩小教育差距，确保每个公民接受良好教育的权利，让进城务工人员随迁子女真正融入城市，让农村留守儿童得到全面关爱服务、健康成长，实现让人民满意的教育。

四、中小学生学业负担过重问题被初步遏止，治理力度还要加大

我国中小学生学业负担过重一直是一个客观存在的问题。近年来，某些地区学生学业负担已十分严重。当前，中小学生负担过重成为影响无数个家庭安宁的顽疾，成了基础教育中的一个"毒瘤""顽症"，严重影响着中小学生的身心健康成长。2012 年中国教育科学研究院发布的《全国教育满意度调查报告》显示，社会公众最不满意的问题之一就是"孩子学习负担大"（中国教育科学研究院，2012）。

减轻中小学生学业负担不仅关乎民生幸福，而且直接关系到我国教育事业的发展方向和中华民族的伟大复兴。

专栏 4.4

中小学生学业负担过重

中国青少年研究中心最新发布的《中国少年儿童十年发展状况研究报告（1999—2010）》中指出，10 年来，中国中小学生睡眠时间持续减少，在学习日近八成睡眠不足，在周末也有超过 70% 的中小学生睡眠不足。

报告中的数据显示，在学习日，中小学生平均睡眠 7 小时 37 分钟，比国家规定最高时间（9 小时）低了 1 小时 23 分钟，比 2005 年减少了 1 小时 22 分钟，中小学生睡眠时间低于国家规定时间（9 小时以上）的比例达 78.1%，比 2005 年增加了 32.4%；在周末，中小学生平均睡眠 7 小时 49 分钟，比国家规定最高时间（9 小时）低了 1 小时 11 分钟，比 2005 年减少了 1 小时 47 分钟，中小学生睡眠时间低于国家规定时间（9 小时以上）的比例达 71.8%，比 2005 年增加了 41.5%。

[资料来源] 孟微. 调查称近 8 成中小学生睡眠不足学业负担过重 [N/OL]. http://edu. qq.com/a/20110516/000359.htm.

（一）中央政府推出减负政策

为了减轻中小学生的学业负担，党和政府先后颁布了一系列文件，"减负"被写入十七大报告、2008 年政府工作报告、《教育规划纲要》，以及《国家十二五教育规划》中。同时，各级政府采取了许多有效措施，强力推进减负工作，有效地减轻了中小学生的学业负担。

1. 标本兼治，综合治理

《教育规划纲要》明确规定了义务教育阶段减轻中小学生课业负担的任务，强调减负是全社会的共同责任，提出今后将从标本兼治、综合治理的思路出发，各级政府及教育行政部门要采取改革考试评价制度和学校考核办法、科学设计课程和教材难度、规范办学行为，建立监测公告制度、规范各种社会补习和教辅市场等措施，学校要做好改进教学方法、提高教学效果、丰富学生课外及校外活动等工作，家长要树立正确的教育观念、培养子女的良好习惯、加强与学校的沟通合作。

《国家十二五教育规划》进一步提出了减轻中小学生课业负担问题。要求建立中小学生课业负担监测和公告制度，加大对违反中小学办学行为规范行为的惩处力度，建立落实国家课程方案和标准的责任制度，建立各种教辅材料和课外补习班的管理制度，鼓励家长、社区和新闻媒体进行监督。《国家十二五教育规划》提出了到 2015 年基本实现中小学生全面减负的目标，以及推进素质教育，切实减轻中小学生课业负担的具体措施：规范中小学办学行为，改进教育教学方法，改进考试评价制度，探索减轻中小学生过重课业负担的途径和方法。深化基础教育课程、教材和教学方法改革。整体规划大中小学德育课程，推进中小学德育内容、方法和机制创新，建设民族团结教育课程体系，探索建立"阳光体育运动"的长效机制。开展普通高中多样化、特色化发展试验，建立创新人才培养基地，探索西部欠发达地区普及高中阶段教育的措施和办法。研究制定义务教育质量督导评价办法，改革义务教育教学质量综合评价办法，建立中小学教育质量监测机制，探索地方政府履行推进素质教育职责的评价办法等。

2. 统筹规划，整体推进

2010 年中央政府启动改革试点，立足于从减轻学生学业负担入手，全面推进素质教育。政府和教育部门采取了规范中小学办学行为，调整教材内容，科学设计课程难度，改进教育教学方法，改革考试评价制度和学校考核办法，建立学生课业负担监测和公告制度，探索减轻中小学生过重课业负担的途径和方法等具体措施。同时，各省推出地方改革试点实施方案。对减负的目标、具体措施、配套政策、实施保障条件等进行了明确的规定；尤其是对课程、学生作业量、补课等方面进行了严格管理。在辽宁省盘锦市、江苏省南通市、安徽省、山东省、陕西省西安市、甘肃省部分市县等地，减负的重点任务是规范中小学办学行为，改进教育教学方法，改进考试评价制度，探索减轻中小学生过重课业负担的途径和方法。在北京市、广东省深圳市等地，深化基础教育课程、教材和教学方法改革。在北京市、内蒙古自治区、上海市、广西壮族自治区、甘肃省部分市、新疆维吾尔自治区等地，整体规划大中小学德育课程，推进中小学德育内容、方法和机制创新，建设民族团结教育课程体系，探索建立"阳光体育运动"的长效机制。在北京市、天津市、黑龙江省、上海市、江苏省、陕西省、四川省、新疆维吾尔自治区、宁夏回族自治区部分市县等地，开展普通高中多样化、特色化发展试验，建立创新人才培养基地，探索西部欠发达地区普及高中阶段教育的措施和办法。在北京市、天津市、上海市、安徽省、湖北省、海南省、重庆市、云南省部分市州、甘肃省、宁夏回族自治区部分市县等地，研究制定义务教育质量督导评价标准，改革义务教育教学质量综合评价办法，建立中小学教育质量监测评估机制，探索地方政府履行教育职责的评价办法。（佚名，2010）

（二）地方政府出台减负的举措

为了配合中央政府的改革试点工作，各省市相继采取减负举措。

山东省实施基础教育综合改革，建立规范办学的长效机制。具体措施有：一是建立学生课业负担的长效监测机制，明确学校责任，把禁止在职教师有偿补习纳入教师考核和学校聘用合同管理，同时加大对社会教育培训机构的监管力度；二是完善教育行政问责制度，对学校及在职教师的违规行为，根据情节轻重，依法给予处罚。（教育部，2010d）

江苏省南通市推进中考改革以减轻中小学生课业负担。为此，制定了改革考试内容、考试形式、特色课程、评价制度、高效课堂教学模式和优质课程资源体系、规范办学和学生课业负担监测机制等措施。其最大亮点是制定了完善综合素质评价、学业水平测试和文化科目考试相结合的中考改革模式。从组织机构、工作培训、实施评估3方面完善改革的配套政策，并进一步提供开发区域综合实践活动课程，为学校组织综合实践活动和学生参加活动提供制度保证和基本规范。在全市建立了9大学科教学研究基地，推进教学改革和"减负"增效。开发了基于现代信息技术的学生管理和考试管理信息平台。市财政设立改革专项资金等保障条件。（教育部，2010a）

安徽省开展了规范中小学办学行为、减轻学生课业负担的改革试点。提出改革试点的目标是：到2012年，在全省范围内初步规范各类招生、办班、收费行为，并规范教材管理；到 2015 年，在全省范围内基本实现规范中小学办学行为，切实减轻学生课业负担，建立起稳定的、适应素质教育要求的教育、教学秩序。为实现上述目标，安徽省出台了 3 项改革措施：一是进一步改善中小学办学条件，加强师资队伍建设；二是进一步加强中小学管理，规范办学行为；三是健全评估与督导制度。安徽省还从 4 方面完善改革的配套政策：一是完善《教育部关于当前加强中小学管理规范办学行为的指导意见》和《关于进一步加强中小学管理规范办学行为的意见》的配套政策，制定规范招生、办班、教学、收费等方面的实施细则；二是建立健全政府对规范办学行为的教育督导评估机制，加强对规范办学行为工作的考核评估，并将改革方案的实施情况纳入县级党政干部教育工作考核指标体系；三是明确、细化减轻学生课业负担的目标、工作重点、保障措施和考核办法，切实减轻学生的课业负担。为保障改革方案的实施，安徽省拟采取加强政策法制的保障、加强机构队伍的保障、加强监督考核等措施。（教育部，2010c）

北京建立了减负监测机制，采取切实有效的措施，引导全市小学率先减负。2011 年，北京市教委从 3 个方面进一步加强减负工作。一是推进小学规范化建设工程，依据有关政策文件，规范学校的办学行为，落实减负的有关要求；二是结合开展义务教育阶段教学质量监测与评价反馈工作，聚焦课堂，转变教学方式，提高课堂教学效益；三是采取专项课题研究的方式，开展理论和理念、现状调研和实验等方面的研究，理性分析负担的成因，引导全市小学主动减负、有效减负、率先减负。（赵正元，2011）2 年来，北京市中小学的减负意识增强了，减负实践取得一定效果。

浙江省从 2010 年 8 月开始新一轮"减负"，推出 6 项减负措施：一是严格开设课程，所有中小学都必须依法依规开设课程，不得随意加大课程难度、增减课程和课时、赶超教学进度和提前结束课程，尤其是要坚决防止和杜绝搞两张课程表等弄虚作假行为的发生；二是严格控制作业量，今后教师布置作业，自己首先要做，自己没有做过的作业不能布置给学生做；三是严格控制补课，诚然这方面社会上违规问题比较严重，但学校首先要抓好自身；四是严格规范考试管理，各地不得以任何形式给学校下达升学指标，不得以任何形式公布学生成绩，不得以升学率或考试成绩为标准对学校、班级、教师和学生进行排名；五是严格确保学生的休息和锻炼时间，小学生、初中生在校上课时间分别不得超过 6 小时、7 小时，住校生晚自修每天不得超过 2 课时，学生每天至少有 1 小时的体育活动时间；六是严格规范招生秩序，义务教育阶段任何学校不得举行或变相举行与入学相关的考试、测试。并建立"六大制度"保障：一是初中毕业生学业考试试卷质量评估制度，重点是规范命题，控制命题难度；二是中小学生体质健康情况通报制度，各地每年都必须向社会公布辖区内各学校学生体质健康状况；三是加重学生课业负担责任追究制度，市、县教育行政部门每学年都要与学校校长签署规范办学责任书；四是课业负担征求意见制度，学校每学期都要举行征求意见会议，听取学生和学生家长意见；五是教学活动安排公示制度，每所学校在每学期开学一周内要向师生公布课程安排等情况；六是家校联动制度，不断强化学校、家庭、社会共同育人的责任。（浙江省教育厅，2010）

（三）各地减负工作取得初步成效

通过多年的努力，推进素质教育、减轻学生学业负担的观念，在全国各地深入人心，减负收到了显著成效。

近年来，上海市采取有力措施，科学安排学生作息制度，切实保障学生睡眠时间，取得明显成效。上海市从 2007 年起调整中小学作息时间，小学和初中（寄宿制学校除外）分别实行上午 8：15 以后和 8：00 以后安排集体教育教学活动的作息制度，高中和寄宿制学校在上午 7：45 以后安排集体教育教学活动，有效保障了学生的睡眠时间。学生睡眠状况与健康指标有所改善。调查数据表明，11—18 岁男女学生平均睡眠时间均有所增加。其中，男生平均增加约 13 分钟（0.21 小时），女生增加约 10 分钟（0.17 小时）。其中小于 15 岁的年龄段中，男女生睡眠时间增加均较明显，分别增加约 36 分钟（0.59 小时）和约 37 分钟（0.62 小时），全部睡眠时间分别达 8.58 和 8.55 小时。睡眠时间的增加明显有利于学生其他各项健康指标的改善，有利于学生的健康成长和发展。睡眠时间的增加能够在一

定程度上抑制肥胖的发生。初中和高中学生的肥胖率有所下降。（教育部，2013a）

浙江省为了确保"减负"各项要求和相关规章制度的落实，加强督导、督查工作，各级督导机构都把"减负"作为突出任务来抓，充分运用"督学"和"督政"这两手，督促和检查"减负"措施的落实；进一步完善与减轻过重课业负担相关联的奖惩措施，定期对中小学生课业负担情况进行检查和通报，把切实减轻学生过重课业负担作为对教师和学校评先评优的必备条件，作为对各地教育科学和业绩考核的重要内容。经过1年治理，系统内的"减负"自觉性增强了，社会对"减负"的关注和监督也增强了。

尽管如此，在我国基础教育中，由于片面追求升学率，造成中小学生学业负担过重的情况依然存在，中小学生的课外作业仍然很多，中小学生大量参加课外学习培训的状况也愈演愈烈，学生睡眠不足的现象也普遍存在，教育部门、学校、社会和家长之间还没有真正形成工作合力。

减轻学生课业负担是全社会的共同责任，政府、学校、家庭、社会必须共同努力，标本兼治，综合治理。今后，各级政府要把减负作为教育工作的重要任务，统筹规划，整体推进。推进义务教育均衡发展，促进教育公平，依法规范学校办学行为，建立健全检查监督机制，加大"减负"规定的执行力度，减轻学生负担。学校要继续推进基础教育课程改革，深化教育教学改革，推进素质教育，提高教师业务素质，改进教学方法，增强课堂教学效果，减少作业量和考试次数，把减负落实到教育教学各个环节，给学生留下了解社会、深入思考、动手实践、健身娱乐的时间。培养学生学习兴趣和爱好。严格执行课程方案，不得增加课时和提高难度。各种等级考试和竞赛成绩不得作为义务教育阶段入学与升学的依据。家长要树立正确的教育观念，掌握科学的教育方法，尊重子女的健康情趣，培养子女的良好习惯，加强与学校的沟通配合，共同减轻学生课业负担。减负是一项十分复杂的、全面的、系统的、长期的工程，非一朝一夕所能改变。减轻学生学业负担过重，实现素质教育的目标，依然任重道远。

五、从根本上着手解决青少年价值危机
问题，实效性还需提高

全球化时代，西方文化及其价值观涌入我国，多种文化体系和价值观的并存和冲突已经十分明显。我国青少年人生观、价值观、世界观发生了巨大的变化。

2012年3月中国网刊登的《青少年群体的道德价值观》报告显示：青少年的集体主义价值观状况有多元化倾向。约39.2%的青少年愿意帮助他人；60.8%的青少年爱护集体荣誉；约86.5%的青少年认为应该孝敬老人；约71.6%的青少年公德意识比较强，但青少年的公德意识与公德实践之间存在较大差距，不少青少年道德实践能力比较差；32.7%的青少年有法制观念，但也有约16.9%的青少年对我国的法制建设持怀疑态度；约39.4%的青少年对生命淡漠，有近50%的青少年认为自杀是一种解脱，这严重地折射出我国青少年对学习、生活质量的消极人生态度，他们对生命失去了热情，这很值得我们的教育、社会与家庭反思。约78.6%的青少年生活在金钱至上的流行观念中；约36.7%的青少年认为嫁或娶一个有钱人是改变人生最好的办法，这反映了部分青少年普遍存有金钱能改变人生的错误观念。报告显示：青少年道德价值取向总体上以社会取向为主，个人取向不占主流，但占有可观的比率。同时还发现，近几年来青少年道德价值观个人本位倾向有发展的趋势。此外，发现青少年道德价值取向呈现出一定的功利化色彩。这主要表现在对义利关系的认识和评价上，具有从传统的"重义轻利"向"义利并重"偏移的倾向；表现在对道德价值目标的评价上，从个人需要甚至是个人物质需要来评价道德价值，缺乏崇高的道德理想；在对个人与他人的关系上，强调关心他人的前提和关心他人之后的反馈。（杨韶刚，等，2012）

这些新情况、新问题向教育工作者提出了巨大挑战。青少年是祖国的未来、民族的希望。坚持以社会主义核心价值体系教育引导青少年，是培

养中国特色社会主义合格建设者和可靠接班人的重要任务，是贯彻党和国家教育方针的必然要求，是实施素质教育的内在需要，是增强大中小学德育工作针对性和实效性的时代召唤。为此，党和政府相继发布文件政策，采取有力举措，开展社会主义核心价值体系教育，从根本上着手解决青少年价值观危机问题。各地也出现了一些典型案例，取得了显著的成效。

（一）用社会主义核心价值体系教育青少年

2012 年 3 月教育部出台了《中小学开展社会主义核心价值体系教育指导纲要》（以下简称《指导纲要》），对解决我国青少年价值观危机起到关键性作用。《指导纲要》要求，我国大中小学要把开展社会主义核心价值体系进课堂、进教材、进头脑的教育作为各级各类教育的核心任务。

2012 年 10 月 31 日，教育部中国特色社会主义理论体系研究中心组织编写出版了《社会主义核心价值体系青少年学习读本》（以下简称《读本》）。《读本》共分 6 部分：第一章从总体上对社会主义核心价值体系的产生背景、理论地位、内在结构做出概述；第二至五章分别专题论述社会主义核心价值体系的灵魂、主题、精髓、基础；第六章讲青少年践行社会主义核心价值体系的基本要求。为了增强青少年的阅读兴趣，《读本》在正文之外，还配有经典言论、名人故事、相关链接和图片等。这一适合青少年成长特点和认知水平的通俗读物，为大中小学生学习和实践社会主义核心价值体系提供了重要的参考资料。

党的十八大报告提出要"倡导富强、民主、文明、和谐，倡导自由、平等、公正、法治，倡导爱国、敬业、诚信、友善"，从国家、社会和个人层面对社会主义核心价值观进行了高度的总结和提炼，这更加有利于社会主义核心价值体系的传播和培育。

教育系统采取有力措施，把立德树人作为教育的根本任务。坚持育人为本、德育为先的教育方针，把社会主义核心价值体系融入课堂教学、社会实践、校园文化、学校管理，融入从家庭教育到学校教育、从学前教育到高等教育的全过程，着力培养中国特色社会主义事业的合格建设者和接班人。全面推进中国特色社会主义理论体系进教材、进课堂、进头脑，引导青少年系统学习马克思主义指导思想，自觉地把个人理想融入中国特色社会主义共同理想，坚定知党、爱党、跟党走的信心和信念。大力弘扬民族精神和时代精神，深入开展社会主义荣辱观教育，全面加强和改进学生思想道德教育，把青少年培养成为有高尚道德情操、有责任心、有正义感、有奉献精神的人。

用社会主义核心价值体系教育青少年的具体内涵如下。

1. 用马克思主义中国化的最新理论成果来武装中小学生的头脑

党和政府明确要求：用社会主义的基本价值思想来武装中小学生，使之成长为社会主义事业的合格建设者和接班人。党中央在领导中国特色社会主义伟大事业中，不断进行理论创新，相继提出许多马克思主义中国化的最新理论成果。党的十六大以来，科学发展观、构建社会主义和谐社会、加强党的执政能力建设和先进性建设、建设社会主义新农村、建设创新型国家、树立社会主义荣辱观、建设和谐世界、走和平发展道路等一系列重大战略思想和重大决策部署，形成了一系列马克思主义中国化的最新成果，为全党和全国人民提供了新的理论指南。让中小学生了解、认识和认同马克思主义中国化的最新成果，是当前中小学德育面临的一项重要任务。

2. 以理想信念教育来引领中小学生的成长

中国特色社会主义共同理想是社会主义核心价值体系基本内容的一部分。中国特色社会主义共同理想，就是在中国共产党领导下，走中国特色社会主义道路，实现中华民族伟大复兴。中国特色社会主义共同理想是社会主义核心价值体系的主题。让中小学生知道社会主义理想是对人类历史上一切合理价值理念自觉继承的结晶。作为社会和政治理想，中国特色社会主义是中国共产党的奋斗纲领，是中国人民共同的价值追求，是中华民族自觉选择的发展道路，是中华民族兴旺发达的思想基础。目前，我国对中小学生进行理想信念教育，主要是让中小学生了解中国人民不断探索民族独立、人民解放道路的历史，努力实现民族振兴、国家富强的历史，懂得中国特色社会主义共同理想是中华民族长期探索并最终选择的结果，从而树立对中国特色社会主义共同理想的信念。具体做法主要是从中小学生需求出发，把理想信念教育融入学生日常学习和生活中，引导中小学生树立正确的世界观、人生观、价值观，提高中小学理想信念教育的针对性和实效性。

3. 用以爱国主义为核心的民族精神和以改革创新为核心的时代精神来激励中小学生刻苦学习

为了在中小学开展弘扬和培育民族精神教育，10年来教育部下发了3个关于开展民族精神教育的文件，明确要求中小学要开展民族精神教育。具体做法主要是：让中小学生通过学习中华文化经典，了解中华民族的历史和优良传统，中华民族创造的灿烂文化对人类发展的贡献，影响中国历史发展的重大历史事件和著名历史人物与民族英雄，尤其要注重民族气节和爱国主义精神教育。不断增强广大青少年对民族优秀文化的认同和自信，不断增强民族自尊心、自信心和自豪感，振奋民族精神，凝聚民族力量。要让中小学生学习和认同中华传统美德，让中华民族精神历久弥新，代代相传，发扬光大。让学生通过学习革命发展史，了解近代以来中华民族的深重灾难和不畏强暴、英勇抗争的历史，特别是中国共产党领导人民进行英勇斗争，取得胜利的历史。培养学生爱党、爱国、爱社会主义的情感。继承和发扬爱国主义传统，培养广大青少年学生爱国主义情感和报效祖国的精神，激励学生为中华崛起而刻苦学习，确立为建设有中国特色社会主义而奋斗的政治方向。

4. 用社会主义荣辱观来支撑中小学生的人生

以"八荣八耻"为核心的社会主义荣辱观，旗帜鲜明地指出了什么是真善美，什么是假恶丑。目前，中小学正在广泛开展荣辱观教育，让学生从小学习和掌握荣辱观，尤其重视在中小学开展中华传统美德教育，引导学生养成正确的荣辱观。中小学生学习和实践荣辱观，是道德教育的基本任务。

（二）采取有力措施将社会主义核心价值体系融入教育全过程

我国中小学积极探索如何结合中小学生的生活实际，将社会主义核心价值体系融入中小学课堂教学、学校文化、社会实践活动和班级管理中，如何创新价值观教育模式、方式和途径，如何根据中小学生的年龄、心理和社会经验特点，把这些比较原则性的价值目标和道德要求转化为具体的价值教育目标和道德要求，易于学生认同和学习。

1. 整体构建课堂、校园文化、社会实践一体化融合式教育模式

《指导纲要》明确要求：一是要将社会主义核心价值观教育融入中小学语文、历史、政治、德育课等各科教学中，进一步发挥课堂教学主渠道的作用。中小学德育课程和语文、历史等人文社会科学课程和数学、物理、化学、生物、科学等理科课程，要充实体现核心价值观的丰富内涵。让学生学习中国的社会、政治、经济、文化与民族发展的重大历史事件和在中国历史上做出过重要贡献的人物及事迹。加强中国近代、现代史及国情教育，以中国近、现代史和国情教育为依托，生动活泼、深入浅出地对中小学生进行社会主义核心价值观教育。二是强调校园文化是进行社会主义核心价值观教育的重要渠道之一。学校要以社会主义核心价值观教育为导向，建设优良的校风、教风和学风，努力建设体现社会主义文化特点、时代特征和学校特色的校园文化。要以核心价值观教育为内涵，开展丰富多彩、健康向上的校园文化活动，弘扬主旋律，不断满足学生日益增长的精神文化需求。坚持升降国旗制度，每周一以及重要节日、纪念日、大型集体活动必须举行庄严、隆重的升旗仪式，每天坚持升降国旗，每周举行国旗下讲话，全体中小学生都应会唱国歌。学校要结合实际，充分利用校园广播、电视、校园网、橱窗、板报和文化长廊等宣传阵地，大力宣传和弘扬民族精神。校园内张贴悬挂革命领袖和中华民族杰出人物画像，制作体现民族精神的灯箱、语录牌等，积极开展创建安全文明校园活动，营造弘扬和培育民族精神的浓厚校园氛围。三是明确社会实践是社会主义核心价值观教育的关键环节。倡导学生开展社会实践和公益活动，在社会实践中强化和突出社会主义核心价值观教育的要求，中小学根据本地和本单位的实际，注重实效，组织学生参加生产劳动和社会实践活动，参观历史、文化遗迹、革命遗址和新中国建设成就，游览祖国大好河山，缅怀英烈、学习历史杰出人物，开展以爱国主义教育为主题的歌咏、阅读活动等。将社会主义核心价值观教育融入班级管理中。进一步完善升降国旗，重要集

会唱国歌，在重要节日加强爱国主义教育，在校内公共场所和有关课堂悬挂中华杰出人物画像等制度。

2. 创新教育方式、拓展教育途径

我国中小学努力创新社会主义核心价值体系教育方式并拓展教育途径，充分利用各种有效载体进行核心价值体系教育。从学生的实际出发，根据学生的身心发展特点和认知水平，有针对性、生动活泼地进行核心价值体系教育，避免空洞、抽象和成人化。积极调动学生学习核心价值体系的自主性和积极性，让学生对社会中存在的种种价值冲突和矛盾进行研讨、分析、判断与选择。创设丰富多彩的活动，为学生选择和学习正确的价值观提供机会。让学生参加艺术表演、体育活动、少先队组织、义工服务活动等，学习和养成勤奋、诚信、忠诚、勇气、慷慨和服务、奉献等品质或价值观。

3. 加强教师队伍建设

教育部要求，各级各类学校要努力提升教师素质，严格对学生思想政治教育工作者的选拔和任用，加强对学生辅导员、班主任的思想政治教育和培训，使其成为学习践行社会主义核心价值体系的表率和模范。在师德建设中突出开展社会主义核心价值体系教育活动，提高教师队伍整体思想政治素质和道德水平，既重教书又重育人，既重言传又重身教，以良好的思想政治品质和道德风范影响教育学生，以高尚的人格魅力和渊博的学识魅力教育感染学生。

4. 加强理论研究宣传

社会主义核心价值体系教育需要理论研究的强力支撑。教育部要求要充分利用教育系统人才密集、学科门类齐全的优势，深入阐述社会主义核心价值体系的时代背景、发展历史及理论根据，深入阐述社会主义核心价值体系的灵魂、主题、精髓、基础，深入阐述社会主义核心价值体系的建设途径，推出一批有创新价值的研究成果。在深入研究的基础上，要针对青少年普遍关注的热点难点问题，不断创新理论普及的形式和方法，把宣传普及与释疑解惑、排忧解难有机统一起来，不断增强社会主义核心价值体系教育的针对性和实效性。

（三）各地开展社会主义核心价值体系教育的典型案例

各地区根据中央文件精神，积极制定地方推进社会主义核心价值体系教育的政策文件。各学校也依据文件精神，结合本校学生的实际情况，制定教育方案，开展社会主义核心价值体系教育。各地在创新教育模式、拓展教育途径等实践中，涌现出各种典型案例。

上海市光明中学在开展社会主义核心价值体系教育中，采用融合式教育模式，实行学校德育工作与社会主义核心价值体系教育相结合、课堂教学与社会主义核心价值体系教育相融合、校园文化建设与社会主义核心价值体系教育相切合、道德实践活动与社会主义核心价值体系教育相组合、校外教育与社会主义核心价值体系教育相联合，取得显著成果。

北京市朝阳区教委利用"榜样示范模式"进行社会主义核心价值体系教育，效果显著。2010 年，朝阳区教委为加强中学生思想道德教育，培育中学生民族精神，弘扬社会主义核心价值观，开展"十佳中学生"评选活动，引导广大中学生寻找身边的道德榜样，树立学生中的学习榜样，鼓励全区中学生积极进取。"十佳中学生"评选表彰活动是朝阳区普通中学一项品牌活动，在各学校校级"十佳中学生"评选的基础上，从学校推荐、上报的候选人中，经中教科组织专家评选产生了朝阳区 2010 年"十佳中学生"和"十佳中学生提名奖"，并于 5 月 31 日召开了朝阳区普通中学2010 年"十佳中学生"表彰大会。并举办了事迹报告会，6 位同学的精彩发言和感人的事迹极大地感染和教育着参会学生积极进取、顽强拼搏、全面发展。"十佳中学生"表彰活动成为加强中学生思想道德教育，弘扬和培育中学生民族精神，树立学生中的榜样，激励全区中学生积极进取的重要举措。（北京市朝阳区教育委员会，2010）

江西省鹰潭市第三中学开展社会主义核心价值体系教育，在德育工作中融入社会主义核心价值体系教育内容。一是广泛开展民族精神教育，大力弘扬爱国主义精神，把爱国主义教育作为德育的主旋律，培育学生的民族自豪感。二是以"热爱生命，珍惜生命"为主题，深入开展生命教育活动，引导学生珍惜生命、热爱生命，努力培养健康的身心，为勤奋学习打下坚实的基础，更好地服务祖国、服务人民。三是以"掌握方法，提高水平"为目标，推进德育队伍的科学管理，坚持改革创新。通过德育论坛，组织全校教师对"社会主义核心价值观"进行学习，让每一位教师切实提高对"人人都是德育工作者"的认识，增强育德意识。四是以"学理论，知荣辱；树新风，促和谐"为途径，大力开展马克思主义理论教育，坚持用科学的理论武装学生，使学生初步形成正确的世界观、人生观、价值观，树立学生为建设中国特色社会主义、实现中华民族伟大复兴而努力学习的理想。具体做法是实行三种融合策略，实践社会主义核心价值体系教育。一是把德育工作与社会主义核心价值体系教育相结合。积极贯彻"德育首位、和谐发展、因材施教"的办学理念，把立德树人作为学校工作的根本。充分发挥学生价值观教育主渠道的功能和优势，对学生价值观的教育进行改革创新。学校加大学校德育工作的力度，营造保持学校德育效果的大环境。学校利用各种平台，开展多角度、多层面的行之有效、丰富多彩的德育活动，加强提高教师育德能力和水平。不断推进队伍建设，强化学校人文精神，深化学生人文素养的培养，扎实落实各项教育改革。为实现"强化机制，明确职责，积极引导，狠抓落实，和谐愉悦"的德育目标而不断努力。二是把课堂教学的开展与社会主义核心价值体系教育相融合。学校充分发挥主课堂、主阵地、主渠道作用，有计划地从各个不同角度和不同方面贯穿和渗透社会主义核心价值体系教育，使社会主义核心价值体系教育走进教材，走进课堂，使社会主义核心价值体系生动具体地融入学生学习成长的全过程，营造有利初中学生健康成长的和谐环境，使学生牢固树立社会主义核心价值体系。三是把校园文化建设与社会主义核心价值体系教育相切合。学校充分发挥校园文化的熏陶作用，运用丰富多彩的形式进行以构建社会主义核心价值体系为导向，以建设优良校风、师风、学风为核心，以优化校园环境为重点，建设体现社会主义核心价值体系、体现社会主义文化特点、时代特征和学校特色的校园文化，把别开生面的校园文化活动作为进行社会主义核心体系教育的有效载体。学校根据学生的特点，科学地设计与安排形式多样的文化活动，既突出核心价值体系，又体现趣味性，寓教于乐，使学生在喜闻乐见的校园文化氛围中全面确立社会主义核心价值体系。教师也是校园文化建设中重要的组成部分，该校党政工各部门积极开展各项活动，以实际行动体现"学高为师，身正为范"，践行社会主义核心价值体系，为学生树立良好的榜样。鹰潭市第三中学的融合式教育模式在实践中取得了良好的效果。

江西省宁都县 2010 年开展青少年学生社会主义核心价值体系主题读书教育活动，引导广大青少年了解和掌握社会主义核心价值体系的基本内容和实践要求，在思想感情上认知认同，在学习生活中遵循践行。通过学习教育，使社会主义核心价值体系深深融入青少年学生的思想意识、精神世界和学习生活之中。（宁都县委宣传部，宁都县教育局，2010）

目前，我国各级各类学校在开展社会主义核心价值体系教育中取得了一定的成效，但也出现了一些值得关注的问题，比如将核心价值体系教育作为独立课程来教、空洞说教、形式主义、实效性不高等。今后，社会主义核心价值体系教育重在提高实效性，尤其需要将其与各门课程有机融合，充分挖掘学科教育中的核心价值体系教育内容，需要贴近学生的生活实际、贴近学习实际、贴近身心发展实际。要求主管领导要努力提高认识和思想觉悟，认真落实党和政府关于核心价值体系教育的精神实质，切实做好教育工作，教育主管部门要建立长期有效的监督监管机制。要求教育工作者尊重德育规律，从知情意行各个环节入手，确实提高实效性。

六、综合治理大学生就业难问题，结构性人才过剩和摩擦性失业仍待解决

近几年来，随着我国高等教育改革的不断深化以及高等教育的大众化、国际化进程的加快，高校毕业生规模日益扩大。根据教育部统计，2009—2013 年，全国普通高校毕业生规模呈逐年递增的态势，分别为 611 万人、630 万人、660 万人、680 万人、699 万人。一方面，高校毕业生是我国宝贵的人力资源，成为国家经济建设和社会整体发展的重要力量；另一方面，面对当前国际金融危机蔓延、我国就业形势十分严峻的情况，高

校毕业生就业难日益成为一个严重的社会问题。中国教育科学研究院联合清华大学媒介调查实验室于 2011 年 8—10 月在全国实施全国教育满意度调查，结果显示，群众最不满意的问题之一就是"大学生就业难"（中国教育科学研究院，2012）。高校毕业生就业难成为全社会关注的热点难点问题之一。

（一）促进高校毕业生就业的政策与措施

高校毕业生就业难引起了党和政府高度重视。为了解决高校毕业生的就业问题，多年来，多部委按照国务院的要求，联合发起大学生和高校毕业生就业推进行动，主要目标是集中所有力量解决高校毕业生就业问题，关怀、支持和帮助大学毕业生就业。最近 3 年，政府又出台许多政策，更是加大力度促进高校毕业生就业。政府把就业看作民生之本。"十二五"规划纲要强调，要实施更加积极的就业政策，把促进充分就业作为经济社会发展的优先目标，尤其强调要解决好高校毕业生就业问题。这不仅关系到大学生的身心健康成长，更关系到社会的和谐与稳定。

2009 年 1 月 6 日，国务院专门召开常务会议，研究高校毕业生就业工作，提出把高校毕业生就业工作摆在首位，并出台了促进高校毕业生就业工作的 7 大方面的政策。1 月 19 日国务院办公厅把这次会议的内容和精神以文件的形式下发到各省，到 4 月 6 日国务院专门召开高校毕业生就业工作的电视电话会议，要求各地政府加大毕业生就业工作的力度，贯彻落实中央促进高校毕业生就业工作的政策精神，根据当地的情况因地制宜，发挥当地政府的作用，制定出台适应当地情况的政策。促进高校毕业生就业的 7 大政策是：鼓励大学毕业生到基层就业的政策；鼓励大学毕业生到企业就业，特别是到中小企业和民营企业；鼓励骨干企业和科研项目吸纳学生就业；鼓励他们走创业的道路，扶持他们自谋职业、自主创业；鼓励他们参加见习，暂时就不了业，可以通过见习提升自己的能力；要求公共服务就业机构进校园并在社会上为他们提供广泛的、免费的公共就业服务；对那些就业困难和家庭困难的高校毕业生提供就业援助等。

此外，中央有关部门包括教育部、人事部、财政部、科技部及解放军总参谋部等 18 个部门通力协作，把中央的精神细化到政策方面。2009 年共出台了 29 个细化国务院精神的政策性文件，31 个省市政府出台了地方的促进毕业生就业工作的政策文件，这都对促进当年毕业生就业工作产生了巨大作用。其中一些重要措施，有效地促进了大学毕业生就业。

鼓励高校毕业生应征入伍。国家鼓励高校学生应征入伍的最大政策优待就是全部代偿助学贷款或者补偿学费。这对加强军队国防现代化建设具有重大意义，不仅缓解了就业压力，同时对提高部队兵员素质、改变部队兵员结构、提高部队战斗力都具有重大的现实意义。教育部对退役后的高校毕业生给予一系列的优惠政策：一是退役后参加政法院校为基层公检法定向岗位招生考试时，优先录取；二是具有高职高专学历的，退役后免试入读成人本科，或经过一定考核入读普通本科；三是退役后可根据需要参照应届毕业生办理就业报到手续。

实施全日制专业学位硕士研究生计划。改革研究生的培养机构，增加适用人才的招生名额。改革研究生的培养模式，参加专业研究生学习的学生可以发学位证书和学历证书，改变了以往只发学位证书的做法。每年完成全日制专业学位硕士研究生近 4 万人的招生计划。

推动服务外包、吸纳人才的计划。中央政府一直相当重视、大力发展服务外包产业，教育部和商务部共同召开会议，召集高校对接，在 20 个服务外包试点城市，签约建立了 20 个培训中心，服务外包企业建立了一大批见习就业基地，一方面能够吸纳毕业生，另一方面也为大学毕业生的见习提供了一些场所。仅 2009 年，服务外包企业共吸纳高校毕业生 20 多万人。

2010 年，人力资源和社会保障部下发了《关于实施 2010 高校毕业生就业推进行动大力促进高校毕业生就业的通知》（人社部发〔2010〕25 号）。"2010 高校毕业生就业推进行动"的总体安排是进一步落实和完善《国务院办公厅关于加强普通高等学校毕业生就业工作的通知》（国办发〔2009〕3 号）所提出的各项政策措施，健全市场机制，广开就业门路，强化就业服务。在 2010 年工作中，要更加注重拓展高校毕业生到城乡基层、中西部地区、中小企业和自主创业的就业渠道；更加注重开展有针对性、实效性的就业服务；更加注重强化高校毕业生就业能力，转变就业观念；更加注重做好基础工作，逐步建立并完善促进高校毕业生就业的长效机制。"2010 高校毕业生就业推进行动"的目标任务是：努力使应届高校毕业生离校时初次就业率达 70% 左右，当年底总体就业率达 80% 以上；有就业意愿的离校未就业高校毕业生都能参与到相关就业准备活动中，得到免费公共就业服务；相关领域制度改革和长效机制建设得到进一步深化。"2010 高校毕业生就业推进行动"包括 3 项主要内容。（1）实施"岗位拓展计划"，大力拓展高校毕业生就业渠道。主要拓展产业就业岗位、拓展企业就业岗位、拓展科研项目就业岗位、拓展基层就业岗位、继续做好征集高校毕业生入伍服义务兵役工作等。（2）实施"创业引领计划"，大力推进高校毕业生自主创业，稳定灵活就业。主要包括加强创业教育和培训，提高创业意识，强化创业服务，完善创业扶持政策，稳定灵活就业等。（3）实施"就业服务与援助计划"，为高校毕业生提供免费公共就业服务。主要包括加强就业服务与就业指导，做实高校毕业生就业见习和职业技能培训，提高就业能力，强化困难高校毕业生就业援助，做好少数民族高校毕业生就业工作等。

《教育部关于做好 2012 年全国普通高等学校毕业生就业工作的通知》（以下简称《通知》）进一步提出一系列具体要求：各地要根据地方城乡建设需求，在城市社区及农村教育、卫生、科技等方面积极设立地方项目；要推动出台本省高校毕业生到中西部地区和艰苦边远地区基层单位就业的学费补偿和助学贷款代偿办法；要高度重视教育部直属师范大学免费师范毕业生的就业工作，切实做好招聘录用、落实岗位、离校服务等工作，确保到中小学任教有岗有编；各省级主管部门要配合有关部门落实好鼓励中小企业、微型企业吸纳毕业生的有关政策，积极引导毕业生到城乡社区公共文化服务岗位就业，进一步扩大服务外包企业吸纳毕业生规模；高等学校要紧密结合国家产业发展和技术进步需要，在所承担的重大科研项目中聘用高校毕业生，完善并落实协议签订、户籍管理、待遇保障、考核激励等方面的政策。对当前大学生创业的实际需求，《通知》还强调要普遍建立地方和高校创新创业教育指导中心等机构，积极开发创新创业类课程，并纳入学分管理；要设立创新创业教育专项资金和扶持大学生创业的资金，配合落实好减税、贴息贷款、培训补贴、落户等政策；要组织开展政策咨询、项目开发、风险评估、开业指导、融资服务、跟踪扶持等"一条龙"服务；还要求加强就业困难群体心理援助；要建立高校毕业生就业工作督查机制，要把各项政策措施和年度重点工作的落实情况作为检查重点。

上述政策和措施有力地促进了我国高校毕业生的就业工作。在中央和各级政府的积极努力下，我国促进大学毕业生就业工作取得了可喜成绩。根据人力资源和社会保障部统计，2011 年我国高校毕业生初次就业率达到77.8%（温家宝，2013）。高校毕业生作为就业工作的重点群体，2011 年初次就业率有所上升，并首次实现到中西部地区就业的毕业生数量超过东部地区。

根据麦可思研究院发布的《2012 年中国大学生就业报告》（就业蓝皮书），2011 届大学生毕业半年后的就业率为 90.2%，与 2010 届同期（89.6%）相比略有上升。按学历层次来看，本科就业率没有上升，大学生总体就业率上升靠高职高专拉动。2011 届本科毕业生的读研比例上升了2.5 个百分点，更多的本科毕业生选择了读研是因为职业发展需要。2011届大学毕业生薪资比上届同期上升了 11.6%，这跟全国的物价与人工成本上涨是同趋势的。2011 届大学毕业生的就业满意度为 47%。（麦可思研究院，2012）这表明，我国高校毕业生就业工作成绩显著。

（二）治理高校毕业生就业难的典型经验

在中央政府的高度重视下，各地政府也把高校毕业生就业工作放在首位。积极出台相关政策，采取各种有效措施，大力推进大学毕业生就业工作，取得了宝贵的经验。

近年来，北京市教委将高校毕业生就业工作纳入高等教育"质量工程"，采取建示范性就业中心、促特色就业项目等举措，大力加强高校毕业生就业工作。在提升北京高校毕业生就业工作整体水平的同时，创建了 36 个示范性就业中心、32 个毕业生就业工作特色项目，取得了明显效果，2012 年北京地区高校毕业生总量为 22.3 万人，毕业生就业落实率稳中有升，就业质量逐步提高。以海淀区为例,海淀区作为全国知名的教育大区,拥有驻区 80 多所高校,各类高校占北京市高校总量的 72%,是北京市最大的大学生聚集地,承受着巨大的就业压力。为了解决大学生就业问题,多年来,海淀区出台相关政策并推出配套措施,综合治理大学生就业难题。从落实高校毕业生到基层就业相关政策、引导和鼓励高校毕业生自主创业和灵活就业、做好未就业毕业生就业指导和服务、加强高校毕业生就业公共服务体系建设 4 个方面,提出了 18 项具体措施,建立具有区域特色的高校毕业生就业服务保障体系。在最大限度地实现大学生就业中,取得了可喜成绩。据悉,2011 年,海淀户籍高校毕业生就业率达 96.24%,高于北京市毕业生就业率不低于95% 的工作目标。(北京市海淀区人民政府,2012)

上海市采取加强就业工作引领示范、推进大学生基层就业和自主创业、完善高校毕业生就业信息服务体系、深入推进完善高校毕业生就业创业指导体系等政策和措施,促进大学毕业生就业取得可喜成绩。2011 年上海高校共有毕业生 17.5 万人,比 2010 年增加 0.7 万人,增幅为 4%,其中毕业研究生 3.2 万人,同比增加 10.3%,本科毕业生 8.7 万人,同比增加6.1%,专科毕业生 5.6 万人,和上一年持平。2011 年上海高校毕业生总体就业率达 95.68%。(上海教育网,2012)

表 4.1 上海高校毕业生就业进展情况统计表

(截至 2011 年 9 月 1 日)

学历	总体			其中：上海生源		
	生源 (万人)	签约率 (%)	就业率 (%)	生源 (万人)	签约率 (%)	就业率 (%)
研究生	3.2	89.74	96.26	0.5	86.31	97.16
本科	8.7	76.42	95.33	5.3	72.90	95.76
专科	5.6	66.86	95.90	4.3	65.72	95.75
总计	17.5	75.54	95.68	10.1	70.40	95.82

【数据来源】上海教育网. 高校毕业生就业工作情况 [EB/OL]. (2012 - 06 - 20). http://www.shmec.gov.cn/web/wsbs/webwork_article.php? article_id = 65469.

　　青海推进少数民族毕业生就业指导和帮扶工作。2011 年起，省教育厅将少数民族毕业生就业工作作为重点来抓，指导各高校从政策保障、重点帮扶等多个层面开展工作，取得了较好的成效。2012 年，省属高校少数民族本专科毕业生共有 4730 人，占本专科毕业生总数的 38.67%，初次就业率达到 85.58%。（教育部，2013c）

　　此外，天津、江苏、山东等地区也大力推进高校毕业生就业工作，取得了丰富经验和可喜成绩。

　　总之，我国高校毕业生就业工作取得了巨大成绩。但由于各种原因，还存在一些值得关注和研究的问题。如存在结构性人才过剩问题和摩擦性失业问题。解决好这些问题，需要采取更加有力的保障措施，如建立高校毕业生就业和重点产业人才供需年度报告制度，健全专业动态调整和预警、退出机制，引导高校毕业生降低求职期望、客观理性面对现实，创新就业模式、拓宽就业渠道；将大学生就业情况纳入大学评价体系，对高校就业的评估和监督应由第三方机构进行，加强就业困难大学生心理援助，加强和完善对大学生的职业生涯规划教育，关注失业大学毕业生就业问题，建立和完善促进大学生自主创业机制等。

中国教育综合发展水平指标体系说明

一、研究背景

2010 年 7 月正式颁布的《教育规划纲要》提出，到 2020 年我国教育事业改革发展的战略目标是基本实现教育现代化，基本建成学习型社会，进入人力资源强国行列。《教育规划纲要》勾勒出中国面向未来 10 年的教育改革"路线图"和一系列具体目标，同时各省份也陆续制定和出台了本地区的教育规划纲要和配套目标。

《教育规划纲要》和《国家十二五教育规划》颁布以来，我国适应经济社会发展，协调教育内外部关系，坚持优先发展教育，不断调整优化教育规模、布局和结构，提高教育普及水平、办学条件和教育质量，促进教育公平，研究解决当前教育改革与发展的重点难点问题，回应人民群众的教育需求，教育改革发展成就显著，教育整体水平明显提高。但是，我国是一个社会经济发展不平衡的国家，地区之间教育发展水平差距较大。这种差异除教育机会外还表现在教育质量、教育投入、教育公平等方面。为了全面客观准确地描述和比较全国和各地区教育的发展水平，为促进教育公平、提高教育质量和推进教育均衡发展提供科学依据，我们尝试构建了教育综合发展水平的指标体系，力图采用可靠、准确、及时的数据，围绕教育发展重点领域或重大问题开展长期跟踪研究，监测我国基本实现教育现代化和进入人力资源强国的伟大进程，并对全国和各地区教育综合发展水平进行了测算评价。这一研究对于分析把握全国和各地区教育综合发展水平是一种有益的尝试和探索。

从目前国内外相关研究来看，对于教育综合发展的相关研究已经开展。例如，UNESCO 设计了由初等教育净入学率、成人识字率、小学 5 年级巩固率和教育性别平等 4 个指标构成的教育发展指数（UNESCO，2011）。OECD 设计了包括教育机构产出及学习影响、教育财政与人力资源投入、教育机会参与与过渡、学习环境与学校组织 4 类指标的指标体系（经济合作与发展组织，2011）。美国每年出版的《教育状况》（The Condition of Education）主要包括教育参与、学习成果、学生努力及教育进展、初等教育和中等教育、中学后教育 5 大类 50 个指标（U. S. Department of Education，National Center for Education Statistics，2011）。刘占兰、高丙成设计了由教育机会、教育投入、教育质量和教育公平 4 个指标构成的学前教育综合发展指数（刘占兰，高丙成，2013）。王善迈、袁连生构建了由教育投入、教育公平和教育产出 3 个指标构成的教育发展指数（王善迈，袁连生，2011）。这些研究对于构建我国教育综合发展水平指标体系和发展指数评价方法具有重要的参考价值和借鉴意义。

二、指导原则和指标体系设计

构建一个能够全面客观描述和比较全国和各地区教育发展水平的指标体系，是对全国及地方教育发展是否符合科学发展观的要求进行比较和评价的基础。中国教育综合发展水平指标体系的构建应该遵循以下指导原则。

导向性原则。指标体系要充分发挥导向、引领作用，激励政府和各地区进一步增强科学发展意识和发展能力，创新体制机制，切实有效地加快科学发展进程。

前瞻性原则。建立中国教育综合发展水平指标体系，要着眼长远，力争与《教育规划纲要》和《国家十二五教育规划》相衔接，重点应放在21世纪第2个10年。

开放性原则。应保持指标体系的动态性和开放性，根据全国及地区教育发展的新情况、新特征及中国教育发展阶段的变化，及时对指标体系进行补充、完善和修订。

可操作性原则。指标选择具有代表性，同时兼顾统计数据的可获得性，使指标可采集、可量化、可对比。指标设置要与《教育规划纲要》和《国家十二五教育规划》的主要指标衔接一致，以增强指标体系的政策导向与实践意义。

国内外已有相关研究的基本共识是在统计数据充足状况下的地区教育发展理想指数为：教育综合发展水平指数＝1/4（教育机会指数＋教育成果指数＋教育质量指数＋教育公平指数）。本研究在构建中国地区教育综合发展水平指数时，在参考国内外相关研究的基础上，通过深入分析我国教育的政策文件，并综合考虑我国教育现有可得的统计数据进行构建。最终确定各地区教育综合发展水平的一级指标共有4个：教育机会、教育质量、教育条件和教育公平。在每个一级指标下有2—5个二级指标，共有12个二级指标，每个二级指标下有3—5个三级指标，共有46个三级指标。

教育机会包括入学机会、受教育过程的机会和取得学业成功的机会。衡量教育机会水平高低的指标包括入学率、辍学率、升学率、巩固率、就业率等。继续教育培训与职业教育人数占劳动人口比例反映成人接受教育的机会，也是反映教育机会的重要指标。在本研究中，选择各级教育入学率和继续教育与职业教育人数比例作为教育机会的2个二级指标。由于我国各地初中、高中、高等教育入学率数据不全，因此使用学前教育入学率、义务教育入学率、义务教育巩固率作为入学率的指标。本研究选择中等教育培训占成人人口比例、高等教育培训占成人人口比例、中等职业学生占成人人口比例3个指标作为继续教育培训与职业教育人数占劳动人口比例的指标。

教育条件指办好教育所需要的各种资源，是实现教育现代化、推进教育改革和发展的重要保障。现行的教育统计一般把教育条件分为办学硬件设施和教育经费两部分。办学硬件设施包括占地面积、建筑面积、图书藏量、计算机、实验室等；教育经费是办学硬件设施建设的前提，是办学条件各项指标建设的关键，是办学水平提高的保障。根据《教育规划纲要》提出的教育发展的战略目标，全国教育条件和保障部分共包括专任教师学历达标率和生师比、基础教育班额、教育经费收入与支出、国家财政性教育经费构成、各级学校条件装备5个大的指标。在可获得的现有统计数据的基础上，本研究选择生师比、生均教育经费、教育经费支出占财政支出的比例、生均建筑面积和建网学校比例5个指标作为教育条件的二级指标。其中生师比使用从学前、小学、初中到高中、大学的生师比；生均教育经费使用从学前、小学、初中到高中、大学的生均教育经费；教育经费支出占财政支出的比例使用从学前、小学、初中到高中、大学的教育经费支出占财政支出的比例；生均建筑面积使用从学前、小学、初中到高中、大学的生均建筑面积；建网学校比例根据数据可得原则使用小学、初中和高中的建网学校比例。

教育质量是对教育水平高低和效果优劣的评价。教育质量的内涵很丰富，可以从教育结构质量、教育过程质量和学生发展水平等多个方面来评量。基于客观、简洁和可得的原则，本研究选择了升学就业率和人力资源水平2个指标来反映教育质量。升学就业率包括幼儿园升小学、小学升初中、初中升高中、高中升大学以及中等职业毕业生就业率、高等职业就业率、高校毕业生就业率等。本研究根据数据可得原则，使用小学升学率、初中升学率、高校毕业生就业率、小学新生接受幼儿园教育比例4个指标作为升学就业率的指标。平均受教育年限、文化程度构成、高等教育文化程度人数比例、文盲人口数量和比例、公众基本科学素养等是衡量一个国家和地区人力资源开发水平的重要指标。本研究根据数据可得原则，使用成人识字率、6 岁以上平均受教育年限和每百万人高等教育人口数 3 个指标作为人力资源水平的指标。

　　教育公平是社会公平的重要基础，是社会公平的重要组成部分，是人类发展起点的公平。教育公平主要包括机会公平、过程公平和结果公平，主要体现在性别公平、城乡公平、地区公平、阶层公平和校际公平等方面。根据可得的数据，本研究将生均教育经费城乡差异、教师学历合格率城乡差异和人力资源水平性别差异作为考量教育公平的指标。其中生均教育经费城乡差异采用小学、初中和高中生均教育经费的城乡差异作为指标；教师学历合格率城乡差异采用学前、小学、初中和高中教师的城乡差异作为指标；人力资源水平性别差异采用小学升学率、文盲比例、大专以上学历比例的性别差异作为指标。

　　我国教育综合发展指数是由教育机会、教育条件、教育质量和教育公平 4 个一级指标构成的综合性指数，每个一级指标指数又由若干个二级指标指数构成，每个二级指标由 3—5 个三级指标指数构成。其测评方法主要借鉴了联合国人类发展指数（HDI）的测量方法，基本思路是根据每个三级指标的上、下限阈值采取阈值法对数据进行无量纲化处理来计算每个三级指标指数 $\left(\text{计算公式为 } X_{ij} = \dfrac{\text{实际值 } X_i - \text{最小值 } X_j}{\text{最大值 } X_i - \text{最小值 } X_j}\right)$，再根据每个三级指标的权重合成教育综合发展总指数 $\left(\text{计算公式为 } Y_i = \dfrac{\sum W_j X_j}{\sum X_j}\right)$。此种方法测算的指数不仅横向可比，而且纵向可比；不仅可以比较各地区发展相对位次，而且也可以考察每个地区发展的历史进程。

　　本研究认为教育机会、教育条件、教育质量和教育公平同等重要，因此赋予这 4 项指标同等的权重，即分别为 1/4。因此，每个地区的教育综合发展水平指数可以按照下列公式计算出来。

　　教育综合发展水平指数 = 1/4 ×（教育机会指数 + 教育条件指数 + 教育质量指数 + 教育公平指数）。

　　其中：教育机会指数 = 1/2 ×（各级教育入学率 + 继续教育和职业教

育比例）；

教育条件指数 = 1/5 × （生师比 + 生均教育经费 + 教育经费占财政支出比例 + 生均建筑面积 + 建网学校比例）；

教育质量指数 = 1/2 × （升学就业率 + 人力资源水平）；

教育公平指数 = 1/3 × （生均教育经费城乡差异 + 教师学历合格率城乡差异 + 生均图书城乡差异）。

表1　中国地区教育综合发展水平的指数方案

一级 指标	二级指标	具体项目	备　注
教育 机会	各级教育 入学率	X1 学前入学率；X2 义务教育入学率；X3 义务教育巩固率	各级教育入学率 = 1/3（学前入学率 + 义务教育入学率 + 义务教育巩固率）
	继续教育与职业教育人数比例	X4 中等教育培训比例；X5 高等教育培训比例；X6 中等职业学生比例	继续教育培训与职业教育人数比例 = 1/3（中等教育培训比例 + 高等教育培训比例 + 中等职业学生比例）
教育 条件	生师比	X7 学前；X8 小学；X9 初中；X10 高中；X11 高校	生师比 = 1/5（学前 + 小学 + 初中 + 高中 + 高校）
	生均教育经费	X12 学前；X13 小学；X14 初中；X15 高中；X16 高校	生均教育经费 = 1/5（学前 + 小学 + 初中 + 高中 + 高校）
	教育经费支出占财政支出比例	X17 学前；X18 小学；X19 初中；X20 高中；X21 高校	教育经费支出占财政支出比例 = 1/5（学前 + 小学 + 初中 + 高中 + 高校）
	生均建筑面积	X22 学前；X23 小学；X24 初中；X25 高中；X26 高校	生均建筑面积 = 1/5（学前 + 小学 + 初中 + 高中 + 高校）
	建网学校比例	X27 小学；X28 初中；X29 高中	建网学校比例 = 1/3（小学 + 初中 + 高中）

续表

一级指标	二级指标	具体项目	备　注
教育质量	升学就业率	X30 小学；X31 初中；X32 高校毕业生就业率；X33 小学新生接受幼儿园教育比例	升学就业率=1/4（小学升学率+初中升学率+高校毕业生就业率+小学新生接受幼儿园教育比例）
	人力资源水平	X34 分地区成人识字率；X35 6 岁以上人口平均受教育年限；X36 每百万人高等教育人口数	人力资源水平=1/3（成人识字率+6 岁以上平均受教育年限+每百万人高等教育人口数）
教育公平	生均教育经费城乡差异	X37 小学 ；X38 初中；X39 高中	生均教育经费城乡差异=1/3（小学+初中+高中）
	教师学历合格率城乡差异	X40 学前；X41 小学；X42 初中；X43 高中	教师学历合格率城乡差异=1/4（学前+小学+初中+高中）
	人力资源水平性别差异	X44 小学升学率 ；X45 文盲比例；X46 大专以上学历比例	人力资源水平性别差异=1/3（小学升学率+文盲比例+大专以上学历比例）

　　需要指出的是，中国教育综合发展水平指标体系是初步的、阶段性研究成果，报告在指标选取、测算方法等方面还需要进一步完善，课题组将持续开展进一步深入的研究。

2012年中国教育大事记

1月4—5日　第二十次全国高等学校党的建设工作会议在京召开。会议回顾总结了党的十七大以来高校党建工作取得的成绩和经验，深刻分析了高校党建工作面临的新形势新挑战，系统阐述了党的十七届六中全会对高校提出的新要求，全面部署了高校推进社会主义核心价值体系建设各项任务。会议强调加强教师队伍特别是青年教师队伍建设，为建设能够培养高质量大学生的社会主义大学提供坚强的思想、政治和组织保证，以优异成绩迎接党的十八大召开。习近平在会前接见会议代表并讲话。刘延东出席会议并讲话。

1月5日　教育部修改《国家教育考试违规处理办法》（以下简称《办法》）。为维护国家教育考试的公平公正，有效打击考试作弊行为，针对近年来国家教育考试中出现的新情况、新问题，教育部对2004年发布的《国家教育考试违规处理办法》部分条款进行了修订。新《办法》完善了国家教育考试概念，增强了适用性和准确性；完善了考试作弊的认定规则；明确了考场视频监控录像的证据效力，完善了监考体系；加大了对严重考试作弊行为的惩处力度；完善了考生权益救济机制和考试诚信制度，规范了考生诚信档案制度。《办法》发布后，各级教育考试机构通过多种形式，加大对社会和考生的宣传力度，加强对监考人员的培训，保证了

《办法》的有效实施。5 月 8 日，教育部等十部门印发《关于进一步加强国家教育统一考试环境综合治理和考试安全工作的通知》。

1 月 6—7 日 教育部召开 2012 年全国教育工作会议，确定 2012 年为作风建设年，切实加强机关政风建设、行风建设和学风建设。

1 月 31 日 国家教育咨询委员会召开第二次组长座谈会。刘延东出席座谈会并讲话。国家教育咨询委员会的主要职责是：对重大教育政策、重大改革事项等进行论证评议，提供咨询意见；开展调查研究，对教育改革发展中的重大理论和现实问题提出政策建议；对国家教育体制改革试点以及重大项目实施进行评估，提出报告。首届咨询委员 64 人。国家教育咨询委员会自 2010 年成立以来，在试点学院建设、开放大学设立、进城务工人员随迁子女接受义务教育后在当地参加考试文件制定等方面，提出了大量咨询意见。共调研国家教育体制改革试点项目 170 个，调研地区 94 个，学校 265 所，参与调研 308 人次，提供调研报告 80 篇，咨询意见 45 篇，发表与教育改革相关文章 56 篇。成立这样高层次的教育咨询机构，在新中国教育史上属首次。

2 月 17 日 教育部印发《关于建立中小学幼儿园家长委员会的指导意见》（以下简称《意见》）。《意见》强调，中小学生和幼儿园儿童健康成长是学校教育和家庭教育的共同目标。建立家长委员会，对于发挥家长作用，促进家校合作，优化育人环境，建设现代学校制度，具有重要意义。《意见》明确家长委员会是在学校的指导下，由学生家长代表参加，代表全体家长参与学校民主管理、支持和监督学校做好教育工作的群众性组织；提出家长委员会参与学校管理、参与教育工作和沟通学校与家庭的三项基本职责；强调家长委员会要针对学校教育和家庭教育面临的突出问题，重点做好德育、协助学校开展安全和健康教育、推动减轻学生课业负担、化解家校矛盾等工作。

2 月 20 日 教育部印发《幼儿园教师专业标准（试行）》《小学教师专业标准（试行）》和《中学教师专业标准（试行）》。三个标准突出师德要求、强调学生主体地位、强调实践能力、体现时代特点，由基本理念、基本内容与实施建议三大部分构成。基本理念提出教师要以学生为本，师德为先，能力为重，终身学习。基本内容由维度、领域和基本要求组成，分别对幼儿园、小学、中学教师的专业理念与师德、专业知识和专业能力提出 60 余条具体要求。

3 月 5 日 温家宝在十一届全国人大五次会议上明确提出，2012 年中央财政按全国财政性教育经费支出占国内生产总值的 4% 编制预算。根据《政府工作报告》的要求，6 月 29 日，国务院印发《关于进一步加大财政教育投入的意见》，要求落实法定增长要求，切实提高财政教育支出占公共财政支出比重；拓宽经费来源渠道，多方筹集财政性教育经费；统一内外资企业和个人教育费附加制度，全面开征地方教育附加，从土地出让收益中按比例计提教育资金。7 月 6 日，国务院召开全国教育投入和管理工作电视电话会议，刘延东出席会议并讲话。会议对进一步加大财政教育投入、切实加强教育经费管理工作进行了部署。7 月，为加强 4% 目标落实工作的协调和指导，教育部、财政部、发展改革委联合成立 4% 办公室，办公室设在教育部。12 月 15 日，温家宝在中央经济工作会议讲话中指出，我国财政性教育经费支出占国内生产总值的比重达到 4%。

3 月 13 日 教育部印发《教育信息化十年发展规划（2011—2020 年)》，提出了未来十年教育信息化缩小基础教育数字鸿沟，促进优质教育资源共享等 8 项发展任务；确定了优质数字教育资源建设与共享等 5 个专项行动；还从加强组织领导、完善政策法规、做好技术服务、落实经费投入四个方面提出了保障措施。9 月 5 日，国务院召开全国教育信息化工作电视电话会议，刘延东出席会议并讲话。10 月，教育部、发展改革委、财政部、工业和信息化部等九部门印发了《关于加快推进教育信息化当前几项重点工作的通知》。12 月 28 日，国家教育资源公共服务平台（一期）开通。

3 月 15 日 教育部、财政部印发《关于实施高等学校创新能力提升计划的意见》（以下简称《意见》）。为贯彻落实胡锦涛在清华大学百年校庆上重要讲话精神，教育部、财政部决定实施高等学校创新能力提升计划，即"2011 计划"。"2011 计划"是继"211 工程""985 工程"后，中国高等教育战线又一项体现国家意志的重大战略举措，对于大力提升高等学校的创新能力，全面提高高等教育质量，深入实施科教兴国、人才强国战略，具有十分重要的意义。《意见》提出，以"国家急需、世界一流"为根本出发点，引导高校围绕国家急需的重大问题，组织和集聚一流团队，创造一流的成果，培养一流的人才，形成一流的创新氛围，推动世界一流大学建设；以人才、学科、科研三位一体创新能力提升为核心任务，围绕重大科学问题和国家重大需求，增强三者之间的协同与互动，增强创新要素的有效集成，增强高校创新能力发展的导向性，增强投入与产出的效益；以协同创新中心为载体，构建四类协同创新模式；以创新发展方式转变为主线，深化高校机制体制改革。《意见》要求，通过大力推进高校协同创新组织管理、人事制度、人才培养、人员考评、科研模式、资源配置方式、国际合作以及创新文化建设等八个方面的改革，推动实现高校科学研究、人才培养等工作由学科导向向需求导向为主转变；创新组织管理要改革个体、封闭、分割方式，逐步向流动、开放、协同的机制转变；创新要素与资源要突破孤立、分散的制约，逐步向汇聚、融合的方向转变。5月 7 日，教育部、财政部召开"2011 计划"工作部署视频会，要求各学校准确把握以全面提升创新能力为目标，以建立健全协同创新机制为工作重点，不断深化机制体制改革，大力推进高校协同创新。

3 月 16 日 教育部印发《关于全面提高高等教育质量的若干意见》（以下简称《意见》）。2011 年，胡锦涛在清华大学百年校庆重要讲话中强调，不断提高质量，是高等教育的生命线，必须始终贯穿于高等学校人才培养、科学研究、社会服务、文化传承创新各项工作之中。《意见》针对制约提高质量的薄弱环节和突出问题，围绕提高质量这条主线，提出了 30条政策举措。重点阐述：全面提高高等教育质量的总体要求；提高人才培养质量的政策措施；增强科学研究能力、服务经济社会发展、推进文化传承创新的政策措施；深化体制机制改革的政策措施；建设高素质教师队伍的政策措施；加强条件和经费保障。《意见》提出了高等教育内涵式发展的总体要求，即稳定规模、优化结构、强化特色、注重创新，推动建立以提高高等教育质量为导向的管理制度和工作机制，把教育资源配置和高校工作的重点集中到强化教学环节、提高质量上来。3月22—23日，教育部召开全面提高高等教育质量工作会议，部署实施《意见》。刘延东出席会议并讲话。7月12日，全国高职高专校长联席会议发布《2012中国高等职业教育人才培养质量年度报告》，这是高等职业教育整体办学质量报告的首次发布。

3月19日　教育部、发展改革委、财政部、人力资源社会保障部、国务院扶贫办印发《关于实施面向贫困地区定向招生专项计划的通知》（以下简称《通知》）。为促进教育公平，缩小区域入学机会差距，近年来，教育部通过定向就业招生、实施"支援中西部地区招生协作计划"和调整直属高校生源计划主要投向中西部大省等政策，加大向中西部地区、贫困地区、少数民族地区的招生倾斜力度，使高校录取学生中农村籍学生比例由10年前的48%上升到2011年的61%，中西部考生平均录取率升幅明显高于全国平均录取率升幅。为进一步帮助边远特困地区学生，扩大他们进入高水平大学的比例，教育部等相关部门专门制定了定向招生计划并发出《通知》。《通知》规定，自2012年起在普通高校招生计划中专门安排适量招生计划，面向集中连片特殊困难地区生源，实行定向招生，引导和鼓励学生毕业后回到贫困地区就业创业和服务。从2012年开始，"十二五"时期每年在全国普通高校招生年度计划总增量中安排1万名左右本科招生计划，面向集中连片特殊困难地区参加全国统考的考生，实行定向招生。生源范围为国务院确定的21个省份的680个贫困县。承担专项计划实施任务的高校，将根据贫困地区特别是农村经济社会发展需要，以农林、水利、地矿、机械、师范、医学以及其他适农涉农专业为主招生；国家按贫困地区生源比例和专业需求等因素安排分省计划数量。2012年定向招生共录取 11752 名本科生，集中连片特殊困难地区学生上一本的录取率提高了 10%。

3 月 20 日　教育部公布首次面向海内外公开选拔直属高校校长名单。为贯彻落实《教育规划纲要》、深化直属高校干部选拔任用制度改革、推进直属高校事业科学发展，教育部决定面向海内外公开选拔大学校长，以更宽的视野，在更大的范围发现优秀人才、选择优秀人才，在更高的层次上实现"好中选优"。2011 年 12 月，教育部发布《教育部公开选拔直属高校校长公告》，启动了公开选拔东北师范大学校长、西南财经大学校长工作。12 月 4 日，教育部第二次面向海内外公开选拔北京科技大学、北京中医药大学和中国药科大学 3 所直属高校校长。

4 月 5 日　国务院发布《校车安全管理条例》（以下简称《条例》）。《条例》针对近年来一些地方特别是一些农村地区多发校车安全事故，造成未成年人重大伤亡事件，建立起有法律约束力的切实可行的校车安全管理制度，保障学生上下学集体乘车安全。《条例》对学校和校车服务提供者、校车使用许可、校车驾驶人、校车通行安全、校车乘车安全、法律责任做出规定，赋予校车通过优先权，对校车最高时速和严禁超载做了明确规定，考虑了地区之间、城乡之间的不同情况，在确立全国普遍适用的校车安全管理基本制度的同时，给地方制定符合本地实际情况的具体办法留出了较大空间。6 月 29 日，国务院批复同意建立校车安全管理部际联席会议制度。7 月 5 日、12 月 10 日，先后召开两次联席会议。8 月 6 日，教育部、公安部、中宣部、发展改革委等二十部门发出通知，要求县以上地方各级人民政府建立校车安全管理工作机制、省级人民政府制定《条例》实施办法、以县为单位制定校车服务方案，同时县级人民政府要确保过渡期交通安全，部署各地开展专项治理和校车安全管理专项督查，并要求各相关部门在地方人民政府领导下，认真履行部门职责。9 月 17 日—10 月 26 日，校车管理部际联席会议派出 14 个督查组，对浙江、重庆等 14 个省市贯彻落实《条例》情况进行了检查。

4月12日　刘延东出席中英高级别人文交流机制第一次会议。应英国文化大臣亨特的邀请，刘延东访问英国，启动中英高级别人文交流机制，并召开高级别人文交流机制第一次会议，就教育等五个领域的合作进行了商讨。在教育方面，支持中英学生双向流动；开展中英大学生实习试点项目；鼓励和支持中英中小学合作；继续加强语言教学合作；加强职业教育和技能培训合作；重视高校与企业界开展联合研发和知识转化合作。4月18日，刘延东与欧盟委员会教育、文化、语言多样性及青年事务委员瓦西利乌在布鲁塞尔欧盟总部共同启动中欧高级别人文交流对话机制并主持第一次会议。中欧高级别人文交流对话机制将设立"中欧高等教育交流合作平台"，整合高等教育领域分散的政策对话；双方资助学生留学，中国政府将提供3万个奖学金名额，欧盟委员会支持5000个名额；继续开展中欧教育政策对话，建立双方共同认可的质量标准，制定开展相互认证的标准，开展中欧联合研究项目；加强语言合作和进一步推动语言多样性；2012—2016年支持万名青年学生交流互访；中方将推动中欧高校建立欧洲区域与国别研究中心和中国研究中心，以加强对彼此的研究。2006年和2010年我国建立了中俄、中美人文合作机制。5月4日，刘延东与美国国务卿希拉里共同主持第三轮中美人文交流高层磋商全体会议。

4月27日　发展改革委、教育部印发《中西部高校基础能力建设工程实施方案》。为促进中西部高等教育加快发展，《国民经济和社会发展第十二个五年规划纲要》和《教育规划纲要》提出实施中西部高等教育振兴计划的任务。据此，发展改革委、教育部优先启动"中西部高校基础能力建设工程"。"十二五"期间，中央财政投入100亿元支持中西部23个省份和新疆生产建设兵团所属100所高校加强基础能力建设，促进这些学校的基础教学实验条件有较大改善，师资队伍素质结构更加优化，学生学习、实践就业和创新创业能力明显提升，学校办学特色逐步彰显，服务区域经济社会发展能力显著增强，为缩小区域间高等教育发展差距，为全面振兴中西部高等教育奠定坚实基础。工程以5年为一个周期，滚动实施。9月7

日，教育部、财政部召开通气会，启动支持中西部高校提升综合实力工作。"十二五"期间，中央财政投入60亿元，在没有教育部直属高校的13个省（区）和新疆生产建设兵团选择1所地方高水平大学进行重点建设，促进这些高校改善办学条件，加强特色学科和师资队伍建设，提高人才培养质量和科学研究水平，增强社会服务能力。11月13日，在香港李兆基基金会和培华教育基金会资助下，教育部启动了"千名中西部大学校长海外研修计划"，旨在提升中西部地方高校办学水平，加强中西部地方高校领导的办学治校能力。截至12月中旬，已完成首批94名中西部高校领导海外研修任务。

5月14—16日　第三届国际职业技术教育大会在上海召开。由联合国教科文组织主办的第一、二届国际职业技术教育大会分别于1987年和1999年在德国柏林和韩国首尔召开。第三届国际职业技术教育大会以"为工作和生活培养技能"为主题。会议发表了《上海共识》，对改进职业教育的技能培养水平、提升职业教育体系的投入产出效率、消除社会不公和排斥、构建职业技术发展与终身教育相结合的技能体系等多方面，提出了有针对性的措施和意见。5月14日，刘延东出席开幕式并致辞。来自117个联合国教科文组织成员国和72个国际组织的800多名代表出席会议。

5月23日　为落实2011年10月26日国务院《关于实施农村义务教育学生营养改善计划的意见》，教育部、中宣部、发展改革委等十五部门印发《农村义务教育学生营养改善计划实施细则》《农村义务教育学生营养改善计划食品安全保障管理暂行办法》《农村义务教育学校食堂管理暂行办法》《农村义务教育学生营养改善计划实名制学生信息管理暂行办法》《农村义务教育学生营养改善计划信息公开公示暂行办法》5个配套文件，从实施细则、专项文件和工作制度3个层级指导各地科学有效地实施营养改善计划。2012年7月24日，财政部、教育部印发《农村义务教育学生营养改善计划专项资金管理暂行办法》。农村义务教育学生营养改善计划是中国历史上最大规模的支持农村及困难地区学生健康发展的举措，切实改善了农村学生的营养状况，提高了农村学生健康水平。营养改善计划覆盖中西部 699 个县，惠及 3000 多万名学生，国际社会给予高度评价。

6 月 7 日 全国中小学校舍安全工程领导小组召开第三次会议，三年规划改造任务基本完成。刘延东出席并讲话。会议要求，要继续抓好重点难点问题，推动工程规划任务顺利完成；强化规范管理，确保工程实施质量；保障工程资金投入，严格资金管理；立足持续发展，建立中小学校舍安全长效机制；加强督导检查，把工程各项任务落到实处；做好宣传工作，营造良好舆论氛围。10 月 16 日，根据国务院领导审定的方案，发展改革委、财政部、教育部联合下达 2012 年中小学校舍安全工程专项资金 20 亿元（其中，发展改革委 10 亿元，财政部 10 亿元），重点支持中西部七度及以上地震高烈度且人口稠密地区义务教育阶段学校实施校舍安全工程。工程实施 3 年多来，已开工近 3.5 亿平方米，占规划改造的 98%；已竣工 3.1 亿平方米，占 88%。其中中西部七度及以上地震高烈度且人口稠密地区已开工 1.4 亿平方米，占这类地区规划改造的 98%；已竣工 1.2 亿平方米，占 86%。

6 月 14 日 教育部印发《国家教育事业发展第十二个五年规划》，提出落实教育"三个优先"的保障制度，完善教育公平制度，完善教育与经济社会结合的制度，完善民办教育制度，建设现代学校制度，创新教育家办学制度，完善教育行政管理制度，健全省级政府教育统筹制度，建立健全教育标准和绩效评价制度，健全教育督导制度，改革考试招生制度等 11 个方面的制度建设任务；切实保障进城务工人员随迁子女就学，完善学生资助政策，加快发展学前教育，推动义务教育均衡发展，大力发展中等职业教育，提高特殊教育的保障水平等扩大和保障公平受教育机会的一系列政策；完善教育质量保障机制，建立教育质量评价体系，加强和改进德育工作，落实教学改革重大举措，加强创新人才培养，为全体学生提供更加丰富的优质教育；从加快培养经济社会发展重点领域急需紧缺人才，扩大应用型、技能型、复合型人才培养规模，建立人才培养与供给结构调整机制 3 个方面，提出提高教育对经济社会发展的贡献力和支撑力，推进人才培养结构调整的措施。

6 月 18 日　教育部印发《关于鼓励和引导民间资金进入教育领域促进民办教育健康发展的实施意见》（以下简称《实施意见》）。《实施意见》要求以鼓励和引导民间资金进入学前教育和学历教育领域为目标，以现行法律法规为依据，以放宽准入条件、加强扶持力度、依法规范管理为原则，重申明晰民间资金进入教育领域的相关政策，吸引大量的民间资金进入教育领域，真正形成公办教育和民办教育共同发展的格局。《实施意见》提出，要充分发挥民间资金推动教育事业发展的作用，拓宽民间资金参与教育事业发展的渠道，制定完善促进民办教育发展的政策，健全民办教育管理与服务体系，引导民办教育健康发展。强调要把鼓励和引导民间资金进入教育领域、促进民办教育发展作为各级政府的重要职责，不断完善政府扶持政策体系，并将检查、督导、评估作为规范民办教育的重要手段。

6 月 26—29 日　2012 年度全国职业院校技能大赛在天津举办。2008 年，按照《国务院关于大力发展职业教育的决定》关于"定期开展全国性的职业技能竞赛活动"的要求，教育部印发《关于举办 2008 年全国职业院校技能大赛的通知》，决定由教育部、天津市人民政府等 23 个单位、部门、行业在天津举行首届全国职业院校技能大赛。以后每年举行一次。2012 年度全国职业院校技能大赛除了在天津主赛场举行外，还将赛场扩大到河北、山西、吉林、江苏、浙江、安徽、山东、河南、广东、贵州 10 个分赛区分别举行。同期还召开了全国职业院校德育创新暨校园文化建设座谈会、2012 年民族地区职业院校学生才艺和教学成果展演、全国职业院校学生技能作品展洽会等系列活动。刘延东致信祝贺。

7 月 5 日　教育部印发《教育部定点联系滇西边境山区工作方案》。2011 年，党中央确定将 14 个连片特殊困难地区作为今后 10 年扶贫攻坚主战场。教育部牵头联系滇西边境山区，包括 10 个州市的 56 个片区县，涉及 49 个国家和省级扶贫开发重点县。教育部成立了定点联系工作领导小组，明确了"将滇西边境山区建设成为人力资源开发扶贫示范区"的工作思路，并开展了一系列工作。3 月 21 日，设立滇西教育发展专项基金，已筹集资金近千万元。4 月 20 日，成立云南大学滇西发展研究中心，开展社会、经济、民族、教育发展及扶贫攻坚方面的研究，为教育部定点联系工作提供支撑；组织东部 10 个职业教育集团与滇西边境山区 10 所职业学校对口支援，签订战略合作协议。8 月，组织实施"爱心幼儿园援建工程"。10 月 16 日，启动干部挂职滇西工作，挂职干部推选工作已基本完成。12 月 3 日，建设启动滇西开发网，为滇西经济发展搭建信息交流平台。此外，还组织编制加快滇西教育改革发展共同推进计划，组织 16 所直属高校到滇西国家级贫困县定点扶贫。12 月 3 日，国务院扶贫开发领导小组在普洱召开滇西边境片区区域发展与扶贫攻坚启动会。回良玉出席并讲话。

7 月 19 日 国家教育考试指导委员会成立暨第一次全体会议在京举行。刘延东出席会议并讲话。国家教育考试指导委员会是为落实《教育规划纲要》、提高教育考试招生决策水平，由国家教育体制改革领导小组成立的。首届委员会由教育、科技、经济、法律、管理等领域 26 名专家组成。委员会下设专家工作组，由 32 位专家组成，分考试、招生、管理三个组开展工作。国家教育考试指导委员会成立以来，围绕考试改革重点，在高考改革总体思路和基本框架、分类考试招生改革、高水平大学自主选拔录取改革、高中学业水平考试及综合素质评价、督促指导各地制定进城务工人员随迁子女接受义务教育后在当地参加升学考试实施方案等 13 个方面进行了大量调研，提出了咨询指导意见，有的已经形成文件开始实施。12 月 27 日，国家教育考试指导委员会举行第二次全体会议，听取 2012 年工作汇报，研究落实 2013 年如何推进考试招生制度改革、深化教育领域综合改革、破解教育改革发展热点难点等 15 项任务。《教育规划纲要》发布以来，高考招生制度改革工作积极推进。国家示范性高职院校以技能考核为主对口招收中专、职高、技校毕业生，北京、浙江等地按照本专科分开的思路为高职考试招生做出相应的政策安排。2012 年高职分类考试招生达到 102 万人，占高职招生总数的三分之一，推动建立符合职业教育人才选拔培养规律和特点的招生工作体系。高校自主选拔录取改革试点不断深化，努力选拔培养具有学科特长和创新潜质的优秀人才。12 月 12 日，教育部印发《关于进一步深化高校自主选拔录取改革试点工作的指导意见》。2012 年自主选拔录取改革试点高校 90 所，录取 2.5 万名。自 2003 年开始试点以来，试点高校和招生数量稳步增长，总计公示入选考生 19.8 万名，录取 10.7 万名。

7 月 26 日　科技部、教育部签署加强协同创新，提升高校科技创新能力合作协议。根据合作协议，两部将共同提升高校原始创新能力，积极支持并培育一批多学科交叉合作的优秀团队；加强协同创新，充分发挥高校在技术创新和区域创新中的生力军作用；完善政策体系，加快推动高校科技成果转化和技术转移；建立开放共享机制，提升高校科技资源公共服务水平；促进科教深度结合，增强高校创新创业人才培养能力；扩大开放交流，提升高校国际科技合作水平。

7 月 28 日　教育部调整机构设置，组建教师工作司。为更好地适应教育事业发展需要，理顺内部各机构之间的关系，增强机构设置的合理性，教育部调整了内设部分机构设置。以师范教育司为基础组建教师工作司，将人事司、职业教育与成人教育司有关教师工作职责划转到教师工作司。教师工作司的职责是：规划、指导各级各类学校教师队伍建设；拟订教师教育和教师管理政策法规；拟订各级各类教师资格标准并指导教师资格制度的实施；指导教师教育和教师管理工作。10 月 29 日，成立综合改革司。其职责是：承担国家教育体制改革领导小组办公室的日常工作；承担统筹推进贯彻落实《教育规划纲要》有关工作；研究提出落实教育体制改革的重要方针、政策、措施的建议；承担组织推进重大教育改革的有关工作；监督检查教育体制改革试点进展情况；承担教育体制改革宣传工作。成立巡视工作办公室。其职责是：承担教育部直属高校、直属单位、驻外机构等方面巡视工作，负责有关综合协调、政策研究、制度建设等事务；拟订巡视工作计划方案并组织实施；会同有关方面做好巡视工作人员的培训、调配、监督、管理等工作；提出巡视工作成果运用的意见和建议；负责督办有关巡视工作事项。撤销直属高校工作司，原所承担的职能分别划归人事司和综合改革司，在高等教育司设立直属高校工作办公室，其职责是：负责指导直属高校制定发展战略规划，负责与地方政府和有关部门共建直属高校等省部共建工作，承担教育部直属高校工作咨询委员会秘书处日常工作，负责直属高校年度事业发展统计信息有关综合工作等。调整职业教育与成人教育司职能，将职业教育功能合并，把原高等教育司的高等职业教育和继续教育管理的相关职责划转到职业教育与成人教育司。设立学前教育办公室、特殊教育办公室、继续教育办公室。

7月31日 国家开放大学、北京开放大学、上海开放大学成立大会暨揭牌仪式在人民大会堂举行。根据《教育规划纲要》"办好开放大学"的要求和《国务院办公厅关于开展国家教育体制改革试点的通知》的精神，6月21日，教育部批准在中央广播电视大学基础上建立国家开放大学，同时在北京广播电视大学、上海电视大学基础上建立北京开放大学、上海开放大学。刘延东出席会议并讲话。刘延东指出，要以现代信息技术为支撑，整合共享优质教育资源，创新教育教学模式，办好中国特色的开放大学，为社会成员提供更加灵活便捷公平开放的学习方式和多层次多样化的教育服务，为建设学习型社会和教育强国、人力资源强国做出积极贡献。

8月20日 国务院印发《关于全面加强教师队伍建设的意见》（以下简称《意见》）。《意见》根据《教育规划纲要》和《人才规划纲要》的要求，把加强教师队伍建设作为事关教育事业科学发展的关键因素和紧迫任务，明确了教师队伍建设的战略地位、总体要求、重点任务和政策措施，提出了破解重点、难点问题的方向和路径。《意见》是新中国成立以来第一个全面部署教师队伍建设工作的文件。9月6日，教育部印发了《关于深化教师教育改革的意见》。9月20日，教育部与相关部委出台了《关于大力推进农村义务教育教师队伍建设的意见》《关于加强高等学校青年教师队伍建设的意见》《关于加强幼儿园教师队伍建设的意见》《关于加强特殊教育教师队伍建设的意见》。10 月 18 日，教育部印发了《职业学校兼职教师管理办法》。这 6 个文件以点带面，着力破解涉及教师队伍建设体制机制方面的"瓶颈"，全面加强教师队伍建设，努力形成一支师德高尚、业务精湛、结构合理、充满活力的高素质专业化教师队伍。

8 月 29 日　教育部、中科院在北京联合启动实施科教结合协同育人行动计划。刘延东出席启动仪式并讲话。21 所"211 工程"建设高校和中国科学院 31 个研究所签署了战略合作协议。该计划由科苑学者上讲台计划、重点实验室开放计划、大学生科研实践计划、大学生暑期学校计划、大学生夏令营计划、联合培养大学生计划、联合培养研究生计划、人文社科学者进科苑计划、中科院大学生奖学金计划、科苑学者走进中学计划等 10 个项目构成，形成系列行动方案。首批有 80 余家中科院研究所、50 余所高校参加。12 月 24 日，教育部、中国工程院在北京签署战略合作协议。根据协议，双方围绕教育工作的重大问题，组织开展战略研究和咨询服务，为教育改革发展提供战略性、前瞻性、可操作性的咨询意见和建议；继续加强在卓越工程师教育培养计划、高校与工程研究院所联合培养博士生、继续教育、科普工作、科学道德和学风建设等领域的合作。至 2012 年年底，高校与工程研究院所联合培养试点单位已达 63 家。

8 月 30 日　国务院办公厅转发教育部、发展改革委、公安部、人力资源社会保障部《关于做好进城务工人员随迁子女接受义务教育后在当地参加升学考试工作的意见》（以下简称《意见》）。为确保进城务工人员随迁子女在输入地接受义务教育，2003 年 9 月，教育部等 6 部门联合制定了《关于进一步做好农民工子女义务教育工作的意见》，提出以输入地政府为主，以全日制公办中小学为主，切实保障进城务工人员随迁子女在当地接受义务教育的权利。随着随迁子女完成义务教育人数不断增多，在当地参加高中和高等教育升学考试的需求凸显出来。《教育规划纲要》提出，要研究制定进城务工人员随迁子女接受义务教育后在当地参加升学考试的办法。《意见》指出，要充分认识做好进城务工人员随迁子女升学考试工作的重要意义，坚持有利于保障进城务工人员随迁子女公平受教育权利和升学机会，坚持有利于促进人口合理有序流动，统筹考虑进城务工人员随迁子女升学考试需求和人口流入地教育资源承载能力等现实可能，积极稳妥地推进随迁子女升学考试工作。因地制宜制定随迁子女升学考试具体政策，加强组织领导和协调配合，按国务院要求出台关于解决进城务工人员随迁子女在当地参加中考和高考的方案。截至 2012 年年底，31 个省（区、市）除西藏、海南外都陆续制定了具体实施方案。

9 月 5 日　国务院印发《关于深入推进义务教育均衡发展的意见》。为巩固提高 9 年义务教育水平，全面实现《教育规划纲要》提出的均衡发展任务，2011 年年初，教育部会同有关部门针对人民群众关心的热点难点问题，对我国义务教育发展状况进行了全面调研。《意见》提出了义务教育均衡发展的阶段性指标，明确了深入推进义务教育均衡发展的具体政策措施，主要包括均衡配置办学资源、推进义务教育学校标准化建设、均衡配置教师资源、保障特殊群体平等接受义务教育、全面提高义务教育质量等。2011 年 3 月 9 日、7 月 11 日和 2012 年 9 月 6 日，教育部分三批与 31 个省（区、市）和新疆生产建设兵团签署了义务教育均衡发展备忘录，形成了落实义务教育均衡发展的协同推进机制。2012 年 5 月 28 日，教育部印发《县域义务教育均衡发展督导评估暂行办法》，决定建立县域义务教育均衡发展督导评估制度，开展义务教育发展基本均衡县（市、区）的评估认定工作。

9 月 6 日　国务院办公厅印发《关于规范农村义务教育学校布局调整的意见》（以下简称《意见》）。根据 2001 年 5 月《国务院关于基础教育改革与发展的决定》提出的优化教育资源配置、合理规划和调整学校布局精神，各地对农村学校的布局进行了积极的调整。布局调整满足了农村学校开足开齐国家规定课程的要求，提高了农村教师队伍的整体素质和办学效益。但是撤并过程中存在简单急躁现象，导致有些地方出现农村学生上学距离过远，安全隐患增加，经济负担加重，大班额增加等问题。2012 年 3 月，《政府工作报告》提出农村中小学布局要因地制宜，处理好提高教育质量和方便孩子们就近上学的关系。教育部会同有关部门针对农村义务教育学校布局调整存在的突出问题，开展了调查研究。《意见》要求县级人民政府科学制定农村义务教育学校布局专项规划，并经省级人民政府审批汇总后报国家教育体制改革领导小组备案。在完成农村义务教育学校布局专项规划备案之前，暂停农村义务教育学校撤并。《意见》严格规范了学校撤并程序和行为，要求县级人民政府必须严格履行撤并方案的制定、论证、公示、报批等程序，撤并方案要逐级上报省级人民政府审批。《意见》还对办好村小和教学点、解决学校撤并带来的突出问题等做出明确规定。

9 月 7 日 全国教师工作暨"两基"工作总结表彰大会在北京召开。胡锦涛给大会发来贺信，温家宝出席大会并讲话，刘延东做大会总结。大会总结了我国"两基"工作的历史性成就，宣告中国全面普及了 9 年义务教育，青壮年文盲率下降到 1.08%。根据 9 月 5 日国务院印发的《关于表彰全国"两基"工作先进单位和先进个人的决定》《关于表扬全国"两基"工作先进地区的通报》，大会表彰了 300 个全国"两基"工作先进单位、500 名先进个人和 80 个先进地区。其间，举办了"奠基中国"——"两基"成就展。1986 年，义务教育法颁布，以国家立法的形式正式确立了普及义务教育制度。1988 年，国务院发布《扫除文盲工作条例》。1992 年，党的十四大提出 20 世纪末基本扫除青壮年文盲、基本实现 9 年义务教育的目标。到 2000 年我国在 85% 以上的人口地区完成"两基"任务。2004 年，开始实施西部"两基"攻坚计划。到 2011 年年底，我国西部 42 个边远贫困县实现"两基"。至此，全国所有县（市、区）和其他县级行政区划单位、所有省级行政区全部通过普及 9 年义务教育和扫除青壮年文盲的国家验收，实现"两基"目标。联合国教科文组织总干事在给温家宝的贺信中认为，中国为世界全民教育发展做出了积极贡献，是发展中国家推进全民教育的成功典范。

9 月 9 日　国务院发布《教育督导条例》（以下简称《条例》）。1979 年 9 月，邓小平提出恢复教育督导制度。1991 年 4 月，国家教委印发了《教育督导暂行规定》。1995 年 3 月颁布的《中华人民共和国教育法》确定，教育督导与评估制度是我国教育的一项基本制度。《条例》是国务院发布的新中国第一部专门的教育督导法规，是国家推进教育管理改革、强化教育监督的重要举措。《条例》扩大了教育督导范围，提高了教育督导的地位，规定了教育督导的范围、内容和原则，明确了教育督导的机构设置和职责职权，制定了教育督导的实施程序和法律责任，明确了督学的合法权利和责任义务。教育督导机构对下列事项实施教育督导：（1）学校实施素质教育的情况，教育教学水平、教育教学管理等教育教学工作情况；（2）校长队伍建设情况，教师资格、职务、聘任等管理制度建设和执行情况，招生、学籍等管理情况和教育质量，学校的安全、卫生制度建设和执行情况，校舍的安全情况，教学和生活设施、设备的配备和使用等教育条件的保障情况，教育投入的管理和使用情况；（3）义务教育普及水平和均衡发展情况，各级各类教育的规划布局、协调发展等情况；（4）法律、法规、规章和国家教育政策规定的其他事项。被督导单位及其工作人员对教育督导机构依法实施的教育督导应当积极配合，不得拒绝和阻挠。10 月 11 日，国务院教育督导委员会成立，刘延东担任国务院教育督导委员会主任，并聘任新一届国家督学。其主要职责是：研究制定国家教育督导的重大方针政策，审议国家教育督导总体规划和重大事项，统筹指导全国教育督导工作，聘任国家督学，发布国家教育督导报告。

9 月 14 日　教育部印发《普通高等学校本科专业目录（2012 年)》《普通高等学校本科专业设置管理规定》。为贯彻落实《教育规划纲要》提出的适应国家和区域经济社会发展需要，建立动态调整机制，不断优化学科专业结构的要求，自 2010 年 3 月起，教育部全面修订本科专业目录和本科专业设置管理规定。新《目录》的学科门类由原来的 11 个增加到 12

个，新增了艺术学门类；专业类由原来的 73 个增加到 92 个；专业由原来的 635 种（其中目录内专业 249 种、目录外专业 386 种）调减到 506 种，其中基本专业 352 种、特设专业 154 种。这次修订是我国高等教育进入大众化阶段以来进行的首次修订，也是改革开放以来对本科专业目录进行的第四次全面修订。新《目录》和新《规定》以简政放权为改革理念，以落实和扩大高校专业设置自主权为改革目标，体现了 5 个原则：形成既统一稳定又相对开放的专业目录体系，设置基本专业和特设专业，并实行分类管理；更加适应我国高等教育大众化阶段的新要求，有利于多层次、多类型、多规格人才培养；更加适应经济社会发展新需求，超前部署一批国家战略性新兴产业发展和改善民生急需的相关学科专业；进一步落实高校设置专业自主权，除国家控制布点专业外，高校可自主设置新目录内所有专业；形成专业设置宏观监管新机制，对年度专业布点情况提供信息服务，对新设专业进行年检。11 月 13 日，教育部首次发布了涉及 18 个大类的410 个高等职业学校专业教学标准，填补了我国高等职业教育专业教学标准领域的空白。

9 月 22 日 教育部批准华东师范大学与美国纽约大学合作成立上海纽约大学。上海纽约大学面向全世界招生和聘用教师，并规定 50% 的学生必须来自国外。8 月 17 日，教育部批准筹建昆山杜克大学，10 月 11 日，批准在深圳筹建香港中文大学两家具有独立法人资格的中外合作办学机构。此前，2011 年 11 月，批准筹建温州肯恩大学。截至目前，我国本科以上的中外合作办学机构中，具有独立法人资格的中外合作大学有 5 所，高校还内设有中外合作二级学院 37 个。

9 月 23 日 根据国务院《关于第六批取消和调整行政审批项目的决定》，教育部取消 5 项审批项目。按照国务院要求，教育部开展了第六批清理工作，共涉及 27 项。经过多次研究论证，教育部最终向审改办提出拟取消 5 项、下放管理层级的 8 项。11 月，为做好第六批行政审批改革后续工作，教育部办公厅印发了《关于做好国务院第六批取消和调整行政审批项目决定落实工作的通知》，要求部内各司局和各省级教育行政部门做好相关规章和文件清理与修订工作，做好审批权调整后中央与地方的衔接工作、行政审批服务工作以及规范性文件的合法性审核工作。相关清理与修订工作原则上于 2013 年 3 月底前完成。

9 月 25 日　教育部办公厅印发《关于进一步加强和改进教育舆情应对工作的意见》（以下简称《意见》）。《意见》着眼于贯彻落实党中央、国务院关于深化政务公开、做好突发公共事件应对、加强新闻发布制度建设的要求，从指导思想、基本原则、主要任务、组织保障等 4 个方面，就加强和改进教育舆情应对工作提出了 10 条明确要求。为抓好《意见》的贯彻落实，重点开展了以下工作：委托有关专业机构建立了教育舆情监测系统；理顺舆情处置过程中各单位各部门的责任分工，及时编发各类舆情报告，并向各地各校通报；通过多种方式指导各地各校健全机制、加强培训，切实提高舆情应对能力；通过召开新闻发布会通气会、提供新闻通稿、接受媒体采访、开设官方微博等形式，加大正面宣传，主动引导舆论，努力营造良好氛围。

9 月 29 日　财政部、教育部印发《研究生国家奖学金管理暂行办法》，我国建立起从学前到研究生教育全覆盖的家庭经济困难学生资助体系。《研究生国家奖学金管理暂行办法》决定，从 2012 年秋季学期起，中央财政每年安排 10 亿元设立研究生国家奖学金，用于奖励普通高等学校中表现优异的国家招生计划内的全日制研究生。

10 月 9 日　教育部印发《3—6 岁儿童学习与发展指南》。为落实《教育规划纲要》提出的到 2015 年学前三年教育毛入学率达到 60% 的要求，2010 年 12 月 1 日，国务院召开全国学前教育工作电视电话会议，确定扩大学前教育资源的重点是加快建设普惠性幼儿园，公办幼儿园要提供"广覆盖、保基本"的学前教育公共服务，引导和支持符合条件的民办幼儿园提供普惠性服务等。2011 年，国务院印发《关于当前发展学前教育的若干意见》。2 年来，全国幼儿园增长 2.85 万所，在园幼儿增加 766 万人，学前三年毛入园率已达 62.3%，提前实现《教育规划纲要》提出的 2015 年目标。《3—6 岁儿童学习与发展指南》以为幼儿后继学习和终身发展奠定良好素质基础为目标，以促进幼儿体、智、德、美各方面的协调发展为核心，提出 3—6 岁各年龄段儿童学习与发展目标和相应的教育建议，帮助幼儿园教师和家长了解 3—6 岁幼儿学习与发展的基本规律和特点，建立对幼儿发展的合理期望，实施科学的保育和教育，让幼儿度过快乐而有意义的童年。

10 月 10 日 《孔子学院发展规划（2012—2020 年）》（以下简称《规划》）印发实施。《规划》明确了到 2020 年孔子学院发展的指导思想，强调要抢抓机遇，合理布局，以汉语教学为主体，以提高质量为核心，力求开办一所就办好一所，充分发挥孔子学院综合文化交流平台作用；坚持科学定位、突出特色，政府支持、民间参与，中外合作、内生发展，服务当地、互利共赢等 4 项基本原则。《规划》提出了到 2020 年的发展目标，即基本满足各国对建设孔子学院的需求，做到统一质量标准、统一考试认证、统一选派和培训教师。基本建成一支质量合格、适应需要的中外专兼职教师队伍。基本实现我国出版汉语教材多语种、广覆盖。基本建成功能较全、覆盖广泛的中国语言文化全球传播体系。国内国际、政府民间共同推动的体制机制进一步完善，汉语成为外国人广泛学习使用的语言之一。12 月 16 日，第七届全球孔子学院大会在京举行。刘延东出席并致辞。为推广汉语和传播中华文化，从 2004 年起，我国举办孔子学院。孔子学院从无到有，从小到大，创造了中外合作开展语言文化交流的新模式，走出了一条中华文化走向世界的新途径，成为我国对外教育文化交流与合作的典范，为增进我国与各国人民之间的友谊做出了重要贡献。目前，已在 108 个国家建立了 400 所孔子学院和 535 个中小学孔子课堂，注册学员达 65.5 万人，专兼职教职工达 2 万多人。

10 月 11 日 2012 年全民终身学习活动周全国总开幕式在成都举行。为深入贯彻《教育规划纲要》关于"建设全民学习、终身学习的学习型社会"的要求，落实好全国继续教育工作会议部署，6月，教育部办公厅印发《关于举办2012年全民终身学习活动周的通知》。活动周期间，教育部举办了"高校继续教育改革发展研讨会暨高校继续教育服务学习型城市、学习型企业发展论坛"，来自"终身学习服务体系的建设与示范"系列项目的百余所院校、继续教育城市联盟成员单位、有关行业、企业的代表共计300余人参加了论坛。各地紧紧围绕迎接党的十八大和学习贯彻十八大精神，开展了丰富多彩的学习活动，取得了丰硕成果。据不完全统计，共有24个省（区、市）533个县（市、区）举办了全民终身学习活动周。

10月22日 国务院办公厅转发教育部、发展改革委、财政部、体育总局《关于进一步加强学校体育工作的若干意见》（以下简称《若干意见》）。《若干意见》要求，要充分认识加强学校体育的重要性，确保学生体育课程和课余活动时间，切实提高学校体育质量，不断提高学生体质健康水平和综合素质；力争到"十二五"期末，学校体育场地设施总体达到国家标准，初步配齐体育教师，基本形成学校体育持续健康发展的保障机制；进一步完善学生体质健康监测制度，基本建成科学规范的学校体育评价机制。《若干意见》强调，要更加明确责任，基本形成政府主导、部门协调、社会参与的学校体育推进机制。今后落实加强学校体育工作的重点任务是：实施好体育课程和课外体育活动；加强学校体育教师队伍建设；加快学校体育设施建设；健全学校体育风险管理体系。要建立健全学校体育的监测评价机制：完善学生体质健康测试和评价制度，实施学校体育工作评估制度，实行学校体育报告公示制度。要加强对学校体育的组织领导：加强学校体育工作领导和管理；加大学校体育投入力度；实施学校体育三年行动计划；强化学校体育工作督导检查；健全学校体育工作奖惩机制；营造学校体育发展良好环境。要求到2015年各地要对中小学和职业学校体育教师进行一轮培训。12月24日，教育部召开全国推进学校体育工作电视电话会议。会议强调，从2013年起，全面开展学生体质健康监测，切实加强监督评估，及时向社会公布体育督导评估结果。任何学校不得以任何理由和借口占用体育课时，确保每天锻炼一小时，对学生体质健康水平持续三年下降的地区和学校，在教育工作评估和评优评先中实行"一票否决"。

10 月 22 日　财政部、发展改革委、教育部、人力资源社会保障部印发《关于扩大中等职业学校免学费政策范围进一步完善国家助学金制度的意见》（以下称《意见》），我国实施农村免费中等职业教育。《意见》明确提出扩大中等职业教育免学费政策范围：从 2012 年秋季学期起，对公办中等职业学校全日制正式学籍一、二、三年级在校生中所有农村（含县镇）学生、城市涉农专业学生和家庭经济困难学生免除学费（艺术类相关表演专业学生除外）。对在职业教育行政管理部门依法批准、符合国家标准的民办中等职业学校就读的一、二年级符合免学费政策条件的学生，按照当地同类型同专业公办中等职业学校免除学费标准给予补助。《意见》进一步完善了中等职业教育国家助学金制度。从 2012 年秋季学期起，将中等职业学校国家助学金资助对象由全日制正式学籍一、二年级在校农村（含县镇）学生和城市家庭经济困难学生，逐步调整为全日制正式学籍一、二年级在校涉农专业学生和非涉农专业家庭经济困难学生。这是我国继 9 年城乡免费义务教育全面实施之后的又一重大惠民举措，确保更多的农村孩子在接受义务教育以后，成为技能型人才。

11 月 23 日　教育部、北京市人民政府签署《关于继续重点共建北京大学、中国人民大学、清华大学、北京师范大学、中国农业大学的协议》，新一轮"985 工程"高校重点共建全部完成。为贯彻落实江泽民同志在北京大学建校一百周年庆祝大会上重要讲话精神，建设若干所世界一流大学和一批国际知名的高水平大学，自 1999 年起，我国实施了"985 工程"。经过前两期"985 工程"建设，有关高校的整体办学水平和国际竞争力大幅提升，有力推动了科教兴国战略和人才强国战略的实施。2008 年以来，伴随新一轮"985 工程"建设，教育部与有关地方政府全面开展了重点共建签约工作。新一轮共建工作得到各方高度重视，教育部先后与 16 个省市政府签署了重点共建 32 所直属 "985 工程" 高校的协议，首次实现重点共建签约全覆盖，并体现三个特点。一是强调共建高校进一步增强服务意识，更加注重为国家和地方经济社会发展提供人才保证和智力支撑。二是各地方政府把共建高校的改革发展纳入地方整体建设和经济社会发展总体规划中，更加注重发挥共建高校在促进区域产业结构调整和经济转型升级中的作用。三是共建投入力度加大，中央财政专项资金投入为 264.9 亿元，比 "985 工程" 一期增长 102%，地方协议配套资金投入为 186.33 亿元，比 "985 工程" 一期增长 93%（未计浮动额度配套）。

11 月 27 日　教育部、中组部、财政部、人力资源社会保障部、国务院扶贫办印发《边远贫困地区、边疆民族地区和革命老区人才支持计划教师专项计划实施方案》（以下简称《实施方案》）。《实施方案》提出，从 2013 起至 2020 年，每年选派 3 万名优秀幼儿园、中小学和中等职业学校教师到 "三区" 支教 1 年，培训 3000 名骨干教师和紧缺专业教师，提升学校教师队伍素质，为 "三区" 教育改革和发展提供人才支持。6 月 14—15 日，教育部在新疆喀什召开推进新疆教育跨越式发展第三次会议暨教育援疆工作会议。会议前后，印发了《教育部关于推进新疆中等职业教育发展的意见》《教育部关于进一步加强少数民族双语教育科研工作的意见》《教育部办公厅关于推进新疆高校学科专业建设的意见》，有力地促进了少数民族地区教育的发展。

11 月 30 日　教育部印发《全面推进依法治校实施纲要》（以下简称《实施纲要》）。为贯彻落实《教育规划纲要》提出的大力推进依法治校的要求，7 月，教育部党组审议并原则通过了《实施纲要》。党的十八大之后，根据十八大报告的有关新精神、新要求，对《实施纲要》有关内容和表述做了修改。《实施纲要》指出了新形势下全面推进依法治校的重要性和紧迫性，明确了工作的指导思想，要求通过依法治校，形成政府依法管理学校、学校依法办学、自主管理，教师依法执教，社会依法支持和参与学校管理的新格局，全面提高学校依法管理的能力和水平。《实施纲要》

就推进依法治校的具体措施和工作重点做出规定：以加强章程建设，建设学校依法办学自主管理的制度体系为出发点，推动各级各类学校依法制定具有自身特色的章程，要求学校提高制度建设质量，建立规范性文件审查与清理机制；以健全科学决策、民主管理机制，完善学校治理结构为着力点，推动学校依法健全校内决策机制，完善决策执行与监督机制，落实校内民主管理和社会参与机制；以依法办学，落实师生主体地位，形成自由平等公正法治的育人环境为落脚点，要求学校依法组织和实施办学活动，弘扬平等意识，尊重和保护师生权利，健全学术监督机制，并对推进信息公开和办事公开提出了具体要求。

12 月 18—20 日　海口市通过国家一类城市语言文字工作评估验收，全国 36 个一类城市全部完成评估。为深入贯彻落实《国家通用语言文字法》，推动"普通话初步普及、汉字社会应用基本规范"的语言文字工作目标早日实现。1997 年，教育部、国家语委决定开展城市语言文字工作评估。2000 年 2 月，印发《一类城市语言文字工作评估标准（试行）》。2001 年 9 月，印发《关于开展城市语言文字工作评估的通知》，正式启动城市语言文字评估工作。通知提出"重在建设、重在过程、重在实效"和"突出重点、把握政策、依法推进"的评估工作总体要求。要求各地从实际出发、实事求是、分类指导、分步实施，提出了三个类别城市达标的实施步骤。规定评估工作实行分级组织、属地管理、分工负责的组织形式，明确了各级语言文字部门的职责任务。与此同时，全国共有七成以上二类城市和两成以上三类城市也完成了评估，有力地推动了社会语言文字规范化水平的提高。

12 月 28 日　教育部出台《贯彻落实中央改进工作作风、密切联系群众〈八项规定〉和〈实施细则〉的实施办法》（以下简称《实施办法》）。《实施办法》提出了改进调查研究、热情服务群众、精简会议活动、精简文件简报、减轻基层负担、加强出访管理、改进新闻报道和文稿发表、厉行勤俭节约、加强检查落实 9 个方面 20 条举措，以进一步改进工作作风，推进为民务实清廉机关建设，办好人民满意的教育。《实施办法》除对机关干部提出要求外，还对直属高校、直属单位、驻外使领馆教育处（组）以及教育部主管的社会组织提出了要求。

［参考文献］

U. S. Department of Education, National Center for Education Statistics. 2011. The Condition of Education ［M］. Washington, DC: U. S. Government Printing Office.

UIS. Custom Tables ［DB/OL］. http: //stats. uis. unesco. org/unesco/TableViewer/document. aspx? ReportId = 136&IF_Language = eng&BR_Topic = 0.

UNDP. 2010. Human Development Report 2010 ［R/OL］. http: // hdr. undp. org/en/reports/global/hdr2010/chapters/cn/.

UNESCO. 2011a. EFA Global Monitoring Report 2011 ［M/OL］. Paris: UNESCO. http: //www. unesco. org/new/en/education/themes/leading-the-international-agenda/efareport/reports/2011-conflict/.

UNESCO. 2011b. Global Education Digest 2011: Comparing Education Statistics Across the World ［M］. Montreal: UNESCO Institute for Statistics.

UNESCO. 2012. Global Education Digest 2012: Comparing Education Statistics Across the World ［M/OL］. Montreal: UNESCO Institute for Statistics. http: //www. uis. unesco. org/Education/GED% 20Documents% 20C/ GED-2012-Complete-Web3. pdf.

UNESCO. Database Center ［DB/OL］. http: //stats. uis. unesco. org/

unesco/TableViewer/tableView. aspx？ReportId = 210.

World Bank. GNI per capita，Atlas method（current US＄）［DB/OL］. http：//data. worldbank. org/indicator/NY. GNP. PCAP. CD？display = default.

北京市朝阳区教育委员会.2010. 弘扬社会主义核心价值观，创建全国文明新城区：十佳中学生表彰会［N/OL］. http：//www. bjchyedu. cn. zwgk/zxjy/201006/t20100602100834. html.

北京市海淀区人民政府.2012. 海淀区开设 4 家大学生就业见习基地［N/OL］. http：//www. beijing. gov. cn/zfzx/qxrd/hdq/t1203840. htm.

杜燕.2012. 北京超七成来京务工人员随迁子女进公办学校［EB/OL］. http：//www. chinanews. com/edu/2012/10-24/4273996. shtml.

改革开放 30 年中国教育改革与发展课题组. 2008. 教育大国的崛起［M］. 北京：教育科学出版社.

国家汉办. 关于孔子学院/课堂［EB/OL］. http：//www. hanban. edu. cn/confuciousinstitutes/node_10961. htm.

国家统计局. 2001. 中国统计年鉴 2001［M］. 北京：中国统计出版社.

国家统计局.2011. 中国统计年鉴 2011［M］. 北京：中国统计出版社.

国家统计局.2012. 中国发展报告 2012［M］. 北京：中国统计出版社.

国家统计局. 2013a. 中国统计摘要 2013［M］. 北京：中国统计出版社.

国家统计局. 2013b. 中国人口和就业统计年鉴 2012［M］. 北京：中国统计出版社.

国家统计局人口统计司，人力资源和社会保障部规划财务司. 2012. 中国劳动统计年鉴 2011［M］. 北京：中国统计出版社.

何东昌. 2010. 中华人民共和国重要教育文献 2003—2008［M］. 北

京：新世界出版社．

　　教育部．2004. 中国教育年鉴2003［M］．北京：人民教育出版社．

　　教育部．2005. 中国教育年鉴2004［M］．北京：人民教育出版社．

　　教育部．2006. 中国教育年鉴2005［M］．北京：人民教育出版社．

　　教育部．2007a. 中国教育年鉴2006［M］．北京：人民教育出版社．

　　教育部．2007b. 中国教育统计年鉴2006［M］．北京：人民教育出版社．

　　教育部．2008. 中国教育年鉴2007［M］．北京：人民教育出版社．

　　教育部．2009. 中国教育年鉴2008［M］．北京：人民教育出版社．

　　教育部．2010a. 江苏省南通市推进中考改革，切实减轻中小学生课业负担改革试点实施方案［EB/OL］．http：//www. moe/s4934/201012/112866. html.

　　教育部．2010b. 中国教育年鉴2009［M］．北京：人民教育出版社．

　　教育部．2010c. 安徽省规范中小学办学行为，减轻学生课业负担改革试点实施方案［EB/OL］．http：//www. moe/s4934/201012/112258. html.

　　教育部．2010d. 山东省基础教育综合改革试点实施方案［EB/OL］．http：//www. moe/s4934/201012/112863. html.

　　教育部．2011a. 中国教育年鉴2010［M］．北京：人民教育出版社．

　　教育部．2011b. 教育部　国家统计局　财政部关于2010年全国教育经费执行情况统计公告［EB/OL］．http：//www. moe. edu. cn/publicfiles/business/htmlfiles/moe/s3040/201112/xxgk_128871. html.

　　教育部．2012a. 农村学前教育推进工程［EB/OL］．http：//www. moe. gov. cn/publicfiles/business/htmlfiles/moe/s6811/201209/141498. html.

　　教育部．2012b. 中国教育年鉴2011［M］．北京：人民教育出版社．

　　教育部．2012c. 中国教育统计年鉴2010［M］．北京：人民教育出版社．

　　教育部．2012d. 标本兼治，促进公平　福建从源头上破解义务教育择校难题［EB/OL］．http：//www. moe. gov. cn/publicfiles/business/htmlfiles/moe/s6444/201205/135497. html.

教育部．2012e. 实行优质高中招生指标 100％ 到校政策　山西晋中有效破解择校热［EB/OL］．http：//www. moe. gov. cn/publicfiles/business/htmlfiles/moe/s6444/201205/135486. html.

教育部．2012f. 中央财政支持学前教育发展重大项目［EB/OL］．http：//www. moe. gov. cn/publicfiles/business/htmlfiles/moe/s6811/201209/141496. html.

教育部．2012g. 国家教育事业发展第十二个五年规划［EB/OL］．http：//www. moe. gov. cn/publicfiles/business/htmlfiles/moe/moe _ 630/201207/139702. html.

教育部．2013a. 上海市切实保障学生睡眠时间促进学生健康成长［N/OL］．（2013 – 03 – 29）. http：//www. moe. edu. cn/business/htmlfiles/moe/s7305/201303/149533. html.

教育部．2013b. 学前教育三年行动计划简报总第 16 期［EB/OL］．http：//www. moe. gov. cn/publicfiles/business/htmlfiles/moe/s5205/201304/150430. html.

教育部．2013c. 多举并措搭平台　齐心共圆就业梦：地方、学校促进高校毕业生就业典型做法［EB/OL］．http：//www. moe. edu. cn/publicfiles/business/htmlfiles/moe/s7376/list. html.

教育部．本科教育中外合作办学机构与项目名单［EB/OL］．http：//www. crs. jsj. edu. cn/index. php/default/approval/orglists/2.

教育部．硕士及以上教育中外合作办学机构与项目名单［EB/OL］．http：//www. crs. jsj. edu. cn/index. php/default/approval/orglists/1.

教育部．中外合作办学机构与项目（含内地与港澳台地区合作办学机构与项目）名单（按地区）　［EB/OL］．http：//www. crs. jsj. edu. cn/index. php/default/news/index/59.

教育部财务司，国家统计局社会科技和文化产业统计司．2007．中国教育经费统计年鉴2006［M］．北京：中国统计出版社．

教育部财务司，国家统计局社会科技和文化产业统计司．2008．中国教育经费统计年鉴2007［M］．北京：中国统计出版社．

教育部财务司，国家统计局社会科技和文化产业统计司．2009．中国教育经费统计年鉴2008［M］．北京：中国统计出版社．

教育部财务司，国家统计局社会科技和文化产业统计司．2010．中国教育经费统计年鉴2009［M］．北京：中国统计出版社．

教育部财务司，国家统计局社会科技和文化产业统计司．2011．中国教育经费统计年鉴2010［M］．北京：中国统计出版社．

教育部财务司，国家统计局社会科技和文化产业统计司．2012．中国教育经费统计年鉴2011［M］．北京：中国统计出版社．

教育部财务司，国家统计局社会科技和文化产业统计司．2013．中国教育经费统计年鉴2012［M］．北京：中国统计出版社．

教育部财务司．2013．教育投入专题资料［内部资料］．

教育部发展规划司．2006．全国教育事业发展简明统计分析2005［内部资料］．

教育部发展规划司．2007．全国教育事业发展简明统计分析2006［内部资料］．

教育部发展规划司．2008．全国教育事业发展简明统计分析2007［内部资料］．

教育部发展规划司．2009．全国教育事业发展简明统计分析2008［内部资料］．

教育部发展规划司．2010．全国教育事业发展简明统计分析2009［内部资料］．

教育部发展规划司．2011．全国教育事业发展简明统计分析2010［内部资料］．

教育部发展规划司 . 2012. 全国教育事业发展简明统计分析 2011 ［内部资料].

教育部发展规划司 . 2013. 全国教育事业发展简明统计分析 2012 ［内部资料].

《教育规划纲要》工作小组办公室 . 2010. 教育规划纲要学习辅导百问 ［M]. 北京：教育科学出版社 .

经济合作与发展组织 . 2012. 教育概览 2012：OECD 指标 ［M]. 北京：教育科学出版社 .

刘美子，鲍晓菁 . 2012. 安徽将建 2 万个农村留守儿童之家　亲情电话搭起亲情桥 ［N/OL]. http：//news. xinhuanet. com/edu/2012 – 06/20/c_112259798. htm.

刘占兰，高丙成 . 2013. 中国学前教育综合发展水平研究 ［J]. 教育研究（4）：30 – 37.

麦可思研究院 . 2012. 2012 年中国大学生就业报告（就业蓝皮书）［M]. 北京：社会科学文献出版社 .

孟微 . 2011. 调查称近 8 成中小学生睡眠不足　学业负担过重 ［N/OL]. http：//edu. qq. com/a/20110516/000359. htm.

宁都县委宣传部，宁都县教育局 . 2010. 关于印发《宁都县青少年学生社会主义核心价值观主题读书教育活动实施方案》的通知（宁宣字［2010］21 号）［EB/OL]. http：//www. ndwmw. com/XinWenZhongXin/StaticHtml/kxfzg/20100824/2010082469f9b893ae0de596. html.

欧乾恒 . 2012. 多种方式关爱留守儿童 ［N]. 南国早报，05 – 31（6）.

欧阳海燕 . 2011. 2011 最受关注的教育问题 ［J]. 小康（9）：56 – 60.

全国高等学校学生信息咨询与就业指导中心，北京大学教育学院. 2009. 全国高校毕业生就业状况 2004—2008 ［M]. 北京：北京大学出版社.

全国高等学校学生信息咨询与就业指导中心，北京大学教育学院.

2011. 全国高校毕业生就业状况 2009—2010 ［M］. 北京：北京大学出版社.

全国学生资助管理中心 . 2013. 2012 年中国学生资助发展报告 ［N］. 中国教育报，11 – 13.

山东省教育厅 . 2012. 关于印发《山东省普通高校考试招生制度改革实施意见》的通知 ［EB/OL］. http：//www. sdedu. gov. cn/sdedu_zxwj/201202/t20120229_105577. htm.

山东省教育厅 . 2013. 山东省学前教育三年行动计划网络巡展 ［EB/OL］. http：//www. sdedu. gov. cn/xunzhan/14chengxiao. html.

上海教育网 . 2012. 高校毕业生就业工作情况 ［EB/OL］. http：//www. shmec. gov. cn/web/wsbs/webwork_article. php？article_id = 65469.

世界银行 . 识字率，青年总体（占 15—24 岁人口的百分比）［DB/OL］. http：//data. worldbank. org. cn/indicator/SE. ADT. 1524. LT. ZS/countries.

王善迈，袁连生 . 2011. 中国地区教育发展报告 ［M］. 北京：北京师范大学出版社 .

魏海政，孙世杰 . 2012. 高密两千教师家长当上爱心妈妈 ［N］. 中国教育报，07 – 28（2）.

温家宝 . 2013. 2012 年政府工作报告 ［R］.

杨韶刚，等 . 2012. 青少年群体的道德价值观 ［EB/OL］. http：//www. china. com. cn/guoqing/2012 – 03/29/content_25016814. html.

张宝敏 . 2012. 天津打开务工人员随迁子女教育通道 ［N］. 中国教育报，09 – 14（1）.

张旭 . 2010. 又叹一年入园难 ［J］. 小康（12）：60 – 61.

赵正元 . 2011. 北京建立减负监测机制　推进小学规范化建设工程 ［N］. 中国教育报，05 – 18（2）.

浙江省教育厅 . 2010. 关于切实减轻义务教育阶段中小学生过重课业负

担的通知（浙教基〔2010〕127号）［EB/OL］．http：//www. zjedu. gov. cn/index/. html.

焦新 . 2012. 教育部：2011年中等职业学校学生就业率达96.71% ［N］． 中国教育报，07 - 24.

焦新 . 2007. 2006年全国中等职业学校毕业生就业率达95.6% ［N］. 中国教育报，04 - 19.

宗河 . 2009. 2008年全国中职平均就业率95.77% ［N］. 中国教育报，04 - 29.

宗河 . 2013. 国家财政性教育经费支出占比达4.28% ［N］. 中国教育报，12 - 23.

中国教育科学研究院 . 2012. 全国教育满意度调查报告 ［R/OL］. http：//www. nies. net. cn/zy/wjdc/201201/t20120110_ 37090. html. 01 - 10.

佚名 . 2010. 教育部公布中小学减负试点地区　力推素质教育 ［N/OL］. 中国教育新闻网. http：//www. jyb. cn/basc/xw/201012/t20101210_ 405288. html.

佚名 . 2011. 推进义务教育均衡发展 ［EB/OL］. 中国教育新闻网. http：//www. jyb. cn/basc/2011/ywjyjhfz/#18.

原春琳 . 2010. 2009年中职就业率继续攀升 ［N］. 中国青年报，05 - 27.

佚名 . 2012. 我国国民整体受教育水平进一步提高 ［N/OL］. 中国青年报，http：//www. zgxxb. com. cn/xwzx/201204120009. shtml.

国务院新闻办公室 . 2013. 2012年中国人权事业的进展 ［EB/OL］. http：//news. xinhuanet. com/politics/2013 - 05/14/c_115758619_4. htm.

仲伟春 . 2012. 江苏：构建立体保障网络　关爱留守流动儿童 ［N］. 中国教育报，12 - 12（8）.

[后　记]

　　《中国教育发展报告2012》一书是中国教育科学研究院2012年度公益金集体课题的成果（课题批准号：GY2012001），列入为中国教科院"四大书系"之国情系列。本研究是在中国教科院领导的直接指导和帮助下，教育理论研究中心科研人员主持承担，并协同相关部门专家共同完成的。

　　课题由中国教育科学研究院教育理论研究中心主任方晓东研究员主持。课题组主要成员及各章节主要执笔人为：方晓东执笔前言，后记，附录一、二；高丙成执笔第一章一、二、五，第二章一，附录一；李玉非执笔第一章二、五、六、七，附录二；万作芳执笔第一章三、四、六，第三章一，附录二；郭红霞执笔第二章二、四、五，第三章一，附录二；刘巧利执笔第一章六，第二章二，第三章一；徐卫红执笔第二章三、五，第三章一；王晓燕执笔第三章一、五、六、七，附录二；陈金芳执笔第三章二、三、四；郭元婕执笔第三章三；姚宏杰执笔第四章一、二、三；吴安春执笔第四章四、五、六；马艳云提供了技术支持。方晓东、李玉非、徐卫红负责全书统稿工作。

　　本书的编写得到教育部有关司局和中国教育科学研究院领导的指导，以及中国教科院信息中心、基教中心、心理特教中心、国际交流中心、院办公室、科研处等部门的帮助。教育科学出版社对本书的出版给予了大力支持，在此一并表示衷心的感谢。

　　本书涉及的范围比较广泛，由于时间以及作者水平所限，研究的范围还有待拓展，书中疏漏和不妥之处，敬请读者朋友批评指正。

出 版 人　所广一

责任编辑　翁绮睿　刘明堂

版式设计　孙欢欢

责任校对　贾静芳

责任印制　曲凤玲

图书在版编目（CIP）数据

中国教育发展报告.2012／方晓东等著. —北京：
教育科学出版社，2014.1
　（国情教育研究书系）
　ISBN 978 - 7 - 5041 - 8209 - 8

　Ⅰ．①中…　Ⅱ．①方…　Ⅲ．①教育事业—研究报告—
中国—2012　Ⅳ．①G52

　　中国版本图书馆 CIP 数据核字（2014）第 001149 号

中国教育发展报告 **2012**
ZHONGGUO JIAOYU FAZHAN BAOGAO 2012

出版发行	**教育科学出版社**	
社　　址　北京·朝阳区安慧北里安园甲 9 号	**市场部电话**　010 - 64989009	
邮　　编　100101	**编辑部电话**　010 - 64981167	
传　　真　010 - 64891796	网　　址　http://www.esph.com.cn	
经　　销　各地新华书店		
制　　作　北京金奥都图文制作中心		
印　　刷　保定市中画美凯印刷有限公司		
开　　本　169 毫米×239 毫米　16 开	版　　次　2014 年 1 月第 1 版	
印　　张　21	印　　次　2014 年 1 月第 1 次印刷	
字　　数　303 千	定　　价　58.00 元	

如有印装质量问题，请到所购图书销售部门联系调换。